AS RAÍZES
MEDIEVAIS DA
EUROPA

Dados Internacionais de Catalogação na Publicação (CIP)
(Câmara Brasileira do Livro, SP, Brasil)

Le Goff, Jacques
   As raízes medievais da Europa / Jacques Le Goff ; tradução de Jaime A. Clasen. 4. ed. – Petrópolis, RJ : Vozes, 2011.

   Título original: L'Europe est-elle née au Moyen Âge?

   1ª reimpressão, 2017.

   ISBN 978-85-326-3412-2

   1. Civilização medieval 2. Europa – História – 476-1492 3. Idade Média I. Título.

06-7042   CDD-940.1

Índices para catálogo sistemático:

1. Europa : Civilização : Idade Média   940.1

2. Idade Média : Europa : História   940.1

Jacques Le Goff

AS RAÍZES
MEDIEVAIS DA
EUROPA

Tradução de Jaime A. Clasen

© Éditions du Seuil, 27, rue Jacob, Paris, 2003

Esta obra faz parte da coleção *Faire l'Europe*, dirigida por Jacques Le Goff e publicada simultaneamente pelos cinco editores originais:
C.H. Beck'sche Verlagsbuchhandlung, em Munique (Alemanha)
Blackwell Publishers, em Oxford (Inglaterra)
Editorial Crítica, em Barcelona (Espanha)
Gius. Laterza & Figli, em Roma (Itália)
Éditions du Seuil, em Paris (França)

Direitos estrangeiros negociados pela Agência Literária Eulama S.r.l. de Roma (Itália)

Título original em francês: *L'Europe est-elle née au Moyen Âge?*

Direitos de publicação em língua portuguesa:
2007, Editora Vozes Ltda.
Rua Frei Luís, 100
25689-900 Petrópolis, RJ
www.vozes.com.br
Brasil

Todos os direitos reservados. Nenhuma parte desta obra poderá ser reproduzida ou transmitida por qualquer forma e/ou quaisquer meios (eletrônico ou mecânico, incluindo fotocópia e gravação) ou arquivada em qualquer sistema ou banco de dados sem permissão escrita da editora.

CONSELHO EDITORIAL

Diretor
Gilberto Gonçalves Garcia

Editores
Aline dos Santos Carneiro
Edrian Josué Pasini
José Maria da Silva
Marilac Loraine Oleniki

Conselheiros
Francisco Morás
Leonardo A.R.T. dos Santos
Ludovico Garmus
Teobaldo Heidemann
Volney J. Berkenbrock

Secretário executivo
João Batista Kreuch

Editoração: Sheila Ferreira Neiva
Diagramação: Sheilandre Desenv. Gráfico
Capa: Reginaldo Barcellos
Ilustração de capa: O rapto de Europa, mosaico de Biblos, época romana, século III. Beirute, Líbano, © G. Dagli-Orti

ISBN 978-85-326-3412-2 (Brasil)

ISBN 2.02.056341-X (França)

Editado conforme o novo acordo ortográfico.

Este livro foi composto e impresso pela Editora Vozes Ltda.

A Bronislav Geremek

Agradecimentos

Os agradecimentos vão, em primeiro lugar, à equipe das Éditions du Seuil, que fez este livro com competência, inteligência, empenho e disponibilidade sem falha. Penso em Nicole Grégoire, com quem trabalhar foi um prazer raro, em Grégoire Monteil e em Catherine Rambaud.

Agradecimentos especiais vão aos amigos que leram atentamente este livro manuscrito: Richard Figuier e meu colega e caro amigo Jean-Claude Schmitt. Suas críticas e seus conselhos esclarecidos me foram muito preciosos. A eles associo Jacques Berlioz pelo seu constante apoio amigo. Finalmente, Patrick Gauthier-Dalché, no que se refere ao espaço e à cartografia, e Pierre Mounet, na área germânica medieval, têm direito ao meu maior agradecimento.

Sumário

Prefácio, 9

Introdução, 11

Prelúdios – Antes da Idade Média, 17

I – A concepção da Europa, séculos IV-VIII, 25

II – Uma Europa abortada: o mundo carolíngio, séculos VIII-X, 41

III – A Europa sonhada e a Europa potencial do ano 1000, 53

IV – A Europa Feudal, séculos XI-XII, 62

V – A "bela" Europa das cidades e das universidades, século XIII, 114

VI – Outono da Idade Média ou primavera de tempos novos?, 174

Conclusão, 217

Mapas, 225

Cronologia, 229

Seleção bibliográfica temática, 243

Índice dos nomes de pessoas, 295

Índice dos nomes de lugares, 305

Índice geral, 315

Prefácio

A Europa se constrói. É uma grande esperança. Ela só se realizará se levar em conta a história: uma Europa sem história seria órfã e infeliz. Pois hoje vem de ontem, e amanhã sai do passado. Um passado que não deve paralisar o presente, mas ajudá-lo a ser diferente na fidelidade e novo no progresso. Nossa Europa, entre o Atlântico, a Ásia e a África, existe, de fato, há muito tempo, desenhada pela geografia, modelada pela história, desde que os gregos lhe deram o nome, sempre retomado depois. O futuro deve apoiar-se sobre este patrimônio que, desde a Antiguidade, até desde a pré-história, fez da Europa um mundo de uma riqueza excepcional, de uma criatividade extraordinária, na sua unidade e sua diversidade.

A coleção *Faire l'Europe* (à qual pertence este livro), nascida por iniciativa de cinco editoras de línguas e de nacionalidades diferentes – Beck em Munique, Basil Blackwell em Oxford, Crítica em Barcelona, Laterza em Roma, Le Seuil em Paris –, quer esclarecer a construção da Europa e seus trunfos inesquecíveis, sem dissimular as dificuldades herdadas. Em seus esforços para a unidade, o continente experimentou dissensões, conflitos, divisões, contradições internas. Esta coleção não os esconderá; o empenhamento na empresa europeia deve efetuar-se no conhecimento do passado inteiro e na perspectiva do futuro. Daí este título ativo da coleção. Porque não nos parece que o tempo acabou escrevendo uma história sintética da Europa. Os ensaios que propomos são obra dos melhores historiadores atuais, europeus ou não, já reconhecidos ou não. Eles abordarão os temas essenciais da história europeia nos campos econômico, político, social, religioso, cultural, apoiando-se ao mesmo tempo sobre a longa tradição historiográfica que vem de Heródoto e sobre as novas concepções que, elaboradas na Europa, renovaram profundamente a ciência histórica no século XX, particularmente nas últimas décadas. Pela sua vontade de clareza, estes ensaios são amplamente acessíveis.

Nossa ambição é aduzir elementos de resposta à grande pergunta daqueles que fazem e farão a Europa, e aos que no mundo se interessam por ela: "Quem somos? De onde viemos? Para onde vamos?"

Jacques Le Goff

Introdução

Todo livro de história, mesmo se tratando de um período muito distante no passado, tem relação com o presente. Este livro situa-se, antes de tudo, na conjuntura europeia atual. Escrevi-o de 2002-2003 entre a adoção de uma moeda comum por uma parte dos estados europeus e a ampliação da União Europeia abrangendo vários estados do Centro-Leste da Europa. Por outro lado, este livro está publicado na coleção *Faire l'Europe*, que manifesta, pela colaboração de cinco editores de línguas diversas, os ensaios de criação de um domínio cultural comum e cujo título *Faire l'Europe* traduz bem a vontade dos editores e dos autores de contribuir, no respeito da verdade histórica e da imparcialidade do historiador, para esclarecer as condições de construção da Europa comum.

Este ensaio quer ilustrar a ideia de que a Idade Média é a época do aparecimento e da gênese da Europa como realidade e como representação e que constitui o momento decisivo do nascimento, da infância e da juventude da Europa, sem que os homens desses séculos tenham tido a ideia ou a vontade de construir uma Europa unida. Só o Papa Pio II (Aeneas Silvius Piccolomini, papa de 1458-1464) teve uma ideia clara da Europa. Ele redigiu um texto célebre, *Europa*, em 1458, seguido de um, *Asia*, em 1461. Esta chamada mostra a importância do diálogo Europa-Ásia. A Idade Média como época de nascimento da Europa foi amplamente evocada na véspera e no dia seguinte à Segunda Guerra Mundial, num período de efervescência da reflexão sobre a Europa e de projetos econômicos, culturais e políticos elaborados num contexto europeu. Dois especialistas sobre o século XVI publicaram os ensaios mais sugestivos sobre a "ideia" europeia, a saber, o britânico Denys Hay em *Europe. The emergence of an idea* (1957) e o italiano Federico Chabod em *Storia dell'idea d'Europa* (1961), retomando cursos universitários de 1943-1944 e 1947-1948. Mas este nascimento medieval da Europa fora particularmente proposto na véspera da Segunda Guerra Mundial por dois grandes historiadores franceses, fundadores da revista *Annales*, que renovou a historiografia:

Marc Bloch, que escreveu "A Europa surgiu quando o Império Romano desmoronou", e Lucien Febvre, que retomou a frase acrescentando: "Digamos antes que a Europa torna-se uma possibilidade depois que o Império desagregou-se". Lucien Febvre, na Primeira Lição de seu curso proferido no Colégio de França em 1944-1945 (*L'Europe. Genèse d'une civilization*, p. 44), escreve: "Durante toda a Idade Média (uma Idade Média que é preciso prolongar para muito antes dos tempos modernos), a ação poderosa do cristianismo, que fez sem cessar passar por cima das fronteiras mal-estabelecidas de reinos caleidoscópicos grandes correntes de civilização cristã desligadas do solo, contribuiu para dar aos ocidentais uma consciência comum, acima das fronteiras que os separam, uma consciência que, laicizada pouco a pouco, tornou-se uma consciência europeia".

Marc Bloch, sobretudo, teve uma visão europeia da Idade Média. Já no Congresso Internacional de Ciências Históricas em Oslo, em 1928, ele fazia uma comunicação – "Para uma história comparada das sociedades europeias" –, que foi publicada na *Revue de synthèse historique* em dezembro de 1928. Retomou esse "projeto de um ensino de história comparada das sociedades europeias" no fascículo de apresentação de sua candidatura ao Colégio de França em 1934. Aí dizia particularmente: "O mundo europeu, enquanto europeu, é uma criação da Idade Média, que, quase ao mesmo tempo, rompeu a unidade, pelo menos relativa, da civilização mediterrânea e lançou desordenadamente no crisol os povos outrora romanizados junto com os que Roma nunca tinha conquistado. Então nasceu a Europa no sentido humano da palavra... E esse mundo europeu assim definido, depois disso, nunca cessou de ser percorrido por correntes comuns"[1].

Estes esboços de Europa e estas estruturas de expectativa do que se tornará a Europa a partir do século XVIII (em francês, o adjetivo *européen* [europeu] aparece em 1721 e a expressão *à l'européenne* [à maneira europeia] em 1816) nada têm de um processo linear e não legitimam a ideia de uma entidade inscrita obrigatoriamente na geografia e na história. Hoje a Europa ainda está sendo feita e, até, pensada. O passado pro-

---

1. BLOCH, M. *Histoire et Historiens*. Paris: Armand Colin, 1995, p. 126. Textos reunidos por Étienne Bloch.

põe, mas não impõe, o acaso e o livre-arbítrio humano criam o presente tanto quanto a continuidade.

Este ensaio se esforçará por mostrar quais foram os esboços medievais de uma Europa e o que, mais ou menos, combateu e desfez esses esboços sem que se tratasse de um processo contínuo de avanço e de recuo. Mas tentará também provar que esses séculos (séculos IV-XV) foram essenciais e que, de todas as heranças em ação na Europa de hoje e de amanhã, a herança medieval é a mais importante.

A Idade Média pôs em evidência, e muitas vezes constituiu, as características reais ou problemáticas da Europa: a imbricação de uma unidade potencial com uma diversidade fundamental, a mestiçagem das populações, as divisões e oposições Oeste-Leste e Norte-Sul, a indecisão da fronteira oriental, a primazia unificadora da cultura. Este livro recorrerá tanto ao que se chama de fatos históricos como às representações, que são fenômenos de mentalidade. A formação dessas mentalidades, desse imaginário, particularmente vivo na Idade Média, é um caráter essencial da gênese da Europa como realidade e como ideia. Desde o começo deste livro é preciso ter consciência de que a fronteira entre a realidade e a representação, na Idade Média, é, de qualquer modo, imprecisa. A fronteira estrita, linear, tal como o *limes* romano a desenhou sobre longas distâncias, desapareceu, eco da permeabilidade entre o aquém e o além. A escada de Jacó pela qual sobem, descem, se encontram anjos e homens é uma visão cotidiana de homens e de mulheres da Idade Média. A fronteira de tipo moderno, linear, que se apoia numa linha de postos ou marcos, só aparece tardiamente e particularmente na Idade Média, ligada à constituição dos estados. O estabelecimento de alfândegas com o despertar da economia e a constituição de economias mais ou menos nacionais só ocorrerá na virada do século XIII para o século XIV. A anexação do Roussillon ao Languedoc francês no final do século XIII, os conflitos entre os mercadores catalãos, o rei de Aragão e o rei de Maiorca para suprimir as taxas sobre as mercadorias catalãs no porto de Collioure, doravante o último no Mediterrâneo francês, mostram como foi elaborada pelo tato e através do confronto a realidade das fronteiras na Idade Média. Os medievalistas rejeitaram com razão a noção americana de fronteira elaborada pelo historiador Turner para o *Far West*, que não se aplica à história europeia, e sublinharam que aquilo que faz o lugar de fronteira na Idade Média, até ao estabelecimento tardio dos estados, são as zonas de encontro, lugares de enfrentamentos, mas também de trocas e de misturas das quais Carlos Magno, no começo do século IX, fez as *marcas*, cuja importância não se poderia imaginar na Europa Medieval. De fato, a marca, como mostrou Jean-François Lemarignier, foi um lugar privilegiado das instituições feudais, onde o vassalo prestava ao seu senhor a "homenagem em marca", e se pode adiantar que essa imprecisão, essa permeabilidade de pseudofronteiras favoreceu a constituição de uma Europa mestiçada. Quanto aos rios e riachos que muitas vezes desempenham o papel de fronteiras, são mais lugares de encontro "neutros" entre poderosos (o imperador e o rei da França, p. ex.) que muralhas líquidas. O reino da Frância Ocidental, depois da França, é assim limitado ao leste pelos Quatro Rios, o Escaut, o Meuse, o Saône e o Ródano. Daniel Nordman notou no cronista Froissart que, no século XIV, é o mais "europeu" de todos os cronistas, que o termo mais usado para o que chamamos de fronteira é *marca*, ficando *fronteira* reservada para uma fronteira guerreira, um *fronte*.

Antes de ir buscar a Europa na Idade Média, convém notar que noções concorrentes foram empregadas, seja na Idade Média, seja pelos historiadores modernos. Como já foi visto, e como se verá ainda, a noção de Europa foi oposta à de Ásia e, mais geralmente, de Oriente. O termo Ocidente pode, pois, designar um território que é essencialmente o da Europa. Este uso de Ocidente, sem ter se difundido na Idade Média, foi reforçado no imaginário pela divisão da cristandade entre o Império Bizantino e a cristandade latina, que correspondem a um império do Oriente e um império do Ocidente. Aí está a grande cesura que a Idade Média entregou, agravada desde o Império Romano, entre uma Europa do Leste e uma Europa do Oeste, cesura linguística, religiosa e política. O caráter "ocidental" da Europa cristã latina, que está na origem da Europa atual, foi mais acentuada por uma teoria de certos intelectuais cristãos nos séculos XII e XIII. É a ideia de uma transferência do poder e da civilização do leste para o oeste. *Translatio imperii, translatio studii*, que sublinham a transferência do poder do Império Bizantino para o Império Germânico e o saber de Atenas e de Roma para Paris. Esta marcha da civilização para o oeste certamente contribuiu para a ideia de uma superioridade da cultura europeia ocidental entre muitos europeus dos séculos seguintes.

Contrariamente ao que muitas vezes se pensa, esta noção não data dos primeiros séculos do cristianismo. Certamente, na época de Carlos Magno se fala de Império Cristão, mas é preciso esperar a Cristandade conquistadora do século XI, o que se chama de reforma gregoriana, a ação da grande ordem religiosa de Cluny e a ideologia da cruzada para impor o termo cristandade e assim designar o território que se tornará a matriz da Europa. O termo cristandade pode levar a confusões. Não se trata de negar a importância capital do cristianismo na constituição da Europa e na consciência identitária dos europeus. Mesmo depois que o Iluminismo e a laicidade se impuseram na Europa, esse fundo cristão, manifesto ou subjacente, permaneceu essencial. Mas a Cristandade foi apenas um longo episódio muito importante de uma história que começou antes do cristianismo. Notemos, enfim, para marcar a fragilidade das denominações, que na época das cruzadas os muçulmanos chamaram globalmente os cristãos de francos, exatamente como os cristãos falavam de sarracenos (termo que designa uma tribo árabe aplicado pelos bizantinos e depois pelos ocidentais a todos os muçulmanos) ou de mouros ou mouriscos, termo legado pelos espanhóis ("morisco") para designar os muçulmanos.

Quando se quer, como neste livro, falar da história da Europa, é preciso esclarecer a história do termo Europa; porque o historiador, como os clérigos da Idade Média, acha que a existência está ligada ao nome. Deus o mostrara no Gênesis; mas, ao mesmo tempo, é preciso observar que os nomes que parecem os mais seguros foram sacudidos pela história, e que estes avatares são reveladores de uma certa fragilidade das pessoas ou das realidades que os levam.

Prelúdios
Antes da Idade Média

A história da Europa empenha o historiador e suas leituras a colocar-se na longa duração. Além dos dez séculos, do IV ao XV, que a Idade Média tradicional abrange, é importante falar dos esboços de Europa durante esse período conservando no espírito os patrimônios das civilizações anteriores que a Idade Média investiu numa consciência potencialmente europeia. Uma parte do impacto que a Idade Média teve sobre a construção da Europa vem do fato de ela não se contentar em transmitir passivamente o patrimônio anterior, mas pelo fato de ter tido uma concepção do passado que a impelia a recolher consciente e voluntariamente, mesmo quando fazia escolhas, uma parte importante desse passado para alimentar o futuro que preparava. A Idade Média foi, particularmente pela noção de renascença, mas também, de maneira mais difusa, um barqueiro da Antiguidade. Apesar dos grandes progressos recentes da pré-história, seria preciso, para dizer o que a Idade Média transmitiu da herança pré-histórica, uma pesquisa para a qual não tenho nem a competência nem o espaço neste ensaio. Diria, porém, que alguns dos grandes acontecimentos da pré-história, na Europa, foram retomados pelos séculos medievais. Penso na importância da agricultura, mesmo se o essencial tenha sido um empréstimo tomado da pré-história mesopotâmica; com o crescimento da criação de gado, sobretudo na área mediterrânea, na presença depois dos metais, que deram nascimento àquela metalurgia que os bárbaros importaram na Europa Medieval. Metalurgia de que eles se serviram, primeiro, para fabricar as armas, em particular a espada de dois gumes, instrumento das conquistas dos invasores, e que depois garantiram à civilização medieval os seus sucessos no domínio do armamento e das ferramentas.

A geografia

É preciso não esquecer que a primeira dessas heranças é a da geografia. Convém lembrar os dados da geografia que serão impostos aos homens e às mulheres da Idade Média, mas dos quais tirarão partido de uma maneira que beneficiará a Europa. A Europa é o final do continente euro-asiático. Apresenta uma diversidade de solo e de relevo que ancoram na geografia a diversidade, que é uma das características da Europa. Mas, ao mesmo tempo, elementos geográficos unificadores se impõem. A extensão das planícies que favorecerá a cultura dos cereais desenvolvida pela Idade Média e que continua sendo hoje um dos pontos fortes, embora controvertido, da economia europeia comum. Há também a importância das florestas que, com a penetração, a exploração e os arroteamentos, fará da floresta medieval o mundo de dupla face da abundância em madeira, em caça, em mel, em porcos misturados com javalis, e da selvajaria, dualidade que persistirá até na Europa de hoje. Outro elemento geográfico unificador da Europa evidente na Idade Média, a presença do mar e a extensão das costas, que, apesar do medo do mar entre os homens e as mulheres da Idade Média, os levará a domá-lo através de importantes inovações tecnológicas, como o leme de roda de popa ou a bússola vinda da China. Do mesmo modo, os homens e as mulheres da Idade Média notarão e utilizarão as vantagens do clima, que será um dos traços do caráter temperado da Europa. Desse clima temperado, os homens e as mulheres da Idade Média louvarão as estações intermediárias, a primavera e o outono, que têm sempre um lugar tão grande na literatura e na sensibilidade europeia. A Idade Média não foi sensível às preocupações ecológicas, cujo nascimento não tem muito mais de um século. Mas a busca da solidão por parte dos monges, depois o crescimento demográfico a partir do século XI, causarão certos prejuízos que levaram cidades, particularmente na Itália do Norte, a partir do século XIV, a publicar medidas de proteção das florestas ameaçadas por um começo de desmatamento.

A herança antiga

É na transmissão desse patrimônio que a Idade Média manifesta melhor o seu caráter de barqueira dos valores e das conquistas do passado na Europa. A primeira dessas transmissões é a do nome. A Europa começou sendo um mito, uma concepção geográfica. O mito faz nascer a Europa no Oriente. É no mais antigo leito de civilização nascido no território do que se tornará a Europa que a palavra e a ideia aparecem: a mitologia grega. Mas é um empréstimo tomado do Oriente. É o açambarcamento, no século VIII a.c., de um termo semítico que designava para os marinheiros fenícios o pôr do sol. A Europa surge como a filha de Agenor, rei da Fenícia, atual Líbano. Ela teria sido raptada por Zeus, o rei dos deuses gregos, que se apaixonou por ela. Metamorfoseado em touro, ele a teria levado a Creta, e de seus amores teria nascido Minos, rei civilizador e legislador que se torna depois de sua morte um dos três juízes dos Infernos. Os gregos dão, portanto, o nome de europeus aos habitantes da extremidade ocidental do continente asiático.

O contraste entre Oriente e Ocidente (com o qual se confunde a Europa) incarna para os gregos o conflito fundamental das civilizações. O célebre médico grego Hipócrates, que viveu no final do século V e começo do século IV a.c., opõe europeus e asiáticos à luz dos conflitos que levantaram as cidades gregas contra o Império Persa e que sem dúvida foi a primeira manifestação do antagonismo Ocidente-Oriente – as guerras médicas em que o Davi grego venceu em Maratona o Golias asiático. Segundo Hipócrates, os europeus são corajosos, porém guerreiros, belicosos, ao passo que os asiáticos são sábios, cultos, mas pacíficos e até sem recurso. Os europeus se atêm à liberdade e estão prontos a lutar e até a morrer por ela. O seu regime político preferido é a democracia, ao passo que os asiáticos aceitam facilmente a servidão em troca da prosperidade e da tranquilidade.

Esta imagem dos orientais persistiu por séculos e, no século XVIII, os filósofos europeus do Iluminismo fundamentaram a teoria do despotismo esclarecido que teria sido o regime político melhor aclimatado na Ásia e, nesta linha, o marxismo, no século XIX, definirá um modo de produção asiático, base de regimes autoritários. A sociedade medieval, sociedade de guerreiros ao lado de camponeses, não desmentirá Hipócrates; ela transmite pelas canções de gesta a imagem do herói guerreiro cristianizado à Europa.

Portanto, a Grécia antiga deixou uma herança dupla para a Europa, a da oposição ao Oriente, à Ásia, e a do modelo democrático. A Idade Média ignorou o modelo democrático que só voltará sob formas melhoradas na Europa com a Revolução Francesa. A oposição ao Oriente se reforçará, ao contrário, no Ocidente Medieval; ou melhor, a Idade

Média considerará pelo menos dois orientes. O primeiro, mais próximo, é o mundo grego bizantino. Herda a oposição entre grego e latino legada pelo Império Romano. Reforça-a pela oposição crescente entre cristianismo romano e cristianismo ortodoxo, e não experimenta verdadeiramente a solidariedade cristã. A expressão extrema dessa hostilidade se manifestará em 1204, quando os latinos da quarta cruzada desviam-se para Constantinopla para conquistá-la e pilhá-la.

Por trás desse Oriente grego há, para os ocidentais da Idade Média, um Oriente mais distante. Durante muito tempo a sua imagem será ambígua. Por um lado, é um foco de infelicidade e de ameaças; do Oriente vêm as epidemias, as heresias; na extremidade oriental da Ásia amontoam-se os povos destruidores de Og e de Magog, que o Anticristo desencadeará no final dos tempos e que os ocidentais acreditarão reconhecer no século XIII nos invasores mongóis. Mas o Oriente é também um horizonte onírico, um reservatório de maravilhas, o país do Preste João, esse sacerdote rei detentor de tesouros e de modelo político que seduzirá a Cristandade no século XII. Enfim, os geógrafos gregos da Antiguidade legaram aos homens da Idade Média um saber geográfico cheio de problemas, que permanecem ainda hoje. Se ao norte, ao oeste e ao sul o mar forma a fronteira natural da Europa, imposta pela fraqueza do saber náutico e dos navios dos ocidentais da Idade Média, qual é a fronteira ao leste? Mesmo se for levado em conta o que disse sobre o caráter impreciso das fronteiras medievais durante muito tempo, o fronte oriental da Europa Medieval põe o mais grave dos problemas. Os clérigos da Idade Média adotaram em geral as opiniões dos geógrafos gregos antigos. Para eles a fronteira entre Europa e Ásia era o Rio Tanaís, o Don, que desemboca no Mar de Azov, o que inclui a Bielorrússia e a Ucrânia atuais, mas nasce em plena Rússia. Em todo caso, nada de Europa do Atlântico aos Urais na Idade Média! Mas além do Império Bizantino, aparece, durante a Idade Média, um outro Oriente, mais real e mais ameaçador ainda. É o Oriente muçulmano, e este Oriente submerge e substitui, século XV, os bizantinos pelos turcos, destinados a ser o pesadelo plurissecular da Europa.

É preciso distinguir, entre as heranças antigas transmitidas e muitas vezes vividas pelos homens da Idade Média, quatro heranças principais.

A primeira é a herança grega. Lega à Idade Média a pessoa do herói que, como se verá, se cristianiza ao se tornar um mártir e um santo;

o humanismo, também modificado pelo cristianismo, embora no século XII se fale de socratismo cristão; o edifício religioso, que de templo se torna igreja, seja após a destruição, seja após o reemprego; o vinho que, através dos romanos, se torna a bebida da aristocracia e o líquido sagrado da liturgia cristã. É preciso acrescentar, com a cidade (*polis*), ancestral distante da cidade medieval, a palavra democracia, que só se incarnará na Idade Média e, certamente, o nome Europa.

A herança romana é muito mais rica. E a Europa Medieval saiu diretamente do Império Romano. A primeira herança capital é a língua, veículo de civilização. A Europa Medieval fala e escreve em latim, e quando o latim recuará diante das línguas vulgares após o século X, as línguas ditas românicas – espanhol, francês, italiano e português – perpetuarão esse patrimônio linguístico. Todas as outras partes da Europa se beneficiarão, em grau menor, dessa cultura latina, particularmente nas universidades, na Igreja, na teologia, no vocabulário científico e filosófico. Aos homens da Idade Média, guerreiros nessa tradição europeia, os romanos legam sua arte militar, tanto mais porque o autor tardio (em torno do ano 400 d.C.) de um tratado da arte militar, Vegécio, foi um inspirador das teorias e das práticas militares dos medievais. Mais ainda, os romanos legam aos medievais a arquitetura, que será reencontrada e desenvolvida a partir de cerca do ano 1000; dos romanos a Idade Média herda a pedra, a abóbada e o manual muito influente de seu teórico Vitrúvio. Das grandes realizações romanas, os medievais são apenas herdeiros parciais. Marc Bloch sublinhou quanto a estrada medieval é diferente da estrada romana. Esta tinha sobretudo objetivos militares e dispunha de um saber técnico superior. Por isso as estradas eram retas e pavimentadas. Os homens e as mulheres da Idade Média andam ou empurram suas carroças, utilizam asnos e cavalos em estradas de terra, não retilíneas, deslocando-se segundo as igrejas a visitar ou os mercados móveis a frequentar. Mas os fragmentos de estradas romanas subsistentes permanecem pontos de referência simbólicos. Herdadas ainda da antiguidade romana, mas sempre modificadas, estão a oposição e a complementaridade entre a cidade e o campo. A oposição *urbs-rus*, com sua dimensão cultural de oposição entre urbanidade e rusticidade, continua sob outras formas. Depois de se ter ruralizado, a Europa Medieval se urbaniza. Guerreiros e camponeses, a aristocracia habita em geral, exceto na Itália, os castelos fortificados na zona rural, e tem uma mistura de inveja, mais ainda de hostilidade em relação aos cidadãos e sua indolência; estes, em compensação, desprezam os camponeses grosseiros, tanto mais porque, tendo a cristianização começado nas cidades, a zona rural ficou durante mais tempo pagã – *paganus*, pagão e camponês; é a mesma palavra.

Ver-se-á que a Idade Média foi uma época de intensa criação do direito e, nessa elaboração jurídica, a herança e o renascimento do direito romano tiveram evidentemente um lugar importante. A primeira universidade que nasceu no século XII, Bolonha, ensina essencialmente o Direito, e sua reputação se instala como o foco europeu do direito.

Entre as escolhas culturais essenciais que o cristianismo medieval fez, em primeiro lugar e, sobretudo, está a das classificações científicas e dos métodos de ensino. Transmitida por um retórico latino cristão do século V, Marciano Capella, a classificação e a prática das artes liberais dominam o ensino medieval. Divididas em dois ciclos, o do *trivium*, ou artes da palavra (gramática, retórica e dialética) e o do *quadrivium*, ou artes dos números (aritmética, geometria, música e astronomia), estas artes liberais recomendadas por Santo Agostinho vão, nos séculos XII e XIII, fornecer o fundamento do ensino universitário na faculdade propedêutica dita faculdade das artes.

Na perspectiva, que é a deste livro, de valorizar as palavras, as ideias, o imaginário, que, tanto quanto as estruturas materiais, formam a base do sentimento europeu, notarei simplesmente que o nome que se tornará o nome comum do imperador e da pessoa que simboliza o poder supremo é aquele que os romanos tinham adotado para os seus imperadores, César. Esta herança aparece também nas línguas vernaculares, para designar os imperadores, *Kaiser* entre os germanos e, mais tarde, *tsar* entre os eslavos (russos, sérvios e búlgaros). Os gregos e os romanos legaram também à Europa, para designar o rei mau, o termo *tirano*. Assim se continua uma tradição simbólica e política.

É preciso também mencionar uma herança que se difundiu, na Idade Média, de maneira mais discreta e, às vezes, inconsciente. É a *ideologia trifuncional indo-europeia* cuja grande difusão desde tempos muito antigos Georges Dumézil mostrou. Entre os séculos IX e XI, um certo número de autores cristãos, herdeiros dessa concepção, descrevem todo tipo de sociedade, particularmente aquela na qual vivem, como a reunião de homens especializados nas três funções necessárias para o bom funcionamento de uma sociedade. A expressão mais clara e que teve o sucesso máximo na historiografia é a empregada pelo bispo Adalberão de Laon no seu poema ao Rei Roberto o Piedoso de 1027. Segundo ele, uma sociedade bem organizada compreende padres (*oratores*, os que rezam), guerreiros (*bellatores*, os que combatem) e trabalhadores (*laboratores*, os que trabalham). Esta classificação, que foi adotada por muitos clérigos medievais para descrever e compreender a sua sociedade, apresenta problemas sobretudo quanto à definição dos *laboratores*. Várias interpretações se opõem. Para uns, os *laboratores* não estão no mesmo plano que as duas primeiras categorias, estão sujeitos a elas e trata-se essencialmente da massa camponesa. Para outros, entre os quais me coloco, o conjunto do esquema designa três elites colocadas no mesmo pé. Os *laboratores* são a parte superior produtora, inovadora, da camada camponesa e artesanal, eu os chamaria de produtores, que dão também testemunho de uma certa promoção do trabalho na ideologia e na mentalidade medievais em torno do ano 1000.

Enfim, uma última herança, que tem importância capital, é a herança *bíblica*. Este patrimônio é transmitido aos medievais não pelos judeus, dos quais os cristãos se afastam cada vez mais depressa, mas pelos cristãos dos primeiros séculos, e a herança do Antigo Testamento, apesar do reforço dos sentimentos antijudeus, permanece até o fim da Idade Média como um dos elementos mais fortes e mais ricos não somente da religião, mas do conjunto da cultura medieval. Foram escritos livros sobre a Idade Média e a Bíblia, e eu me contentarei a lembrar aqui que o Antigo Testamento é, antes de tudo, a proclamação do monoteísmo. Pode-se dizer que por intermédio do cristianismo Deus entra no pensamento e na história da Europa. Na Idade Média, a Bíblia é considerada e utilizada como uma enciclopédia que contém todo o saber que Deus transmitiu ao homem. É também um manual fundamental de história que, depois dos patriarcas e dos profetas, faz desenrolar o sentido da história desde o acontecimento da realeza com Saul e Davi. A retomada da unção de sagração pelos Pippinides e pelos Carolíngios marca a retomada do curso normal da história querida por Deus. Não se deve esquecer que a memória histórica que se tornou um elemento essencial da consciência europeia tem uma fonte dupla: o grego Heródoto, pai da história, e também a Bíblia.

O cenário da gênese medieval da Europa

Evocarei agora aquilo que, numa sucessão de períodos, a Idade Média traz de estratos que formam, um após o outro, as bases da Europa.

Um primeiro estrato é estabelecido durante o período das invasões e das instalações dos bárbaros no Antigo Império Romano, dos séculos IV ao VII. É a concepção da Europa.

Depois se instala, nos séculos VIII-X, o estrato carolíngio. É uma Europa abortada, mas que deixa uma herança.

Em torno do ano 1000 aparece uma Europa sonhada e potencial.

Sucede-lhe a Europa Feudal nos séculos XI-XIII.

No século XIII surge a Europa radiante das cidades, das universidades e da escolástica, das catedrais e do gótico.

Finalmente, as provações do século XIV e XV abalam, sem destruir, as estruturas pré-europeias.

A organização deste livro, que, de acordo com o movimento, me parece, da história, está construída por fases cronológicas e por estratos, abrangerá fatias históricas sucessivas que, espero, não cansarão o leitor, pois introduzem-no no coração das novas caras e das novas incertezas do espaço europeu.

I

A concepção da Europa, séculos IV-VIII

Para quem quer tentar compreender o desenrolar histórico europeu, a passagem da Antiguidade para a Idade Média, convenção historiográfica, parece uma realidade indiscutível. Com a condição de abandonar as concepções simplistas que ocorreram do século XVIII até meados do século XX, que viam nessa passagem um acontecimento cataclísmico. Um historiador renomado pôde escrever que o Império Romano não teve morte natural, foi assassinado. E desse assassinato teria nascido a Idade Média. Hoje os historiadores pensam que a passagem da Antiguidade para Idade Média foi o resultado de uma longa evolução positiva, mesmo que tenha sido marcada por episódios violentos e espetaculares. É para sublinhar esta mudança de concepção que, para designar o período que se estende do século IV ao VIII, emprega-se de preferência hoje a expressão Antiguidade Tardia. Ela me parece melhor adaptada à maneira como a história evolui em geral, sendo as revoluções pouco numerosas e às vezes ilusórias, mas, se o nascimento da Idade Média não foi rápido, não foi menos subvertida em seus fundamentos a história das regiões ocidentais do continente eurasiático. O historiador americano Patrick Geary mostrou muito bem que o período merovíngio não é ainda a Idade Média propriamente dita, mas precisamente essa Antiguidade Tardia, que é uma transição de longa duração onde começa a aparecer a Europa. Este aparecimento se faz no meio da cristianização do Império Romano que, como se sabe, situa-se entre o reconhecimento da religião cristã pelo Imperador Constantino, o chamado edito de Milão de 313, e a adoção pelo Imperador Teodósio I, morto em 395, do cristianismo como religião oficial, religião do Estado. O que marca bem a ligação entre essa decisão e a história da Europa e que Teodósio, ao morrer, divide o Império Romano em duas partes, dando a cada uma delas um de seus filhos como imperador: Honório para o Ocidente, Arcádio para o Oriente. Doravante, a Europa que nos interessa é a evolução do Império do Ocidente.

A cristianização – Santo Agostinho

O surgimento da Europa, que doravante seguiremos, realizar-se-á através de dois fenômenos essenciais desse período dos século IV e V. O primeiro desses fenômenos é a elaboração, na linha da Bíblia e do Novo Testamento, do essencial da doutrina cristã que os Padres da Igreja vão legar à Idade Média. Aqui não é o lugar de apresentar a personalidade e a obra desses cofundadores do cristianismo. Insistirei em dois deles porque o seu peso será grande na elaboração de uma cultura europeia. O primeiro, São Jerônimo (c. 347-420), cuja vida situa-se ainda na interseção do Ocidente com o Oriente onde viveu durante longo tempo como eremita, não está completamente ligado ao futuro da Europa, mas o retenho aqui para esta obra essencial, a tradução para o latim a partir do texto hebraico da Bíblia por cima da tradução grega anterior dita dos Setenta e considerada defeituosa. Essa Bíblia latina vai impor-se a toda a Idade Média com diversas revisões, sendo a mais interessante a realizada no começo do século XIII pela Universidade de Paris sobre a recensão, no século IX, do conselheiro anglo-saxão de Carlos Magno, Alcuíno. É a Vulgata.

O outro Padre da Igreja essencial é Santo Agostinho (354-430). Depois de São Paulo, Santo Agostinho é o personagem mais importante para a instalação e o desenvolvimento do cristianismo. É o grande professor da Idade Média. Aqui citarei apenas duas obras suas que são fundamentais para a história europeia. A primeira são as lembranças de sua conversão publicadas sob o título de *Confissões*, que não serão apenas uma das obras mais lidas na Idade Média, mas são também, em longo prazo, o ponto de partida até hoje da longa série de autobiografias introspectivas.

A outra grande obra é tão objetiva quanto as *Confissões* são subjetivas, é *A Cidade de Deus* escrita após a pilhagem de Roma por Alarico e seus godos em 410. A partir desse episódio, que aterrorizou as antigas populações romanas e as novas populações cristãs, e que levou a crer na proximidade do fim do mundo, Agostinho rejeita os medos milenaristas,

26

remetendo o fim dos tempos para um futuro somente conhecido por Deus e provavelmente distante, e estabelecendo o programa das relações entre a *Cidade de Deus* e a *Cidade dos homens*, um dos grandes textos do pensamento europeu por séculos.

Foi dada, de maneira redutora, a seguinte definição do agostinismo: "A doutrina da predestinação incondicional e da vontade salvífica particular tal como Santo Agostinho a desenvolveu no último período de sua vida". O pensamento de Agostinho é muito mais rico na sua elaboração que a predestinação. Seria mais justo, embora de maneira sempre demasiado simplificada, defini-la como a busca de um equilíbrio entre o livre-arbítrio e a graça. Não há teólogo medieval que não tenha sido em certa medida agostiniano e, se ainda se falou de agostinismo político ao atribuir a Agostinho uma grande influência sobre os governantes da Idade Média por atribuir a eles "uma tendência a absorver o direito natural do estado na justiça sobrenatural e no direito eclesiástico", esta interpretação teocrática foi vivamente criticada pelo Cardeal de Lubac e, se houve na Idade Média e na Europa um agostinismo político, poder-se-ia defini-lo pelos esforços para penetrar com valores morais e religiosos um governo que respeite a separação entre Deus e César. Portanto, o agostinismo foi uma camada antiga de ideologia política europeia que não conseguiu cobrir completamente no fim da Idade Média a camada de natureza inteiramente oposta do maquiavelismo. Agostinho legou também à Idade Média uma regra monástica, a única que se manteve frente à regra beneditina. Concerne sobretudo aos regulares urbanos e será, sobretudo, seguida pelos cônegos regulares.

Conservaram-se – além de numerosas perdas – 258 manuscritos das *Confissões*, 376 da *Cidade de Deus* e 317 da *Regra*.

Os fundadores culturais da Idade Média

Esse legado da cultura antiga e cristã misturadas que os Padres da Igreja transmitiram à Idade Média e à Europa continua do século V ao VIII no contexto da fusão entre cultura antiga romana e evolução marcada pelas necessidades das populações que se tornaram bárbaras. Alguns grandes nomes emergem dessa situação, e Karl Rand os chamou de fundadores da Idade Média. Também se pode chamá-los de pais culturais da Europa.

O primeiro é Boécio (484-520). Proveniente de uma velha família aristocrática romana, ele passou a servir o rei bárbaro godo Teodorico, mas envolveu-se numa conjuração em favor do imperador bizantino e morreu na prisão. A Idade Média deve a ele tudo o que saberá de Aristóteles antes de meados do século XII, a *logica vetus*, a velha lógica e, "em doses assimiláveis, as categorias conceituais e verbais que serão as primeiras bases da escolástica". Assim, a definição da pessoa é: *naturae rationabilis individua substantia*, "a substância individualizada da natureza racional". Abelardo dirá dele: "ele construiu de maneira inexpugnável nossa fé e a sua". Sua obra escrita na prisão, *A consolação da filosofia*, foi muito lida na Idade Média. Ele foi um dos criadores do humanismo medieval e contribuiu para levar a considerar a música, segundo o ideal antigo, um instrumento superior de cultura.

Cassiodoro (c. 490-580) não é menos importante para a cultura medieval e europeia. Originário de uma grande família da Itália do Sul, desempenhou primeiro um papel político de primeiro plano na Itália ostrogoda como mediador entre o mundo romano-bizantino e a sociedade bárbara. A efêmera reconquista da Itália por Justiniano (539) põe fim a essa brilhante carreira. Ele se retira para o mosteiro de Vivarium, na Calábria, onde preparou a educação intelectual dos povos novos ao fazer traduzir obras gregas e copiar obras latinas. Está na origem da Europa do livro e das bibliotecas. Foi o primeiro a preconizar o valor santificante do trabalho intelectual e propor aos monges um novo campo de ação: o estudo, meio de aperfeiçoamento e de influência. Suas obras principais, as *Institutiones divinarum litterarum* e as *Institutiones saecularium litterarum*, ofereceram uma verdadeira enciclopédia das ciências profanas para uso dos monges.

Durante toda a Idade Média, a enciclopédia será um gênero favorito dos clérigos e dos leigos instruídos, pois oferece o essencial da cultura anteriormente adquirida e permite ir mais longe. Veio também dos gregos uma herança decisiva da Idade Média para a Europa, bastante conhecida, do século XVIII até hoje, que foi a enciclopédia como um instrumento essencial de instrução e de cultura.

O enciclopedista máximo da Idade Média é o terceiro dos fundadores, o espanhol Isidoro de Sevilha (c. 570-636). Nascido numa grande família hispano-romana católica, Isidoro torna-se arcebispo de Sevilha pelo ano 600, no momento em que os visigodos abjuraram a heresia ariana para se converterem ao catolicismo ortodoxo. Seus contemporâneos o chamavam "o homem mais sábio das idades modernas". Seu *Livro de etimologias*, que assenta na convicção de que os nomes são a chave da natureza das coisas e que a cultura profana é necessária para a boa compreensão das Escrituras, é a base de seu esforço para reunir numa suma a totalidade dos conhecimentos humanos. Sua obra foi, de alguma maneira, uma segunda Bíblia no domínio do saber profano para os medievais e sua posteridade europeia.

O quarto dos fundadores é anglo-saxão, Beda (637-736). É o herdeiro dos monges que tinham evangelizado a Inglaterra e tinham trazido da Itália o legado da cultura antiga. Sua obra também teve um caráter enciclopédico e foi tão lida e explorada na Idade Média que recebeu o título de Venerável e nele se viu o último Padre da Igreja. Sua *História eclesiástica do povo inglês* é o primeiro ensaio de uma história nacional que o Rei Alfredo traduziu para a língua vulgar no final do século IX. Sua obra científica inspirada nas necessidades eclesiásticas do cômputo ou cálculo do calendário litúrgico é notável para o seu tempo. O *De temporibus* se esforça por estabelecer cientificamente a medida do tempo. O *De temporum ratione* não contém apenas uma exposição do mecanismo das marés ligada às fases da Lua, contém também "os elementos fundamentais das ciências da natureza". Sobretudo, talvez, Beda, como a maioria dos letrados anglo-saxões da Alta Idade Média, alimentou-se da cultura clássica, mas preferiu virar-lhe as costas. Empenha a Idade Média num caminho independente, que será o da Europa.

Gregório Magno

A este grupo de clérigos fundadores é preciso acrescentar o Papa Gregório Magno. Na época atual, tende-se a batizar certos grandes personagens da Idade Média de pais da Europa; por exemplo São Bento ou Carlos Magno. Mais adiante veremos o que pensar disso. Mas raramente se deu este título a Gregório Magno, que, no entanto, o merece, sem dúvida, mais do que outros.

Nascido c. 540 e morto em 604, Gregório Magno pertence a uma família patrícia de Roma. Deu mostras de organizador do abastecimento da cidade como prefeito em 573. De seu próprio patrimônio ele fez seis mosteiros na Sicília e ele mesmo retirou-se num sétimo, em Roma, no Célio. O Papa Pelágio II ordenou-o diácono e enviou-o como apocrisiário, quer dizer, embaixador residente, a Constantinopla. Nomeado papa contra a vontade em 590, durante uma grande inundação do Tibre e uma epidemia de peste negra em Roma – "há também uma Europa de catástrofes naturais" –, ele organiza a luta material e espiritual contra o flagelo. Temendo a proximidade do fim do mundo, quer pôr o maior número possível de cristãos em condições de enfrentar o juízo final. Isto explica suas intervenções nos lugares distantes da Cristandade e sua redação de obras gerais de piedade. Defende Roma e as possessões da Igreja na Itália contra os lombardos. Envia o Monge Agostinho e um grupo de missionários para reevangelizar a Inglaterra. Propõe aos cristãos dois grandes modelos, um bíblico e um moderno. O bíblico é Jó, modelo de submissão a Deus e de fé nas provações. É o objeto dos *Moralia in Job*, comentário moral ao Livro de Jó. De outro lado, São Bento, cujo sucesso histórico ele garante dedicando-lhe todo o segundo livro de seus *Diálogos*. Para os clérigos, compõe um manual pastoral, o *Liber regulae pastoralis*; e reforma o canto litúrgico, tão bem que esse canto é chamado de canto gregoriano.

Ao lado dessa atividade religiosa e cultural prosseguiu, em profundidade, nas igrejas, nas escolas, mesmo que a ela só uma minoria tenha acesso, no território dos grandes domínios, uma fusão, uma mestiçagem entre, essencialmente, os bárbaros, celtas e germanos com os latino-europeus. O instrumento desta mestiçagem é o cristianismo. Depois das heranças antigas, a cristianização é o segundo estrato decisivo da Europa.

Esta aculturação entre bárbaros e romanos começara há longo tempo. Militarmente eficaz até o século III, o *limes* não fora uma fronteira culturalmente impermeável. Trocas e dons, contatos e intercâmbios tinham preparado a grande mestiçagem cultural que ocorria apesar dos confrontos e da violência daquilo que se chama de invasões. É preciso notar que estas misturas étnicas e culturais não se limitam a um encontro entre povos do antigo Império Romano e os bárbaros invasores. No interior das populações bárbaras também se realizaram novos grupamentos, novas reuniões de tribos e de povos dispersos. É uma remodelagem completa de populações, longe e profunda, de um e do outro lado do antigo *limes*. Disso resultaram não apenas novos povos mestiços, mas também, entre os bárbaros, movimentos de grupamentos étnicos e até de grupos maiores, que o latim da época chama de *nationes*. Nessa grande mestiçagem, no nascimento da Europa, se firma desde o começo a dialética entre a unidade e a diversidade, entre a cristandade e as nações, que até hoje é uma das características fundamentais da Europa.

A entrada de novos povos ditos bárbaros sucederá, em ondas, até o século XI, nesse período do Império Romano, séculos II, III, onde se constitui o começo do amálgama entre bárbaros e romanos de um lado do *limes* e do outro.

Invasões e aculturação

Uma primeira grande onda ocorreu no final do século III, mas é sobretudo a invasão geral dos germanos na Itália, na Gália, depois na Espanha, em 406-407, com a tomada de Roma por Alarico em 410, que marcou o começo da grande instalação dos germanos no Império Romano. Como escreveu Peter Brown, no século V, a fronteira militar do Império Romano desapareceu em toda a Europa Ocidental; e, para conhecer as grandes reviravoltas desse século na Europa, convém ler um documento excepcional, a vida de um santo que viveu esses acontecimentos na fronteira do Danúbio médio, o nórico, mais tarde austríaco, São Severino, que, diz ainda Peter Brown, foi um santo da fronteira aberta. Aí se vê, sempre segundo Peter Brown, a implosão dos romanos e dos bárbaros formando novas entidades culturais e sociais.

O impulso germânico se prolonga durante os séculos V e VI, depois da entrada dos germanos do leste, visigodos e ostrogodos, e a grande onda dos suevos, vândalos e alanos que transpuseram o Reno no começo do século V; é o lento impulso para o oeste e o sul da Gália dos burgúndios, dos francos e dos alamanos. É também a travessia do Mar do Norte pelos jutos, anglos e pelos saxões, que precipita a refluxo dos bretões da

Grã-Bretanha para o extremo oeste da Gália. Enfim, a última conquista germânica sobre o antigo território do Império é a dos lombardos, que penetram na Itália na segunda metade do século VI. Para substituí-los ao leste do Reno foram estabelecidos saxãos, frísios, turíngios, bávaros. O século VII vê o começo da progressão em massa dos eslavos que, até o século IX, se instalarão sobretudo no leste, mas também vão para oeste, em direção ao Báltico e ao Elba, para o centro, para os montes da Boêmia e, enfim, para o sudoeste, no norte dos Bálcãs. Estas invasões poderiam ter levado a uma grande fratura entre os novos povos. De fato, a maioria desses povos se convertera ao arianismo, que os cristãos latinos consideravam como uma heresia. É preciso considerar, portanto, que o refluxo do arianismo e a conversão dos bárbaros arianos ao catolicismo ortodoxo evitaram uma fratura suplementar na futura Europa. Alguns episódios marcaram fortemente esse período de nascimento da Europa. Assim, invasores particularmente temíveis, os hunos, puderam avançar até à Gália onde o seu chefe, Átila, figura aterrorizante do imaginário dos europeus, com exceção dos húngaros, foi derrotado pelo romano Aécio nos Campos Catalúnicos e teve de retirar-se. De particular importância é a conversão dos francos, que se deu por intermédio de seu chefe Clóvis entre 497 e 507. Clóvis e seus sucessores constituíram, apesar do costume franco de divisão do reino entre os filhos dos reis, um vasto espaço que englobou a Gália, depois da expulsão dos visigodos para a Espanha, e a absorção do reino dos burgúndios. O ostrogodo Teodorico (488-526) edificou um reino efêmero, mas brilhante, no nordeste da Itália em torno de Ravena, e Boécio foi o seu conselheiro. Os visigodos, expulsos da Gália, fundaram um reino também prestigioso cujo centro foi Toledo. Pôde-se falar de uma Europa "herdeira da Espanha visigoda", mas essa herança é constituída sobretudo pela obra de Isidoro de Sevilha, e se pôde atribuir aos visigodos um legado mais calamitoso: as medidas tomadas pelos reis e concílios visigodos contra os judeus podem ter estado na fonte do antissemitismo europeu.

Um exemplo mostrará que não é exagerado colocar as novas redes de relação sob o signo da Europa. Em 658, a Abadessa Gertrudes de Nivelles, perto da atual Bruxelas, morreu no dia de São Patrício. Este santo já se tornara um dos grandes santos do norte, o futuro padroeiro dos irlandeses. A *Vida* de Gertrudes afirma que a abadessa era "bastante conhecida de todos os habitantes da Europa". Assim, as novas sociedades cristianizadas tinham, pelo menos em sua camada clerical, o sentimento de pertencer a um mundo bem designado pelo nome de Europa. Este texto manifesta também um acontecimento importante que pesará até hoje sobre os problemas mais essenciais da unidade europeia. O centro de gravidade político e cultural da parte ocidental do Império Romano passara do Mediterrâneo para o norte dos Alpes. O exemplar Gregório Magno olhara para Cantuária. O mais poderoso novo chefe bárbaro cristianizado, Clóvis, fizera de Paris, no norte da Gália, a sua capital. Os mosteiros anglo--saxãos e, mais ainda, irlandeses eram os lugares eminentes de formação de missionários que iam, como São Colombano (543-615), pregar no continente, fundando a abadia de Luxeuil ao leste da Gália, a de Bobbio, no norte da Itália, ao passo que seu discípulo, São Gall, fundava o mosteiro com o seu nome na Suíça atual. Esta oscilação do centro de gravidade do Extremo Ocidente para o norte estava, também e antes de tudo, ligada a dois acontecimentos que pesaram muito na história da Europa. O primeiro foi a perda de prestígio do bispo de Roma e as ameaças que os bárbaros faziam à cidade, dos godos aos lombardos. Bizâncio não reconhecia mais a superioridade do bispo de Roma. Esta se tornara, geográfica e politicamente, excêntrica. O outro acontecimento é a conquista muçulmana. Depois da morte de Maomé em 632, os árabes e os convertidos ao islão, os muçulmanos, conquistaram de maneira fulminante a península arábica, o Oriente Próximo, o Oriente Médio e a África do Norte, do Egito ao Marrocos. De lá se lançaram – por ataques ou conquista? – sobre a outra margem do Mediterrâneo. Os berberes islamizados da África do Norte conquistaram o essencial da Península Ibérica de 711 a 719. No começo do século IX, ocuparam as antigas ilhas romanas (Córsega, Sardenha, Sicília, Creta). Esse remanejamento geográfico não apenas opõe a Europa do Norte e Europa do Sul mediterrânea, mostra também o peso novo das periferias na nova Europa cristã. À periferia celta junta-se a periferia anglo-saxã e, em seguida, as periferias normanda, escandinava e eslava. O Mediterrâneo se tornará uma espécie de fronte essencial, o da reconquista cristã e das relações com os muçulmanos.

Um acontecimento que foi doloroso para o cristianismo, mas talvez será benéfico para a Europa, é o seguinte. A África do Norte, um dos focos mais importantes do cristianismo dentro do Império Romano com

Tertuliano e, sobretudo, Santo Agostinho, foi primeiro assolada pelos vândalos – Agostinho morreu em 430 na Hipona cercada pelos vândalos –, mas, sobretudo, a conquista muçulmana no século VII destruiu e erradicou a civilização cristã na África do Norte. A Europa não precisava mais temer a eventual concorrência de uma África que soubera mostrar-se ao mesmo tempo essencial em sua elaboração teológica e pioneira na sua luta contra as heresias, principalmente a heresia donatista.

O governo dos bispos e os monges

Além dos esboços de nações fundadas sobre as antigas distinções do mundo romano e as novas entidades étnicas, o Ocidente da Alta Idade Média é uniformizado por essa cristianização. Em primeiro lugar está o governo, em toda essa área, dos bispos cujo poder cresce, particularmente na administração das cidades, e entre os quais se distinguirá, a partir do século VII, um grupo mais importante de superiores chamados arcebispos. Com os bispos, o Ocidente cristão se divide em territórios que são, na essência, retomados das antigas divisões administrativas romanas. São as dioceses. Ao lado dos bispos e dos padres aparecem novos personagens religiosos, os monges vindos do Oriente. Os monges do Ocidente não são, apesar de seu nome, que significa solitário, no mais das vezes eremitas, mas vivem em grupo, são cenobitas, e habitam mosteiros, no mais das vezes, porém, longe das cidades, e lugares mais ou menos isolados onde predominam os vales e as florestas. O monaquismo desempenha entre os séculos IV e VIII um papel essencial na cristianização dos camponeses pagãos. Esses monges são, também, muitas vezes, monges itinerantes. Entre estes se distinguem os monges irlandeses já mencionados, que exercerão o seu apostolado na Gália Oriental até a Itália do norte. Mas seu território abrange o conjunto do Ocidente cristianizado.

Também se encontram mulheres religiosas neste novo espaço cristão; antes de se agruparem, também, em mosteiros, são distinguidas pelo estado de virgindade. Elas encarnam assim os novos comportamentos de castidade que distinguem o cristianismo em geral. Mas se a castidade e a virgindade são geralmente observadas pelos monges e pelas virgens, os bispos e os padres ainda não respeitam o celibato.

Novos heróis, os santos

À frente dessas novas situações religiosas se firmam novos heróis, que substituem os heróis da Antiguidade pagã. São os santos. O heroísmo dos santos, nos primeiros séculos da cristianização, consiste em dar a sua vida para o Deus dos cristãos. São os mártires. Mas com o progresso do reconhecimento do cristianismo, os mártires são cada vez menos numerosos, e os cristãos mais notáveis são confessores que também são chamados, cada vez mais, de santos. Esses santos são garantidos de uma maneira especial pela Igreja. A recompensa do paraíso os espera e, na terra, se tornam objeto de uma veneração e até de um culto salvador. Segundo a ortodoxia, só Deus faz milagres, mas a crença popular atribui os milagres aos santos. Esses milagres ocorrem em lugares particulares e, sobretudo, nos locais de sepultura dos santos. É no contato com o coro dos santos que os cristãos são curados ou salvos por esses "mortos excepcionais", segundo a expressão de Peter Brown. Exatamente como os bispos, os santos pertencem geralmente às camadas superiores romano-bárbaras. Os quadros da nova sociedade cristã têm, muitas vezes, de fato, uma origem aristocrática. A aristocracia instruída garante o governo por uma nova elite cristã.

Uma nova medida do tempo

A marca do monaquismo sobre os costumes europeus é particularmente forte. O monaquismo inicia a sociedade cristã no uso do emprego do tempo. De fato, os monges recitam coletivamente orações regularmente, de dia e de noite, em horas especiais; são as oito horas monásticas ou canônicas. Também se pode atribuir aos monges uma atenção dos cristãos a uma verdadeira dietética. Os jejuns observados pelos monges e por leigos piedosos não são apenas um rito religioso de penitência, mas é também um comportamento de saúde do mesmo modo que a sangria. A luta contra a alimentação luxuriosa, a *gula*, dá, apesar das epidemias, instrumentos de luta contra os excessos alimentares. Enfim, os monges introduzem, além da sociedade monástica, um novo ritmo de existência: a combinação e a alternância entre o trabalho e o lazer, entre oração e *otium*.

A influência do cristianismo é particularmente importante no campo da medida do tempo. Embora a Idade Média cristã continue a utilizar o calendário romano juliano, aparecem novidades de grande importância. Em primeiro lugar está o ritmo semanal. A referência do Gênesis à criação divina privilegia o ritmo dos sete dias da Criação, seis dias mais um dia de repouso. A observação do repouso dominical se torna bem cedo uma obrigação para todos os cristãos, e será preciso que Carlos Magno faça a Igreja aceitar exceções para os camponeses em razão da necessidade para estes últimos aproveitarem o tempo bom para os trabalhos rurais e, em particular, as colheitas. Este cadenciamento da atividade humana pelo ritmo da semana foi sem dúvida, até há pouco tempo, no mundo europeu, o melhor ritmo para a alternância do trabalho e do repouso.

Por outro lado, o cristianismo renovou profundamente o calendário; em 532 o monge Dionísio o Pequeno dá um novo ponto de partida na era cristã ao fixar a nova origem da história no nascimento de Cristo. Dionísio, aliás, cometeu um erro, e o começo da era cristã corresponde provavelmente ao ano 4 a.C. Todavia, a Igreja não adotou durante muito tempo uma mesma data de começo do ano em toda a Cristandade. Foram três as datas mais frequentemente escolhidas para esse começo do ano: 25 de dezembro ou estilo da Incarnação, 25 de março ou estilo da Anunciação, ou ainda um estilo de Páscoa, que era um dia móvel. Daí a importância, em toda a Cristandade, dos cálculos complexos e precisos que permitem definir cada ano a data da Páscoa pelas observações da Lua, o *cômputo*. O calendário cristão é um calendário solar, com exceção da inserção de um segmento lunar pascal. O calendário cristão terá também para todo o futuro da Europa, salvo a Europa Oriental ortodoxa, a promoção de duas grandes festas novas que se tornaram as duas maiores festas anuais, a saber, o nascimento de Cristo – Natividade, Natal – fixada no século IV em 25 de dezembro, e o aniversário da ressurreição de Cristo, Páscoa, festa móvel. Os dias do ano foram, além das grandes festas crísticas e marianas, denominadas segundo os santos, sendo a festa destes fixada no aniversário de sua morte. Esta reorganização da medida do tempo apareceu também no uso cotidiano. De fato, o Ocidente viveu no século VII uma novidade de grande alcance, a introdução dos sinos e a construção de campanários. As horas eram incertas, ficando à mercê dos monges, mas as horas eram ouvidas por toda a cidade e na zona rural, e a medida e a difusão sonora do tempo eram uma inovação capital.

A remodelagem do espaço

A remodelagem do espaço pelo cristianismo não foi menos importante que a remodelagem da medida do tempo. E, nos dois casos, as mudanças foram feitas em todo o espaço da Europa Ocidental. Esta organização foi marcada pelas novas divisões em dioceses, ainda que o território da diocese só fosse determinado lentamente. Mais ainda, foram instituídas redes que ligavam certos pontos, certas regiões entre elas. O culto das relíquias levou à promoção de lugares de relíquias célebres. Foi o caso de São Martinho de Tours e, sobretudo, o dos apóstolos Pedro e Paulo em Roma. O culto das relíquias gerou peregrinações e ligou as populações do Extremo Ocidente entre elas, mas, sobretudo, foram organizadas em etapas e em redes. Estabeleceram-se relações também nas ordens monásticas. No século VII, por exemplo, o abade de Saint-Aignan de Orleães fundou o mosteiro de Fleury-sur-Loire, que se tornou um grande centro de peregrinação depois que foram transladadas para aí as relíquias de São Bento abandonadas no Monte Cassino, na Itália do Sul, após a invasão dos lombardos. O papel dessas redes acentuou-se mais tarde na Idade Média.

Dois polos repulsivos: Bizâncio e o islã – A escolha de imagens

É preciso voltar a dois acontecimentos negativos que tiveram um papel essencial na gênese da Europa entre os séculos VII e XIV. Uma identidade religiosa ou nacional se forma também, em todo caso se consolida, no seio de um conflito, de uma oposição. O outro, com razão mais forte ainda o adversário ou o inimigo, cria a identidade.

Esses polos repulsivos, no caso da Cristandade ocidental, foram dois. Primeiro, Bizâncio. As pretensões bizantinas de dominação de toda a Cristandade, tanto latina como grega, e a recusa do reconhecimento do bispo de Roma, a diferença de língua litúrgica – grego frente ao latim –, as divergências teológicas, distanciaram os cristãos latinos e bizantinos, e esse distanciamento agravou-se por uma escolha muito importante da Igreja latina. A querela das imagens perturbou o mundo bizantino por um primeiro ataque de recusa das imagens, o iconoclasmo, entre 730 e 787. Após o Concílio de Niceia II (787), Carlos Magno fixou nos *Libri carolini* a atitude do cristianismo latino ocidental em relação às imagens. Foi uma atitude de meio-termo. Foram condenados tanto o iconoclasmo, quer dizer, a destruição e a recusa das imagens, como a iconodulia, adoração das imagens. Ao passo que o judaísmo e o islã rejeitavam as imagens e os bizantinos passavam por crises de iconoclasmo, a Cristandade ocidental adotou e venerou as imagens como homenagem a Deus, à Virgem e aos santos, sem torná-las objeto de culto; essas imagens eram antropomorfas. O rosto das pessoas divinas, com exceção do Espírito Santo, foi um rosto humano. É uma etapa no caminho do humanismo europeu. Assim a arte europeia entrou num caminho fecundo.

Mais virulento foi o conflito com o islã a partir do século VII. Assim como a Europa Oriental ficou incluída no mundo bizantino, o islão e a Cristandade latina marcaram seus territórios de um lado e do outro de uma frente de oposições e de conflitos muitas vezes militares. Depois de ter invadido toda a África do Norte, o islão, na pessoa dos berberes arabizados, lançou-se ao assalto da Europa cristã. A Península Ibérica foi rapidamente conquistada entre 711 e 719. Os cristãos só se mantiveram numa pequena faixa setentrional, sobretudo ao oeste, nas Astúrias. Os muçulmanos passaram da Espanha para o norte dos Pireneus, como vimos, sem que se pudesse decidir se tratava-se de ataques ou da extensão da conquista muçulmana. Em todo caso, o avanço muçulmano foi detido na batalha dita de Poitiers, em 732. Esta foi a última invasão muçulmana ao norte dos Pireneus, mesmo que tenha havido, no século IX, conquistas muçulmanas nas ilhas mediterrâneas, na Itália e na Provença.

A Batalha de Poitiers deu lugar, na historiografia europeia, a interpretações divergentes. Nos dois extremos, certos historiadores viram nessa batalha apenas uma escaramuça sem grande significado, estando então a conquista muçulmana esgotada e impotente. Para outros, a Batalha de Poitiers foi um acontecimento capital, o triunfo da Cristandade sobre o islão na realidade e no mito. Poitiers tornou-se o símbolo de uma minoria antimuçulmana de grande agressividade. A verdade, sem dúvida, está entre estes extremos. A Batalha de Poitiers foi, no entanto, experimentada por certos cronistas cristãos como um acontecimento *europeu*. Uma crônica anônima, a *Continuatio hispana* (a continuação da crônica de Isidoro de Sevilha), faz da Batalha de Poitiers uma *vitória dos europeus*, que obrigaram a retirar-se aqueles que no Ocidente eram chamados de sarracenos.

Três mudanças e inovações contribuem ainda para a uniformização de um novo Extremo Ocidente.

A ruralização da Europa

A primeira mudança, de ordem econômica, que já foi mencionada, é a ruralização de um mundo que fora fortemente urbanizado pelos romanos. É a ruína das estradas, das oficinas, dos entrepostos, dos sistemas de irrigação, das culturas. É uma regressão técnica que bate particularmente a pedra que deixa o lugar a uma volta da madeira como material essencial na construção. O refluxo da população urbana para a zona rural não enche o vazio deixado pela regressão demográfica. No lugar da cidade, *urbs*, é a *vila*, o grande domínio, que se torna a célula econômica e social de base. A unidade de exploração e de povoamento é a *mansa*, de superfície muito variável, mas em geral pequena, capaz de manter apenas uma família.

A economia monetária recua dando lugar a um aumento da troca. O comércio de grande raio de ação quase desaparece, com exceção de matérias indispensáveis como o sal.

Tem-se a tendência, há algum tempo, de diminuir a decadência das cidades, mas essa conservação parcial refere-se só a centros como Tours, Reims, Lião, Toulouse, Sevilha, Mogúncia, Milão, Ravena, residências de bispos e de alguns chefes bárbaros importantes.

Realezas e leis bárbaras

Dois outros elementos de uniformização do mundo barbarizado são a ordem política e a jurídica. Na frente das novas formações políticas aparecem os reis – detestados pelo mundo romano – que são apenas chefes de tribo, régulos. Os reis anglo-saxãos, os reis francos a partir de Clóvis, os reis burgúndios, godos (o prestígio de um Teodorico em Ravena é uma exceção), visigodos, lombardos dispõem apenas de um poder limitado, mas que se adornam com os ouropéis do Império Romano. No entanto, a realeza conhecerá um belo futuro na Europa.

Afinal, as leis publicadas por esses reis têm um caráter bárbaro marcante. São listas de tarifas, de multas, de compensações monetárias ou corporais, que castigam os delitos e os crimes, e diferentes segundo a pertença étnica e a classe social dos culpados.

Essas leis não devem causar ilusão, são muito primitivas. É até o caso do edito do ostrogodo Teodorico o Grande, último herdeiro verdadeiro da tradição romana no Ocidente. É sobretudo a lei sálica franca, redigida em latim sob Clóvis. A lei Gombette foi promulgada pelo rei dos burgúndios, Gondobaldo, no começo do século VI. Os costumes dos visigodos foram codificados primeiro por Eurico (466-485), depois por Leovigildo (568-586), e renovada por Recesvinto (649-672) destinada aos visigodos e romanos, substituindo o Breviário de Alarico (506), que simplificava para os romanos o código teodosiano de 438, assim como a *Lex Romana Burgundiorum*, entre os burgúndios. O Edito de Rotário para os lombardos (643) foi aumentado por vários de seus sucessores. Os francos inspiraram uma *Lex Alamanorum* no começo do século VIII e uma *Lex Baiavariorum* em meados do século VIII. O manual de São Martinho, arcebispo de Braga, a partir de 579, fixou, segundo a legislação dos concílios e dos sínodos, um programa de correção dos costumes violentos dos camponeses (*De correctione rusticorum*) no norte do atual Portugal.

Esta legislação bárbara sobre as ruínas do direito romano prolongou, apesar de tudo, uma Europa do direito na Alta Idade Média.

II

Uma europa abortada: o mundo carolíngio, séculos VIII-X

O período seguinte é um episódio que foi frequentemente descrito como a primeira grande tentativa de construção da Europa. Situa-se sob a referência a Carlos Magno, cujo efêmero império seria o primeiro esboço verdadeiro de Europa.

Supondo que esta visão seja justa, é preciso acentuar que ela teria sido o primeiro exemplo de uma Europa pervertida. De fato, a visão de Carlos Magno é uma visão "nacionalista". O império fundado por Carlos Magno é, antes de tudo, um império franco. E é um verdadeiro espírito patriótico que o funda. Carlos Magno teve até a intenção, por exemplo, de dar nomes francos aos meses do calendário. Este aspecto raramente é valorizado pelos historiadores. É importante sublinhar isto, porque é o primeiro fracasso de todas as tentativas de construir uma Europa dominada por um povo ou um império. A Europa de Carlos V, a de Napoleão e a de Hitler eram de fato antieuropas, e já há algo desse plano contrário à verdadeira ideia de Europa na tentativa de Carlos Magno.

O ascenso dos carolíngios

A subida dos francos deu-se em dois tempos. Por um lado, no final do século V e no século VI com Clóvis e seus filhos, que tinham repartido o seu reino novamente reunificado durante breves períodos e, de outro lado, no século VIII. O poder dos merovíngios enfraquecera-se pouco a pouco durante o século VII; os reis, despossuídos de poder, que eram chamados de "reis inúteis" e, na época moderna, de "reis preguiçosos", abandonam o poder ao chefe da administração, o prefeito do palácio, como farão no Japão moderno os imperadores que abandonam o poder ao Xogum. No século VIII, os prefeitos do palácio eram escolhidos na família dos Pippinides, originários da região de Liège, e sua função tornara-se hiereditária.

Carlos Martel, que sucedeu a seu pai Pepino de Herstal em 714, foi considerado como o verdadeiro rei e seu prestígio foi realçado por suas vitórias, entre as quais estava a ganha perto de Poitiers contra os muçulmanos em 732. Após sua morte, seu filho Pepino o Breve retomou todo o seu poder e, destronando o último merovíngio, assumiu a coroa numa assembleia de grandes leigos e eclesiásticos em Soissons, em 751.

O mais significativo e de consequências mais importantes foi que Pepino fez sagrar-se uma segunda vez com seus dois filhos, Carlomano e Carlos, em 754, em Saint-Denis, pelo papa. Esta volta ao ritual da realeza bíblica sacraliza a pessoa do rei como chefe cristão. Reforça o prestígio da monarquia que, cá e lá, subsistirá até nossos dias na Europa. Praticada na Europa visigoda, mas sem posteridade, a sagração não foi restaurada pela monarquia cristã espanhola da *Reconquista*. Só o rei da Inglaterra, herdeiro dos rituais anglo-saxões, que instituíra também a sagração no século VIII, deu nascimento a uma monarquia sagrada. O resultado foi uma concorrência simbólica entre os reis da França e da Inglaterra na Idade Média, com o rei da França reclamando a primazia por ter feito transferir o ritual do batismo de Clóvis para a sagração do rei. Consequentemente, o único coroado pelo Espírito Santo, o rei da França toma mais tarde o título de *christianissimus* e, quando o prestígio do imperador caíra em declínio, firmou-se como o primeiro dos reis da Cristandade. A história da Europa será cheia desses ciúmes, dessas concorrências e dessas pretensões que tendiam a instituir uma ordem hierárquica no espaço político europeu.

Pepino o Breve deixou o seu reino e seu poder, segundo o costume franco, aos dois filhos, que o repartiram entre si. Mas Carlomano morreu em 771 e o mais novo, Carlos, tornou-se o único rei Franco. Carlos é o futuro Carlos Magno; com ele firma-se no trono a nova dinastia dos carolíngios.

Carlos Magno, o primeiro europeu?

Carlos Magno é, antes de tudo, na tradição dos francos e dos bárbaros, um grande guerreiro. Suas guerras estiveram lado a lado com campanhas de cristianização. Mas a força, a violência e a crueldade foram preponderantes nas guerras. Os horizontes de conquista de Carlos Magno estavam situados ao leste, ao sudeste e ao sul. Ao leste, no sul da Germânia, Carlos venceu os ávaros e anexou a Baviera em 788; no norte da Germânia, teve de realizar, de 772 a 803, uma série de duras campanhas contra os saxões pagãos.

Frente aos germanos, o grande aliado de Pepino foi Bonifácio, o anglo-saxão Winfried, arcebispo de Mogúncia, que criou numerosos bispados entre os quais Salzburgo, Ratisbona, Passau; e sobretudo seu discípulo Sturmi fundou, por incentivo dele, em 744, a abadia de Fulda, no Hesse, onde foi enterrado. Foi massacrado pelos frísios pagãos durante uma missão em 755.

Foi na direção do sudeste que Carlos Magno conseguiu suas vitórias mais significativas. Foi contra um rei convertido ao cristianismo, o rei dos lombardos; mas, como este não cessava de importunar as possessões do papa na Itália, inclusive Roma, foi o próprio papa que convidou Carlos Magno a intervir contra os lombardos. Vitorioso de maneira brilhante graças à sua cavalaria coberta de ferro, venceu o rei lombardo, Dídio, e fez-se coroar em seu palácio em Pavia onde recebeu a tradicional coroa de ferro lombarda. Mas os lombardos mantiveram dois ducados independentes na Itália Central, em Spoleto e em Benevento.

Carlos Magno foi menos feliz no fronte meridional da Gália, onde seus adversários eram os muçulmanos. Carlos Magno, que pouco conhecia das realidades hispânicas, fracassa diante de Saragoça e recua para o norte dos Pireneus. Numa escaramuça, os bascos massacram a sua retaguarda comandada por seu sobrinho Rolando. Este episódio menor será transformado pela lenda em trágica derrota diante dos sarracenos; será *A canção de Rolando*. Carlos Magno mantém a grande custo uma marca de Espanha na futura Catalunha e uma septimânia no Languedoc. Se conseguiu ao norte dos Pireneus, ao oeste, reconquistar a Gasconha, foi para dá-la em reino ao seu filho Luís.

A aliança entre os francos e o papado – Carlos Magno imperador

Nesta paisagem, o acontecimento essencial foi a aliança entre os francos e o papado. Os papas buscaram e encontraram nos soberanos francos um braço secular que os protegeu de seus inimigos, particularmente dos lombardos. Os frutos dessa aliança são, em primeiro lugar, para os soberanos franceses. É a sagração de Pepino e de seus filhos.

Numa segunda etapa, o papado parece pensar numa empresa de caráter "europeu". Trata-se de restabelecer o Extremo Ocidente cristão como império em torno dos francos. No Natal do ano 800, por ocasião de uma estada de Carlos Magno em Roma, o Papa Leão III coroa o soberano franco como imperador.

Este acontecimento fortalecerá a independência nascente da cristandade latina ocidental em relação ao Império Bizantino grego ortodoxo. Quanto ao resto, porém, parece-me que é uma deformação das perspectivas históricas que fez de Carlos Magno o pai da Europa. Certamente, durante a sua vida, vários textos atribuem a ele o título de "cabeça da Europa"; porém, trata-se mais de uma homenagem, de uma expressão do imaginário do que de realidades históricas. A Europa de Carlos Magno é uma Europa restrita do ponto de vista territorial. Não compreende as ilhas britânicas, independentes nas mãos dos anglo-saxãos e dos irlandeses, a Península Ibérica, conquistada no essencial pelos muçulmanos, a Itália do Sul e a Sicília, igualmente nas mãos dos sarracenos; nem, enfim, a Escandinávia, que ficou pagã, e de onde os vikings normandos se lançam para pilhar ou impor tráficos vantajosos para eles. Enfim, o Império Carolíngio avança apenas ao leste do Reno. A Germânia lhe escapa ainda em grande parte; e sobretudo os eslavos estão fora do seu alcance e sempre pagãos. Praga não evoluiu muito desde o século VII quando o mercador franco Samo, que dominava o mercado de escravos, fez-se eleger rei pelos eslavos e avançara ao centro da Boêmia.

A coroação imperial de Carlos Magno, assim na ideia do papado que tinha imaginado como no espírito de Carlos Magno, que aceitara passivamente, era essencialmente uma volta ao passado, um esforço de ressurreição do Império Romano, não um projeto de futuro, o que é o destino da Europa. Sem dúvida, ao fundar no território antigo dos francos a nova capital de Aix-la-Chapelle, Carlos Magno sonhava em fazer "a Roma que vem". Tratava-se, de fato, de um desafio à Nova Roma, quer dizer, Constantinopla. Mas tratava-se sobretudo de olhar para trás em direção a Roma, que não era a sede de um Império Carolíngio europeu, mas a capital de um papa sem grande poder. Depois de Carlos Magno, Aix-la-Chapelle declinou; não deixa de ser a capital do Ocidente, pouco tempo após ter sido criada, mesmo se o mito persistiu ao longo da Idade Média; ficam só os monumentos prestigiosos, testemunhas do sonho de Carlos Magno. As manifestações europeias de hoje, que têm por referência Aix-la-Chapelle, são somente cerimônias nostálgicas. O Império Carolíngio foi, portanto, numa perspectiva de longa duração, e particularmente numa perspectiva europeia, um fracasso.

Faço meu o julgamento do grande medievista ítalo-americano Roberto S. Lopez: "Não se pode chamar de prelúdio da Europa o que é preciso definir mais exatamente como um começo falso. Hoje, quem diz Europa não pensa numa religião uniforme ou num Estado universal, mas num conjunto de instituições políticas, de conhecimentos seculares, de tradições artísticas e literárias, de interesses econômicos e sociais que alicerçam um mosaico de opiniões e de povos independentes. Neste ponto de vista, o Império Carolíngio nos parecerá um esforço notável, mas, em última análise, falho".

Herança europeia de Carlos Magno

Do mito carolíngio moderno subsistem, apesar de tudo, alguns elementos das bases da Europa futura. O primeiro elemento foi o esboço de uma *unificação jurídica*. Carlos Magno publicou editos para todo o território do império, regras relativas aos grandes domínios de governo que se aplicavam em toda parte e a todos. Aos grandes domínios rurais, ao ensino, à legislação, às divisões do reino, aos enviados do imperador chamados *missi dominici*. São as *capitulares*. Do mesmo modo, Carlos Magno tendeu a unificar a moeda instituindo um sistema monetário cuja moeda básica era o *denier* [dinheiro]. Mas a reanimação das trocas num grande raio de ação, em particular com o mundo muçulmano, foi muito limitada. Do mesmo modo, outra reforma importante tem muitos pontos inacabados. Trata-se da base do direito e da legislação. Já foi visto que a legislação bárbara baseava-se no direito das pessoas e tinha um caráter étnico muito marcante. O franco, o burgúndio, o lombardo, o godo eram regidos por direitos diferentes. Carlos Magno quis substituir esta diversidade jurídica por um mesmo direito do solo que se aplicasse a todos os homens e mulheres que viviam no território do império. Essa tentativa, mesmo inacabada, é uma das mais revolucionárias de Carlos Magno e uma das que deixam melhor entrever a possibilidade de uma *unidade jurídica europeia*.

Teve mais êxito, sob a pressão de Carlos Magno e seus sucessores, a *unificação monástica*, que modelou no seu começo a Europa Medieval em razão do número, prestígio e da atividade dos monges. A muito Alta Idade Média vira nascer diversas regras monásticas. Sempre apaixonado pela ordem e pela unidade, Carlos Magno sustentou os esforços unificadores de um monge catalão que fundou um mosteiro perto de Montpellier, em Aniane, e que, sobretudo, ressuscitou, renovando-a, a regra de São Bento de Núrsia, do século VI. A adoção da regra renovada de São Bento por todos os mosteiros do reino franco no império está na ordem do dia dos cinco concílios simultaneamente reunidos em 813. A regra beneditina foi decretada obrigatória pelo filho e sucessor de Carlos Magno, Luís o Piedoso, no concílio de Aix-la-Chapelle em 816. Com as funções monásticas decretadas por São Bento, que dividia o tempo dos monges num tempo de orações litúrgicas e de meditação, um tempo de trabalho manual e um tempo de trabalho intelectual, São Bento de Aniane acrescentou a missão de pregação e de conversão dos pagãos. O mundo monástico desempenharia um papel social e cultural essencial em toda a Cristandade do século IX ao XII ainda que, segundo Ludo Milis, tenha exagerado um pouco.

Uma Europa de guerreiros...

Assim, sob o governo dos bispos e dos clérigos seculares e a ação dos monges, foram unificadas no século IX uma *Europa dos guerreiros* e uma *Europa dos camponeses*. Sobre o modelo dos francos, todos os súditos do império de Carlos Magno, dependendo diretamente do soberano, são guerreiros. Todos devem prestar o serviço das armas; todo homem livre é um guerreiro potencial que, seja diretamente, seja por intermédio do contingente fornecido por seu senhor, deve participar nas campanhas militares do soberano, da primavera ao outono, pois os cavalos têm necessidade de erva para se alimentarem.

Sob Carlos Magno, nos 46 anos de reinado, não houve campanha militar apenas durante dois anos, 790 e 807. O elemento forte do exército é a cavalaria encouraçada. Os homens livres mobilizados deviam, seja pessoalmente, seja por intermédio de seu senhor, fornecer seu cavalo, seu escudo e sua arma. Seja uma lança leve, seja uma espada curta de um fio para combater a pé, seja, sobretudo, a espada longa de dois fios para o combate a cavalo. Se a campanha fosse vitoriosa, e este foi frequentemente o caso sob Carlos Magno, terminava pela coleta de um butim mais ou menos rico. O Império Carolíngio viveu em parte da conquista e do butim, como todos os grandes impérios, de Alexandre a Maomé.

O conjunto dos soldados à disposição do soberano, que, no entanto, raramente estiveram todos reunidos ao mesmo tempo, chegou sem dúvida a cerca de 50.000 homens, dos quais 2.000 ou 3.000 a cavalo. A Idade Média não é uma sociedade e uma cultura de grandes números nem, primeiro, num dos domínios onde se destacou mais, o da guerra. Os chefes desse exército eram homens cuja riqueza provinha essencialmente das rendas de grandes domínios. A terra foi a outra base de fortuna e de poder dos futuros europeus. Pôde-se sustentar que a Idade Média nasceu com a transformação do imposto pago ao governo em rendas pagas ao grande proprietário, o futuro senhor. Nas terras desses poderosos viviam e trabalhavam cerca de 90% da população leiga.

...e de camponeses

Mundo de guerreiros pela dominação de uma minoria de proprietários de terra combatentes, a Europa se apresentava como um mundo com forte maioria camponesa. Esses camponeses tinham *status* sociais diferentes. Ainda havia escravos; o cristianismo não trouxera grande melhora para sua sorte. Havia novos laços entre o senhor, os camponeses e as terras dominiais, por outro lado. Um número crescente de homens e de terras tornava-se diretamente submisso ao senhor. No lugar dos escravos apareciam servos e terras servis das quais os camponeses não podiam dispor para trocá-las ou vendê-las. O Ocidente fora sempre uma região de florestas, apesar de uma primeira onda de arroteamento nos séculos VI e VII. Os grandes domínios estavam, em geral, divididos em duas partes. A primeira era a *corte* ou *reserva* diretamente explorada pelo senhor com a ajuda dos serviços de seus camponeses sob a forma de corveia várias vezes por semana. A outra parte do domínio era trabalhada pelos camponeses para eles mesmos; os camponeses, além do alimento da família, procuravam produzir um pouco de excedente para vender a fim de obter os bens necessários fora do domínio. Uma parte, mais importante do que muitas vezes se disse, desses camponeses era de camponeses livres que possuíam o que se chamava de herdades.

Desde o tempo de Carlos Magno se desenha uma evolução que será um dos grandes acontecimentos da Idade Média e se tornará uma das características essenciais da Europa. Os camponeses arrancaram do senhor liberdades que fizeram dos rurais uma categoria livre que se desembaraçou também das corveias, obrigando os senhores seja a aceitar a diminuição de seu domínio, seja a impor uma política de nova servidão. Esta segunda solução realizou-se sobretudo ao leste da Europa e foi outra causa de diferença e de distanciamento entre Europa do Oeste e Europa do Leste. Esta importância da sociedade de vida rural que permanecerá até hoje uma característica da Europa reteve a atenção e os cuidados de Carlos Magno. O capitular *De villis* (c. 800) é uma regulamentação completa da vida agrícola, além até dos domínios reais, e restitui a paisagem rural do nascimento da Idade Média e da Europa onde muitos de seus traços permanecerão.

A civilização carolíngia, um estrato europeu

A Europa carolíngia de maior sucesso é sem dúvida a Europa da civilização. Carlos Magno, cuja cultura não deve ser exagerada – ele tinha dificuldade de reconhecer as letras do alfabeto, não escrevia e só sabia um pouco de latim – tinha, no entanto, um princípio de governo muito firme. Pensava que o saber, a instrução, era uma manifestação e um instrumento de poder necessários. Desenvolver e proteger o saber era um dos primeiros deveres de um soberano. Percebeu que, nessa tarefa, o monarca devia se apoiar sobretudo sobre os clérigos, que dispunham da melhor formação nesse domínio, e que sua ação devia sobretudo dirigir-se aos filhos dos leigos poderosos, que eram seus auxiliares no governo do império. Este programa não podia contentar-se em apelar aos francos, mas devia reunir todo o potencial cultural do império. Fez até entrar aí representantes de países que não faziam parte do império. Foi, por exemplo, o caso dos irlandeses, dos anglo-saxãos e dos espanhóis. Exagerou-se ao fazer de Carlos Magno um Jules Ferry antes do tempo que encorajou os alunos das escolas. Essas escolas criadas ou desenvolvidas por Carlos Magno destinavam-se, sobretudo, aos filhos da aristocracia. A partir de 781, Carlos cercou-se de letrados e de sábios. Jean Favier pôde chamá-los de "intelectuais do Palácio". Entre eles estão, por exemplo, o lombardo Paulo o Diácono, sendo seu verdadeiro nome Warnefried; o italiano Paulino de Aquileia; o espanhol Teodulfo, que se tornou bispo de Orleães e abade de Fleury-sur-Loire (Saint-Benoît-sur-Loire), em 797; está, sobretudo, o anglo-saxão Alcuíno, que nasceu c. 739 e morreu em 804, principal conselheiro de Carlos Magno, embora sempre permanecesse simples diácono, mas que se tornou abade de São Martinho de Tours, do qual fez um dos primeiros e mais vivos focos do que se chamou de renascença carolíngia.

Este mundo do saber é essencialmente um mundo masculino, mas algumas figuras femininas emergem aí. Por exemplo, Alcuíno é também o conselheiro de Gisele, irmã de Carlos Magno e abadessa de Chelles, e estimulou-a a favorecer em seu mosteiro uma vida intelectual e uma intensa atividade de cópia de manuscritos. Uma grande aristocrata da Aquitânia, Dhuoda, longe da corte, adquirirá um saber que transmitirá, no começo do século IX, ao seu filho Bernardo, duque de Septimânia, redigindo para ele um manual educativo.

A renascença carolíngia em torno de Carlos Magno é mais limitada que a imagem brilhante e conquistadora que se imaginou. Deu também à corte de Carlos Magno um caráter tão lúdico como seriamente cultural. Carlos e os principais a sua volta formam uma academia palatina que é um jogo literário, tendo seus membros sobrenomes que evocam a Antiguidade. É interessante notar que esses nomes misturam nomes gregos e latinos, e também bíblicos. Alcuíno é Albinus ou Flaccus, quer dizer, Horácio; Engilberto é Homero; Teodulfo é Píndaro; um jovem poeta, Maudoin, é Naso, quer dizer, Ovídio; Pepino da Itália é Júlio, quer dizer, César; mas outros são Aarão ou Samuel; Adalardo é Agostinho; e, sobretudo, Carlos Magno é Davi, "rei pacífico". Este programa corresponde bem às intenções de Alcuíno: fazer da corte de Carlos Magno "uma Atenas mais bela que a antiga, porque enobrecida pelo ensinamento de Cristo".

Uma segunda onda de sábios prosseguirá e até desenvolverá esta "renascença" após Carlos Magno, sob Luís o Piedoso e Carlos o Calvo. Seus focos serão, com o Palácio, as novas abadias. Eginhard fundou a nova abadia de Fulda, na Alemanha, e foi o grande Rabano Mauro que foi o seu abade a partir de 822.

Sem cair no exagero, é preciso todavia reconhecer que a atividade intelectual carolíngia foi um dos estratos da cultura europeia. A importância do saber para o governo de um estado e seu prestígio foi sublinhada por Carlos Magno no capitular *De litteris colendis*.

As reformas realizadas por Carlos Magno e seus conselheiros foram às vezes importantes. Foi assim a reforma da escrita. Uma nova escrita, a *minúscula carolina*, é clara, normalizada, elegante, mais fácil de ler e escrever. Pôde-se dizer que foi a primeira escrita europeia. Numa intensa atividade de cópia de manuscritos nos *scriptoria* monásticos, reais e episcopais, Alcuíno introduziu uma nova preocupação com a clareza, a pontuação. Carlos Magno faz também corrigir o texto das Escrituras. Esse cuidado de correção que animará a grande atividade de exegese bíblica no Ocidente Medieval é uma preocupação importante que concilia o respeito pelo texto sagrado original e a legitimidade das emendas devidas ao progresso dos conhecimentos e da instrução.

A renascença carolíngia impõe-se ainda hoje sobretudo pela riqueza de sua ilustração, das iluminuras. Alguns evangeliários, ou alguns saltérios, são obras de arte carolíngia. O gosto pelo texto dos salmos, que atravessará a Idade Média, faz nascer na Europa um atrativo pela poesia bíblica que dura até hoje.

É preciso dizer também que, sem influência carolíngia particular, mas na mesma época, aparece uma moda que se desenvolverá e se manterá durante toda a Idade Média e ainda está vivo hoje. Depois do século VI, o Apocalipse dito de São João, dificilmente admitido entre os textos canônicos do Novo Testamento, não chama muito a atenção do clero e dos fiéis. Uma obra, no fim do século VIII, relança-o de maneira fulminante. Trata-se do *Comentário* que o monge Beato, do mosteiro de Liébana, perto de Santander, compôs por volta de 780. As cópias ilustradas desse *Comentário* multiplicaram-se nos séculos IX e X. As ilustrações são muitas vezes a prova do gênio artístico dos pintores de miniaturas do Ocidente para exprimir a angústia e o pavor. Beato deu à Europa o seu primeiro grande romance de suspense.

O século IX é também capital para o futuro da arquitetura religiosa no Ocidente. Duas inovações se tornarão um legado de primeira ordem para a arquitetura europeia. Uma é a introdução simbólica do transepto que integra a cruz no plano linear da antiga basílica romana. Aparece por volta do ano 800 em Saint-Maurice-d'Angaune, na catedral de Colônia e na de Besançon. Durante o mesmo período, na abadia de Saint-Riquier surge uma inovação chamada a um grande sucesso. É o maciço ocidental que anuncia com suas torres os portais das igrejas românicas e góticas. São erguidos monumentos modelares, a saber, a abadia de Saint-Denis, o de Fulda, o Palácio Imperial e a Igreja de Aix-la-Chapelle. Comanditários e oficinas móveis e mestres de obra, que serão mais tarde os artistas, dão à futura Europa um ornamento do qual os monumentos fazem eco.

França, Alemanha, Itália: um coração da Europa?

A unidade do império foi colocada, segundo vários textos, sob o vocábulo da Europa. O *Carmen de Carolo Magno* designa Carlos Magno como "a cabeça venerável da Europa" e o "pai da Europa". Carlos Magno, que confiara desde 781 um reino da Aquitânia ao seu filho Luís, deixou para esse mesmo Luís seu império ao morrer em 814. Incapaz de resistir à pressão de seus filhos e de resolver os problemas do governo de um vasto espaço, Luís o Piedoso volta à divisão do império entre os seus filhos. Esta divisão, após a sua morte, foi confirmada pelo entendimento entre Lotário e Luís o Germânico, concretizada nos juramentos de Estrasburgo (842), primeiro texto oficial em língua vulgar, frâncico de um lado, germânico do outro, e nos tratados de Verdun (843) e de Minden (844), sobre a divisão do império. Após essas peripécias esboçou-se uma remodelagem do Extremo Ocidente entre duas regiões, Frância Ocidental e Frância Oriental, habitadas por dois povos chamados a se tornarem os franceses e os alemães. Entre eles se estendia uma terceira parte alongada do norte para o sul, que compreendia, com as duas capitais, Aix-la-Chapelle e Roma, uma região intermediária chamada Lotaríngia e Itália. A Lotaríngia logo se mostrou uma entidade artificial e difícil de manter. A realidade territorial e política foi o surgimento de três regiões predominantes chamadas, num documento do século IX, *prestantiores Europae species*, as três partes dominantes da Europa: a Itália, a Gália e a Germânia. Essas realidades que não tinham nem identidade de fronteira precisa, nem estruturas institucionais bem-definidas, eram de fato um primeiro rosto das três distantes nações da Europa moderna e contemporânea, a França, a Alemanha e a Itália. Esta realidade faz refletir sobre o lento surgimento histórico da Europa. Bem cedo se afirmaram, no espaço europeu, potências superiores às outras. A construção atual da Europa deve, pois, enfrentar as pretensões do par França-Alemanha, sem dúvida necessário para a estabilidade da Europa, mas criador de desigualdades e de ciúmes na comunidade europeia.

III

A Europa sonhada e a Europa potencial do ano 1000

A Europa imperial otoniana

Em meados do século X, o sonho de unidade imperial de Carlos Magno foi retomado pelo rei da Germânia Oto I, filho de Henrique I e de Santa Matilde. Coroado em 936 em Aix-la-Chapelle, realizou certas anexações na Germânia e obteve vitórias contra invasores, tendo uma delas muita ressonância, a sobre os húngaros no Lechfeld em 955. Foi coroado pelo Papa João XII em Roma em 962. Ao mesmo tempo, para se pôr em pé de igualdade e para melhorar as relações com o Império Bizantino, obteve para seu filho a mão da princesa bizantina Teofana e, na direção dos países eslavos, fez erigir o arcebispado de Magdeburgo em 968, onde foi inumado ao morrer em 973. A criação de Oto, ainda que tenha perdido seu poder verdadeiro durante a Idade Média, foi o alicerce de uma instituição e uma potência de longa duração nas perspectivas europeias, contrariamente ao que tinha sido o império de Carlos Magno. O nome significativo desse império foi Sacro Império Romano Germânico. Este título indicava primeiro o caráter sagrado do império, lembrava depois que era o herdeiro do Império Romano e que Roma era a sua capital; destacava, finalmente, o papel eminente que tiveram os germanos na instituição. A ideia de Luís o Piedoso encontrava aí uma certa ressurreição e um certo prolongamento. A espinha dorsal da Europa potencial era, do norte para o sul, do Mar do Norte ao Mediterrâneo, a Germânia e a Itália. Os Alpes, que nunca tinham sido uma verdadeira barreira entre a Itália e a Europa do Norte, se tornaram mais do que nunca uma região essencial de passagem entre o norte e o sul da cristandade "europeia". As descidas dos imperadores na Itália se tornaram uma espécie de rito político na cristandade medieval.

Organização dos desfiladeiros, construção de hospedarias para peregrinos, intensificação das relações comerciais e humanas, assim se afirmou a importância dos Alpes no coração da cristandade "europeia" medieval. Protetores e supervisores das passagens alpinas, sobretudo após a construção, na segunda metade do século XIII, da Ponte do Diabo ao norte do desfiladeiro de São Gotardo, os três cantões de Uri, de Schwyz e de Unterwalden se uniram em 1291 para formar a Confederação Helvética, germe modesto e inesperado da distante democracia europeia.

A "nova Europa" no ano 1000

O filho de Oto I, Oto II, consolidou as estruturas do império e seu filho, Oto III, coroado em Roma imediatamente após a morte de seu pai em 983, surgiu como o portador de um brilhante futuro para toda a Cristandade. Este imperador de 3 anos, que morreu aos 21 anos, em 1002, deveu a seus dons e ao seu brilho o fato de ser qualificado de *mirabilia mundi* (maravilhas do mundo). Recebeu em Roma uma instrução particularmente brilhante da parte de Santo Adalberto de Praga, no exílio, e de Gerbert d'Aurillac, arcebispo de Reims, expulso de sua sé. Para sua época, Gerbert era um sábio excepcional, que aprendera em Catalunha, em contato com os árabes, aritmética, geometria, música e astronomia. Eleito papa com o apoio do imperador em 999, Gerbert, sob o nome de Silvestre II, imaginou com seu aluno imperial um programa ambicioso de promoção da cristandade europeia. Aleksander Gieysztor mostrou luminosamente como, no programa de Oto III e de Silvestre II, a Europa novamente cristianizada, eslavos e húngaros tinham um lugar essencial. Miniaturas mostram o imperador em majestade, escoltado de Roma, da "Gália" e da "Germânia", e também da "Eslavínia", o país dos eslavos. Portanto, é uma Europa ampliada ao leste que é, no ano 1000, o sonho comum do papa e do imperador. A história, de fato, realizará mais ou menos esse sonho, e a entrada do mundo eslavo na Cristandade unida, primícias da Europa, é ainda hoje um dos grandes acontecimentos da unificação europeia. Este problema também nasceu na Idade Média.

Discute-se muito hoje para saber se o ano 1000 é o ponto de partida ou não do grande crescimento da cristandade medieval. Parece certo que há uma aceleração do crescimento econômico da Cristandade entre 950 e 1050. E esse crescimento é o pano de fundo dos sonhos religiosos e políticos do ano 1000. Esse crescimento se refere de maneira mais ou menos forte a toda a Cristandade. O testemunho do monge de Cluny Raul Glaber é particularmente eloquente: "Ao se aproximar o terceiro ano após o ano 1000, vê-se em quase toda a terra, mas sobretudo na Itália e na Gália, reedificarem as construções de igrejas. Ainda que a maioria, muito bem construída, não tivesse nenhuma necessidade, uma verdadeira emulação impelia cada comunidade cristã a ter uma mais suntuosa que a dos vizinhos. Foi dito que o próprio mundo se sacudia para despojar-se de sua vetustez e revestir-se por toda parte de um manto branco de igrejas. Então quase todas as igrejas das sés episcopais, as dos mosteiros consagrados a todo tipo de santos e mesmo as pequenas capelas das aldeias foram reconstruídas mais belas pelos fiéis". Esse crescimento acarretou um grande desenvolvimento de todas as atividades necessárias a esse movimento de construção, matérias-primas, transporte de materiais, utensílios, recrutamento de mão de obra, financiamento dos trabalhos. É o começo da multiplicação dos canteiros de obra em que se manifesta o dinamismo da Cristandade que a Europa herdará com as ondas de construções românicas e góticas. Um provérbio dirá: "quando o setor de construção anda bem, tudo vai bem" – isto se verifica na Europa desde o ano 1000. A essa atividade material intensa corresponde um grande fervilhar coletivo, religioso e psicológico. Georges Duby valorizou brilhantemente os prodígios do milênio, a começar pelos sinais no céu. O vasto movimento de penitência e de purificação, a eflorescência do culto das relíquias e dos milagres, uma mistura de esperanças, de perturbações e de sonhos. Quando o coração da Europa bate, bate mais ou menos forte em todo o espaço, do oeste ao leste e do norte ao sul. A Europa da afetividade está desencravada.

Os "recém-chegados": escandinavos, húngaros, eslavos

É preciso voltar à última onda de invasões e de cristianização que evoquei com Oto III. Contribuindo para a constituição de uma Europa mestiça, os eslavos já tinham penetrado na Cristandade. É o caso, nos séculos VII e VIII dos croatas, que se infiltraram no território entre o Adriático e o Danúbio, entre Roma e Bizâncio. Os croatas, com a paz de Aix-la-Chapelle (812), caem sob a autoridade dos francos, mas, guardando a sua identidade entre latinos e bizantinos, pendem em direção aos latinos e, em 925, o Papa João X torna rei o croata Tomislav e os coloca sob a jurisdição de Roma, nos concílios de Split em 925 e 928 instituindo um metropolita em Split.

Os "recém-chegados" se apresentam em três conjuntos, e os ambientes do ano 1000 aceleram a lenta cristianização desses conjuntos.

O primeiro conjunto é o dos escandinavos, que chamamos de vikings ou normandos. Desde o fim do século VIII até meados do século X, os cristãos do Ocidente veem neles sobretudo invasores, saqueadores, violentos, mesmo se os ataques são acompanhados muitas vezes de um comércio pacífico. No século X, os dinamarqueses constituem um grande reino, que engloba a Noruega, e dominam o Mar do Norte até à Groenlândia. Uma sociedade original que fora constituída na Islândia em torno de algumas famílias constitui uma oligarquia plutocrática sob a direção de uma assembleia popular original, a Althing. Os islandeses se converteram ao cristianismo no final do século X e chegam a uma constituição no ano 1000. Estando bastante tempo independentes dos dinamarqueses, produzem durante a Idade Média um dos mais brilhantes gêneros literários do Ocidente, as sagas. Assim nascem no extremo noroeste do espaço europeu uma sociedade, que vive do mar, e uma civilização que enriquecem a cristandade medieval de maneira singular. Entretanto os dinamarqueses, no final do século X, empreendem a conquista da Grã-Bretanha. Vão aí provisoriamente, e Knut o Grande é ao mesmo tempo rei da Grã-Bretanha e da Dinamarca de 1018 a 1035. Ele desenvolveu sistematicamente os mosteiros e o cristianismo na Dinamarca. Na Noruega, Santo Olavo, que reinou de 1015 a 1030, desenvolveu o cristianismo introduzido por Olavo Tryggvason, rei de 995 a 1000. A canonização de Santo Olavo é testemunha da ação do papado que recompensava com a santidade os reis convertedores. Na Suécia, Olavo Skötkonung foi o primeiro rei cristão do começo do século XI. Para completar esta entrada dos escandinavos na Cristandade, é preciso lembrar que os normandos, estabelecidos na Normandia gaulesa sob o comando de Rollon, colocaram-se, ao receber o futuro ducado, sob a dominação dos carolíngios e se converteram coletivamente ao cristianismo. É com a bênção do papado que o Duque Guilherme o Bastardo apoderou-se da Grã-Bretanha em

1066, na Batalha de Hastings, pondo fim à realeza anglo-saxã. Os ocidentais do norte tinham entrado na Cristandade, quer dizer, na futura Europa.

Na Europa Central, a entrada dos húngaros na Cristandade foi original. Os húngaros tinham a particularidade de não falar nem uma língua românica, nem uma língua germânica, nem uma língua eslava. Esta especificidade linguística subsistiu até hoje, e este exemplo prova que, seja qual for a importância das línguas que se falar, as diferenças linguísticas não são essenciais na constituição de um conjunto cultural ou político. A Suíça será outro exemplo. De lá eles lançaram ataques mortais ao centro da Europa, até que o Imperador Oto I infligiu-lhes uma derrota arrasadora em Lechfeld, em 955. Os húngaros foram então submetidos a várias campanhas de cristianização vindas tanto do leste como do oeste. Foram os missionários romanos que levaram vantagem, a saber, alemães, italianos e eslavos já cristianizados. Com Santo Estêvão se vê como foi importante a constituição de uma Europa cristã mestiça. Santo Estêvão teve as influências do arcebispo de Praga, Voitech (Santo Adalberto), de sua mulher Gisele, uma bávara, irmã do Imperador Henrique II, e do bispo húngaro Gellert, bispo de Csanàd, formado no mosteiro veneziano de San Giorgio Maggiore. Gellert organizou a jovem Igreja da Hungria e foi martirizado durante o levante pagão de 1046. Batizado em 995, Estêvão criou no ano 1000 o mosteiro beneditino de Pannonhalma no suposto lugar do nascimento de São Martinho. Organizou os dez primeiros bispados, promulgou decretos obrigando todas as aldeias a construir igrejas e redigiu em latim um modelo do príncipe, o *Libellus de instructione morum*, na intenção de seu filho Imre, que o sucedeu e foi igualmente canonizado. Enfim, nessa linha excepcional de reis santos, seu descendente Ladislau (1077-1095) também se torna santo.

Esta grande onda de cristianismo em torno do ano 1000 atingiu também os eslavos ocidentais. Já vimos os croatas que se tinham instalado ao norte da região oriental do Adriático. É preciso mencionar um episódio muito importante por motivos tanto negativos como positivos, a saber, a tentativa de conversão à religião cristã ortodoxa grega dos tchecos e morávios por Cirilo e Metódio. Estes dois irmãos, monges bizantinos bem cedo ligados aos meios eslavos, decidiram combinar a conversão dos eslavos com o reforço de sua identidade cultural. Para isso criaram para a língua eslava uma escrita especial, o alfabeto glagolítico. O seu principal campo de apostolado foi a Morávia. Mas se a sua influência, nos domínios linguísticos e litúrgicos, foi importante e de longa duração, fracassaram em levar os tchecos e outros povos da Morávia à ortodoxia, e a Boêmia e a Morávia inseriram-se na cristandade latina romana. No entanto, esse episódio marcou suficientemente os eslavos e os povos do centro da Europa para que o Papa João Paulo II proclamasse Cirilo e Metódio padroeiros da Europa ao lado de São Bento de Núrsia.

O período de cristianização da Europa Central, deixando de lado o surgimento da Hungria, foi perturbado do ponto de vista político. O príncipe Svatopluk (870-894) criara um Estado de Grande Morávia. A Boêmia escapou-lhe já em 895 e, por volta do ano 1000, a Morávia foi disputada entre a Boêmia e a Polônia, ambas tornadas cristãs. Em 966, o Príncipe Mieszko, da dinastia dos Piasts, foi batizado. A Polônia cristã mantinha relações meio conflitivas, meio amigáveis, com o império vizinho da Germânia. Um arcebispado propriamente polonês fora fundado no ano 1000 em Gniezno sobre o túmulo de Santo Adalberto. O Imperador Oto III foi aí em peregrinação durante o ano 1000. Boleslau o Valoroso finalmente foi coroado rei da Polônia em 1025. O centro religioso e político do país deslocou-se para o sul durante o século XI, e Cracóvia tornou-se a capital da Polônia. Vê-se, assim, como se realizou o processo de cristianização tanto no plano eclesiástico como no plano político. Em geral, a elevação de metropolitas está ligada à promoção de reis. Reencontraremos o problema de saber se houve uma Idade Média e, mais tarde, na longa duração, uma especificidade da Europa Central; notemos, em todo caso, nesta construção da Cristandade, quanto o esboço da Europa, fora da conversão ao cristianismo, favorece a instituição de Estados monárquicos. A Europa foi um conjunto de reis. A instalação do cristianismo em quase toda a Europa Ocidental e Central (no final do século XI restam como pagãos apenas os prussianos e os lituanos) foi acompanhada de profundas mudanças na toponímia. Batizar os lugares foi tão importante como batizar os homens. Redes de topônimos cristãos, muitas vezes ligados à peregrinação, demarcaram, pois, a Cristandade com sua marca. No final do século XI, o topônimo mais espalhado na Cristandade, da Polônia à Espanha, foi Martinho.

Um movimento europeu de "paz"

O mundo do ano 1000 era um mundo belicoso e violento. À medida que se distanciavam as lutas contra os pagãos, porque estes se cristianizavam, os conflitos, desde a escala local, se estendiam entre cristãos. Por isso ocorreu, em torno do ano 1000, na Cristandade, um poderoso movimento de paz. A paz é um dos principais ideais promovidos pelo cristianismo e incarnado na liturgia pelo beijo da paz. Jesus louvou os pacíficos e fez da paz um dos valores cristãos mais importantes. O aparecimento de um movimento de paz no sul da França, pelo final do século X, que se espalhou por toda a Europa Ocidental no século XI, está historicamente ligado ao nascimento do que se chamou de feudalidade. Se a instalação, da qual se falará mais adiante, do poder dos senhores se fez por diversos caminhos, o principal foi o da violência, a eliminação de um poder central sob os últimos carolíngios, deixando o lugar livre para essa violência dos senhores. A paz cristã era uma noção escatológica sacralizada; era uma prefiguração da paz paradisíaca. O movimento de paz em torno do ano 1000 exprimiu-se, também, por manifestações onde o entusiasmo religioso teve um lugar importante. Os primeiros atores desse movimento foram a Igreja e as massas camponesas. Alguns viram aí uma espécie de levante popular explorado e recuperado pela Igreja. Essas reuniões, às quais a Igreja deu a forma de concílios com participação de leigos, difundiram as novas realidades religiosas da Cristandade, a saber, culto das relíquias e milagres. Mas foi também uma primeira onda de regulamentos de proteção dos fracos: camponeses, mercadores, peregrinos, mulheres e – a Igreja se aproveitou da ocasião – eclesiásticos. Em suma, foi a afirmação, diante da Europa de guerreiros, da Europa dos "sem armas". O movimento de paz foi recuperado pelos senhores e pelos chefes políticos. Primeiro, as medidas tomadas em favor da paz consistiram sobretudo não em banir totalmente a violência, mas em canalizá-la, regulamentá-la. Foi a trégua de Deus, que obrigava a depor as armas em momentos determinados. Por outro lado, o respeito pela paz e, de maneira menos ambiciosa, pela trégua foi garantido por aqueles que estavam investidos ao mesmo tempo de força militar importante, transformando-se em força de polícia, e também de uma legitimidade de governo e, portanto, de pacificação. Em 1024, numa assembleia no Meuse, o rei dos francos, Roberto o Piedoso, e o Imperador Henrique II proclamaram uma paz universal. Mais tarde, foram os poderosos que impuseram a paz. A paz de Deus se torna a paz do rei ou, em certas regiões, como na Normandia, a paz do duque. A paz se torna um dos instrumentos mais importantes que permite aos reis estabelecer o seu poder no seu reino. A paz perdeu a auréola escatológica e sagrada que tinha tido em torno do ano 1000. Mas permaneceu um ideal de natureza religiosa; e a paz, em nível "nacional", depois "europeu", foi até hoje uma das grandes buscas coletivas da Europa. Se o rei da França Luís IX (São Luís), no século XIII, foi um árbitro, um pacificador, um apaziguador como será chamado, é porque a sua reputação de santidade lhe permitia realizar melhor que outros uma tarefa que, em sua origem, era uma tarefa sagrada.

Um novo santuário europeu na Espanha: Santiago de Compostela

É também em torno do ano 1000 que se esboça a recuperação da Península Hispânica sobre os muçulmanos, o que mais tarde será chamado *Reconquista*. Um acontecimento essencial ocorre no começo do século IX. Descobre-se, na Galícia, em Compostela, no lugar chamado de Campo da Estrela (*Campus Stellae*), no terreno de uma antiga necrópole visigoda, sob o efeito de luzes e de aparições extraordinárias, o túmulo do apóstolo São Tiago, que aí teria encalhado num barco após o seu martírio. Depois de sua descoberta, pelo ano 820-830, essa tumba, sobre a qual se ergueram santuários cada vez mais suntuosos, tornou-se pouco a pouco centro de peregrinação. A partir do século XII tornou-se o *terceiro grande centro de peregrinação da Cristandade*, com Jerusalém e Roma, ainda que recentemente se pretendesse que o período do imenso sucesso da peregrinação não foi a Idade Média, mas a época moderna. À medida que havia lutas contra os muçulmanos, São Tiago apareceu como o apoio dos cristãos nas batalhas e recebeu o nome de Matamouros, quer dizer, o matador de mouros. E a promoção de São Tiago de Compostela confirma a importância das periferias para a construção da Europa.

Entretanto, os cristãos que tinham ficado no norte da Espanha e que sofriam os ataques dos muçulmanos, particularmente os de Al Mansur (saque de Barcelona em 985, de Santiago de Compostela em 997), se organizaram não somente para resistir, mas também para lançar-se contra os muçulmanos. O reino de Pamplona, no século X, foi um claro progresso na organização militar e política dos cristãos, que, após a morte de Al Mansur e o assassinato de seu filho pequeno, em 1009, estavam prontos para tirar proveito da crise da Espanha muçulmana.

A afirmação da Europa

Entretanto, no leste, a evolução negativa das relações com Bizâncio tinha, de uma maneira que seria definitiva, afastado a Cristandade latina romana do Império Bizantino. Os imperadores otonianos se esforçaram ainda para evitar a ruptura. Oto I, embora sendo sagrado imperador em Roma, em sinal de apaziguamento casou seu filho Oto II em 972 com a princesa grega Teofana, que exerceu a regência no começo da menoridade de Oto III de 983 a 991. A influência bizantina foi, aliás, importante na corte de Oto III, e a Europa cristã do ano 1000 não estava completamente afastada nem de Bizâncio, nem do mundo eslavo ortodoxo. O rei dos francos, Henrique I (1031-1060), neto de Hugo Capeto, esposou ainda em 1052 a princesa russa ortodoxa Ana de Kiev.

Durante todo o período carolíngio e pós-carolíngio, nos séculos IX e X, os textos empregam mais do que se disse o termo Europa; e, contrariamente ao que se afirmou, não se trata de uma pura denominação geográfica, expressão que, aliás, não tem sentido. As denominações geográficas não são inocentes. O emprego do termo Europa significava, pois, o sentimento de uma certa comunidade anterior à cristianização, mas a partir do século XI, se o sentimento dessa identidade coletiva persiste e se reforça mesmo entre os "europeus", é um novo vocábulo que exprime mais frequentemente esse sentimento, o de Cristandade. O manto cerimonial do Imperador Henrique II (1002-1024), sucessor de Oto III, conservado em Bamberg, ilustra as dimensões cósmicas do sonho imperial. Aí os signos do zodíaco se misturam com as figuras de Cristo, da Virgem, dos anjos e dos santos. A inscrição latina, sobre a bordadura do manto, celebra o monarca: "Ó tu, honra da Europa, César Henrique, bem-aventurado, que Aquele que reina na eternidade aumente o teu império"[1].

---

1. Imagem e comentários. In: PASTOUREAU, Michael & SCHMITT, Jean-Claude *Europe. Mémoires et emblèmes*. Paris: Éditions de l'Épargne, 1990, p. 74-75.

IV

A Europa Feudal,
séculos XI-XII

O período que verá a Cristandade afirmar-se é o período da grande decolagem do que será finalmente a Europa, mas essa decolagem poderia ter sido mais cedo contrariada e não tomou inexoravelmente a direção de uma unificação da futura Europa. Pode-se falar de estrato feudal da Europa.

Progressos agrários

De novo é preciso partir da realidade fundamental, a Europa Feudal é rural e a Europa da terra é essencial. Hoje, quando o número e o peso dos camponeses regrediu consideravelmente na Europa, a economia rural permanece, no entanto, um dado primordial e um dos problemas mais árduos da Comunidade Europeia. O mundo que a PAC (Política Agrícola Comum) enfrenta vem da Idade Média. É um mundo onde se afirma cada vez mais a agricultura do cereal. A Europa será um mundo do pão. Afirmam-se também duas bebidas dominantes, o vinho, cuja importância é reforçada desde a conquista romana pelos usos litúrgicos do cristianismo, e que leva os vinhedos além do que se considera ser o seu limite climático, até à França do Norte e a Inglaterra do Sul, e a ancestral da cerveja, a *cervoise**. Esta distinção entre uma Europa do vinho e uma Europa da cerveja é tão clara que no século XIII os franciscanos tomam o costume de falar da divisão dos conventos da ordem entre conventos do vinho e conventos da cerveja. Uma terceira Europa se afirma também

---

* *Cervoise* é o nome gaulês para cerveja; hoje em dia a palavra usada é *bière* [N.T.].

ao oeste, uma Europa da cidra. A vida rural a partir do ano 1000 conhece, apesar das diferenças e das nuanças regionais, uma uniformidade bastante grande, e essa uniformidade é marcada por progressos técnicos importantes. Trata-se de sinais de uma eficácia maior do trabalho dos homens e, primeiro, da atividade de base, a preparação do solo. O arado arcaico é substituído pela charrua e, particularmente nas planícies da Europa Setentrional, a charrua munida de uma relha dissimétrica e de uma aiveca (a parte que sustenta a relha) e, sobretudo, o mais importante talvez seja a substituição da madeira pelo ferro. Essa agricultura da charrua beneficia-se também do progresso da tração. O asno e o burro no sul, o boi no norte, continuam a impor-se como animais de tração, mas o cavalo, nas planícies do norte, faz o boi recuar e o sobrepujará no século XII nas explorações camponesas de Flandres. Mesmo exagerando a importância dessa pretensa revolução que teria sido a peça do arnês que se coloca sobre o pescoço e espáduas do animal, que multiplica as capacidades de tração; sua introdução e sua difusão dão testemunho de uma vontade de melhora dos métodos de cultura.

Começa assim a desenhar-se, no norte, uma inovação que será muito importante para o aumento dos rendimentos e a possibilidade de diversificação das culturas. É a introdução no sistema de rotação dessas culturas tradicionalmente bienais com recurso ao alqueive para deixar a terra repousar, de uma terceira porção do terreno com uma rotação trienal, o que permite a introdução das leguminosas e o aumento dos rendimentos pela possibilidade de duas colheitas por ano.

Numa época em que se está cada vez mais sensível aos problemas do meio ambiente e às variações climáticas, convém notar, como foi feito, que talvez tenha havido, nesse progresso após o ano 1000, aquilo que Marc Bompaire chamou de "uma ajuda do céu". A Europa teria conhecido entre 900 e 1300 um clima ótimo marcado por uma elevação das temperaturas médias de um a dois graus e por uma umidade menor que favorecia a cultura dos cereais.

O encelulamento

Esse período do ano 1000 e das décadas seguintes é um período essencial para a reestruturação social e política do espaço da Cristandade, e esta reestruturação deixou na organização territorial da Europa marcas profundas. Dada a importância do castelo feudal nesta nova organização, os historiadores, para designá-la, tomaram emprestado uma palavra italiana no grande livro de Pierre Toubert sobre o *Latium* medieval: o *incastellamento*, o encastelamento. Ampliando o vocabulário para o conjunto do território medieval, Robert Fossier propôs falar de encelulamento. Quais são as células fundamentais dessa organização? Não só o castelo, evidentemente, mas também outras três células de base: o senhorio, a aldeia e a paróquia. O senhorio designa o território dominado pelo castelo e engloba as terras e os camponeses que têm o seu senhor. O senhorio compreende, portanto, as terras, os homens, as rendas, ao mesmo tempo que a exploração das terras e a produção dos camponeses; e também um conjunto de direitos que o senhor exerce em virtude de seu direito de comando, administração e aplicação da justiça. Dado que esta organização existia em praticamente toda a Cristandade, os historiadores propuseram que se substituísse a expressão *sistema feudal* pela de *sistema senhorial*, e a feudalidade designava uma organização mais restrita onde o senhor está à frente de um feudo que lhe é concedido, como vassalo, pelo seu senhor superior, e o termo tem um caráter estritamente jurídico.

Aldeia e cemitério

No interior dos senhorios encontram-se, no mais das vezes, grupamentos de camponeses e de súditos chamados aldeias. A aldeia, que substitui o habitat rural disperso da Antiguidade e da Alta Idade Média, generaliza-se na Cristandade do século XI, e se, na Europa de hoje, o castelo não existe mais na paisagem senão como lembrança e símbolo, e lembrança em ruínas, a forma da aldeia medieval subsiste muitas vezes em toda a Europa Ocidental. A aldeia nasceu da reunião das casas e dos campos em torno de dois elementos essenciais, a igreja e o cemitério. Robert Fossier considera com razão que o cemitério é o elemento principal e até, às vezes, anterior à igreja. Encontramos aqui uma das características profundas da sociedade medieval, que ela legou à Europa. Trata-se da relação entre os vivos e os mortos. Uma das transformações mais importantes do Ocidente, da Antiguidade à Idade Média, foi a instalação pelos vivos dos mortos nas cidades e, em seguida, nas aldeias. O mundo antigo considerava o cadáver com temor e até com repulsa. E um culto aos mortos só era prestado na intimidade das famílias ou na exterioridade dos lugares habitados, ao longo das estradas. O cristianismo faz uma transformação completa. Os túmulos que encerram os corpos dos ancestrais são integrados no espaço urbano. A Idade Média apenas reforçará as relações estreitas entre os vivos e os mortos. Foi isto que provocou a invenção de um terceiro lugar do além, o purgatório, no século XII. Sobretudo a partir do século XI, sob a influência da ordem monástica de Cluny, o papado institui uma comemoração dos mortos, o dia 2 de novembro, dia seguinte à festa de todos os santos. Assim se encontram reunidos os mortos por excelência, que são os santos e a multidão de todos os outros mortos. Nas camadas superiores da sociedade feudal, o "culto" dos ancestrais é um laço fundamental que fundamenta e conforta as linhagens. Por exemplo, no final do século XI, o conde de Anjou, Foulque o Rixoso, remontando a linhagem de seus antepassados, declara ao parar nos mais antigos conhecidos: "De antes não sei nada, porque ignoro onde estão enterrados meus ancestrais".

As dinastias reais foram pressionadas a criar necrotérios reais: Bamberg na Alemanha, Westminster na Inglaterra, e Fontevrault em Anjou para os primeiros Plantagenetas, Santo Isidoro de Leão para os reis de Leão e Castela; os condes de Flandres em Saint-Bavon-de-Gand e os reis de França em Saint-Denis.

A paróquia

Com o cemitério, a igreja se torna o centro da aldeia. Esta igreja é em geral o centro de outra célula essencial não somente da aldeia, mas também da cidade: a paróquia. A instituição paroquial só será estabilizada no século XIII; mas os problemas que serão regulados entre os séculos XI e XIII, mais frequentemente, já o são nas aldeias do século XI. Em primeiro lugar, é um problema de território. O mais delicado é a instalação das paróquias nos bairros das cidades e nas extensões rurais. Na aldeia, a igreja desempenha naturalmente, para os aldeões, o papel de paróquia, quer dizer, um conjunto de fiéis sob a autoridade de um padre que se chamará de cura. A paróquia define um certo número de direitos, o direito de os fiéis receberem os sacramentos, o direito de o padre perceber rendimentos. A administração dos sacramentos aos paroquianos, que é seu direito, mas que depende também do monopólio da paróquia, confere, pois, ao aldeão, durante toda a sua vida e no cotidiano, um laço estreito com a igreja paroquial, com seu cura e com seus coparoquianos.

Uma camada superior: a nobreza

No grupo senhorial se distingue, se afirma, após o ano 1000, uma camada superior, a nobreza. A nobreza está ligada ao poder, à riqueza, mas, essencialmente, repousa no sangue. É uma classe de prestígio, preocupada em manifestar sua posição, particularmente por um comportamento social e religioso, a liberalidade. A distribuição de benefícios aos indivíduos, e sobretudo aos grupos religiosos, às abadias, aos santos, é a manifestação principal da nobreza.

De onde vêm os nobres? Para uns, trata-se da continuação da Antiguidade Romana, para outros, de uma criação da Idade Média, onde a nobreza teria saído do *status* de homem livre reservado a uma elite. Em todo caso, afirmou-se por toda parte no Ocidente, na Idade Média, uma camada superior, segundo os termos de Leopoldo Génicot, "orgulhosa de sua antiguidade e forte por sua riqueza, suas alianças, seu papel público que exerce, às custas do soberano ou com sua ajuda", essa camada gozava de privilégios políticos e judiciários e de uma grande consideração social. Seu prestígio, repito, repousa essencialmente no sangue; também o enobrecimento feito pelos reis e pelos príncipes de homens que não tinham nascido nobres interveio só tardiamente, foi limitado e não trouxe aos enobrecidos a consideração que o nascimento valia.

Mesmo que não permaneça hoje, na Europa, e de maneira desigual, senão sombra da nobreza nascida na Idade Média, a noção de nobre e de nobreza conserva um lugar eminente entre os valores ocidentais. É que, desde a Idade Média, aparece, ao lado da nobreza de sangue, a ideia de uma nobreza de caráter, de comportamento, de virtude. Os moralistas gostam, aliás, de opor esta nobreza adquirida à nobreza inata, e não forçosamente justificada pelo nobre. É uma das palavras em torno das quais se estabelece um dos debates importantes da Europa sobre a apreciação do valor de homens e de mulheres.

Cavalaria e cortesia

Abaixo da nobreza aparece, também pelo ano 1000, e de maneira mais clara e mais massiva, um outro tipo social, o cavaleiro. Provém do *miles* e é definido tanto no Império Romano como entre os bárbaros romanizados por este termo que indica simplesmente uma função – a guerra (o *miles* é um soldado) –, mas que evolui pelo ano 1000 e designa, muitas vezes ligada ao castelo e ao senhor, uma elite de combatentes especializados no combate a cavalo e dedicando-se, ao lado dos verdadeiros combates ao serviço de seu senhor, a práticas que são ao mesmo tempo divertimento e treinamento, os torneios. Esses torneios provocam a hostilidade da Igreja, que vê aí o caráter agressivo, inclusive com relação à Igreja, de homens da segunda função indo-europeia (os *bellatores*), que não hesitam em derramar sangue, o que é proibido aos clérigos. Parece que os exageros desses cavaleiros foram uma das principais razões da revolta do movimento de paz em torno do ano 1000 do qual se falou. Com o tempo, a cavalaria será "civilizada" pela Igreja. Em grande parte, para canalizar a sua violência, a Igreja se esforça por desviar para fins piedosos a violência dos cavaleiros, fins que eram a proteção das igrejas, das mulheres e dos desarmados e logo, como se verá, contra os infiéis, no exterior da Cristandade. A Igreja consegue finalmente, no século XII no mais tardar, uma vitória relativa sobre os cavaleiros. A entrada na cavalaria se fazia por uma cerimônia que, no final da adolescência, representava, para os futuros cavaleiros, ao mesmo tempo um rito de iniciação e um rito de passagem. Essa cerimônia consistia na entrega das armas ao jovem guerreiro, como se fazia entre os povos germânicos. Se a Igreja nada mudou em relação à entrega das esporas, rito puramente leigo, introduziu a bênção das armas características do cavaleiro, a saber, a lança com sua bandeira, o escudo decorado com o brasão e a espada. Confere um simbolismo cristão ligado à pureza, ao banho que precede a cerimônia. Desde o final do século XII, ela imporá, no final da cerimônia de recepção da armadura, uma vigília de armas, que consistia numa meditação religiosa. O mais importante para o futuro europeu do fenômeno da cavalaria é a formação, desde a Idade Média, de um mito cavaleiresco. Esse mito cavaleiresco foi, se não criado, pelo menos propagado por uma literatura especializada; e aqui é o lugar de marcar quanto, na herança que a Idade Média legou à Europa, a literatura tem um grande lugar. O mito do cavaleiro começou a ser orquestrado nas canções de gesta. Os dois aspectos do cavaleiro, a proeza militar e a piedade, incarnaram-se, desde o fim do século XI, nos dois heróis de *A canção de Rolando*, Rolando e Oliveiros. Os cavaleiros são louvados aí como os grandes servidores dos reis, graças às virtudes cavaleirescas, à valentia guerreira ao serviço da fidelidade vassálica. Os cavaleiros das canções de gesta tiveram sucessores que adquiriram tanto sucesso quanto eles. São os heróis dos romances de aventuras, cujas duas grandes fontes foram a história antiga transfigurada, Eneias, Heitor e Alexandre, e a "matéria da Bretanha", quer dizer, as façanhas dos heróis celtas, mais imaginários que históricos, em primeiro lugar as do famoso Artur. Este imaginário, essencial para o imaginário futuro da Europa, elaborou, no século XIII, depois de ter criado um herói mítico, o "cavaleiro errante", um tema que ilustrou a cavalaria ao reunir os heróis dessas diversas origens. É o tema dos "Nove Valentes". É uma história sagrada da cavalaria que agrupa os valentes antigos (Heitor, Alexandre, César); os valentes bíblicos (Josué, Davi e Judas Macabeu) e os valentes cristãos (Artur, Carlos Magno, Godofredo de Bouillon). O imaginário cavaleiresco faz das façanhas guerreiras, da dedicação ao serviço dos fracos (mulheres, pobres...), que sobreviveu tanto mais na Idade Média porque o epíteto cavaleiresco, ainda que tenha sido, em grande parte, modelado pela Igreja, conserva valores leigos numa Europa que se distancia dos valores propriamente cristãos. A Igreja, aliás, em sentido inverso, conservara na Idade Média suas distâncias em relação aos valores cavaleirescos, considerados por ela bárbaros demais; como bem disse Jean Flori: "Liberalidade não é caridade, e dom não é esmola".

A cavalaria mantém relações estreitas com outro comportamento feudal, a cortesia. Cavalaria e cortesia foram legadas juntas à Europa moderna. A cortesia, como sua etimologia indica, é definida pelas boas maneiras que se considerava que reinavam na corte dos reis e dos príncipes. É interessante notar que esses príncipes podem ser também tanto homens como mulheres, e que, se a cavalaria é um mundo essencialmente masculino, a cortesia é um universo em que a mulher está onipresente. Seja para dar o tom, reunir em torno dela escrivães e artistas, como Maria Condessa de Champagne (1145-1198), e, se não se trata de uma lenda, Alienor (Eleonora) da Aquitânia, Rainha da Inglaterra no final do século XII, seja para ser o objeto da admiração e da proteção dos machos que a cercam. É preciso aproximar desses valores e desses comportamentos as boas maneiras cuja importância o sociólogo Norbert Elias revelou ao encontrar sua origem na Idade Média, nos séculos XII e XIII. Essas boas maneiras, que ele descreveu e esclareceu em *A civilização dos costumes*, consistiram em grande parte na melhoria das maneiras à mesa, que trouxeram higiene e polidez a uma sociedade que só adotou o garfo no final extremo da Idade Média. Não comer vários no mesmo prato, não cuspir, lavar as mãos antes e após as refeições, todo um conjunto de gestos nasceu na Idade Média, que persistiu até nossos dias. O outro lugar de aprendizado das boas maneiras é o convento. Assim Hugo, o grande pedagogo, cônego no célebre mosteiro de Saint-Victor, nos arredores de Paris (c. 1090-1141), compôs um *De instructione novitiorum* que regulamenta entre os jovens noviços a disciplina do gesto, da palavra e das maneiras à mesa – como mostrou bem Jean-Claude Schmitt. Se a corte foi um grande foco de civilização dos costumes, não se deve esquecer que, herdeira da Antiguidade, a Idade Média opôs as boas maneiras dos homens da cidade à grosseria dos costumes dos camponeses. A urbanidade, a polidez (*urbs* é a cidade em latim, *polis* é a cidade em grego) foram opostas a *rus*, a zona rural, centro de rusticidade. Não esqueçamos também que os romanos comiam reclinados sobre um leito, e que os europeus da Idade Média impuseram a mesa para a refeição. Isto os distingue da maioria dos asiáticos e dos africanos.

Evolução do matrimônio

Na mutação dos sentimentos e dos costumes que se determinam no começo do período feudal, as novas figuras do amor têm um lugar particular. Estas novas manifestações amorosas são elaboradas sobre o fundo da evolução decisiva pela qual passou o matrimônio nesse período. Elemento importante da reforma gregoriana, da qual se falará ainda, o matrimônio recebe da Igreja suas novas características que subsistiram em toda a Europa quase até nossos dias, sem grande mudança. O matrimônio se torna decididamente monógamo, ao passo que a aristocracia mantivera uma poligamia de fato; e, por outro lado, se torna indissolúvel. Repudiar as esposas fica difícil. A Santa Sé tende a reservar para si a decisão, e o motivo principal, praticamente o único aceito, é precisamente a consanguinidade, definida de maneira estreita até à quarta geração e cuidadosamente controlada pela Igreja. Concomitantemente e sem dúvida em reação a esse reforço das regras matrimoniais, o adultério, que parece desenvolver-se, é severamente castigado. O mais importante, sem dúvida, é que o matrimônio, que até então era um contrato civil, se torna cada vez mais um assunto religioso sob a vigilância da Igreja. Isto faz os casamentos "arranjados" recuarem ao se legislar que a união deve ser feita por consentimento mútuo – o que melhora o *status* da mulher, ainda que o papel da família e dos homens permaneça. O matrimônio entra, no século XII, na lista dos sacramentos que só os padres podem administrar. O controle do matrimônio para evitar os casamentos consanguíneos faz--se essencialmente pela publicação, tornada obrigatória pelo IV Concílio do Latrão em 1215, dos proclamas afixados na igreja onde se deve realizar a cerimônia. No entanto, a celebração do matrimônio leva tempo para entrar completamente na estrutura eclesial. Até o século XVI ele será celebrado sobretudo diante da igreja, e não no seu interior.

O amor cortês

Da evolução das relações entre os sexos reteve-se sobretudo o aparecimento de novas formas de amor, em geral designadas pelo termo amor cortês ou, de maneira mais restritiva, *fin'amor*. Essas novas formas de amor são elaboradas sobre o modelo dos ritos feudais. Como se verá, o ritual fundamental da feudalidade é a homenagem prestada pelo vassalo ao senhor. No caso do amor cortês é a mulher, a dama, que tem o lugar do senhor. E é o homem que lhe presta homenagem e lhe jura fidelidade. O nascimento e o significado do amor cortês foram muito discutidos. Se é verdade que o tema foi tratado, sobretudo, primeiro pelos trovadores occitânicos e que, talvez, sofreu a influência da poesia amorosa árabe, penso que não se deve exagerar essas influências. É preciso observar que o *fin'amor* e, numa medida menor, o amor cortês só podem nascer e desenvolver-se fora do casamento. Um caso típico é o amor que uniu Tristão e Isolda. Esse amor está, de fato, em contradição com a ação da Igreja sobre o casamento. Tomou, às vezes, até um caráter quase herege. Mas a grande questão é se tratava-se de amor platônico ou incluía relações sexuais e, na continuidade desta pergunta, se o amor cortês foi um amor real ou um amor imaginário, se desenvolveu-se na realidade social concreta ou somente na literatura? É inegável que o amor cortês teve incidências sobre a prática real do amor e a expressão real dos sentimentos amorosos. Mas penso que foi essencialmente um ideal que não penetrou muito na prática. E, sobretudo, é um amor aristocrático e é pouco provável que se tenha difundido nas massas.

Uma das questões essenciais, e difícil de resolver, que o amor cortês levanta, é saber se está ligado a uma promoção da mulher. Seguirei as opiniões de Jean Charles Huchet e de Georges Duby. Huchet escreveu que o *fin'amor* foi vivido "como arte do distanciamento da mulher pelas palavras". E Georges Duby disse que "nesse jogo, os homens eram verdadeiramente os senhores". Assim o amor cortês não trouxe às mulheres da nobreza senão uma homenagem ilusória. Mas veremos o que aconteceu com a Virgem Maria e o culto mariano.

O amor cortês teve o seu manual cuja influência foi muito grande. É o *Tratado sobre o amor* (*Tractatus de amore*) de André de Chapelain em 1184. Pode-se considerar que o amor cortês e, mais particularmente, o *fin'amor* fez parte dos esforços de civilização dos costumes dos quais já se falou a propósito das maneiras à mesa. Danielle Régnier-Bohler pôde definir o *fin'amor* como "uma erótica do domínio do desejo". Essa civilização do amor não impediu, como se mostrou, o amor cortês de dar lugar à grosseria e até à obscenidade, particularmente no primeiro grande poeta do amor cortês, Guilherme IX de Aquitânia (1071-1126). O amor cortês pôde ser definido num livro célebre como "o amor moderno" por Denis de Rougesmont. O mito de Tristão e Isolda, transmitido por uma literatura abundante e uma criação musical, às vezes genial, fez viver por longo tempo, na Europa, este protótipo dos amantes corteses.

Abelardo e Heloísa: intelectuais e amores modernos

Entre esses amantes pode-se colocar um casal célebre que oferece uma variante original do amor cortês, mas se trata de uma história verdadeira. O casal é Abelardo e Heloísa. É conhecida a história desse filósofo, professor, que, no limiar da idade madura, mantém com sua jovem aluna amores apaixonados dos quais nasce um filho. A história é dramática e bastante romanesca: é a história da castração de Abelardo por vingança da família da moça; é o encerramento dos dois amantes, cada um num mosteiro, Abelardo em Saint-Denis e em Saint-Gildas-de-Rhuys na Bretanha; Heloísa na Champagne, numa abadia dedicada ao Espírito Santo Paráclito. E é a perenidade, até à morte, do amor entre os dois antigos amantes, o que é testemunhado por uma troca admirável e única de cartas entre eles. A história de Abelardo e de Heloísa dá a certas perguntas respostas que não se sabe se podem ser generalizadas. Que o amor moderno seja um amor carnal, não há dúvida neste caso. Que esse amor tem a tendência a desenvolver-se fora do casamento é igualmente claro. Abelardo queria regularizar sua ligação com Heloísa, mas em termos espantosamente modernos. Heloísa evoca as dificuldades para um "intelectual" trabalhar e realizar-se no casamento. O problema do amor cortês encontra aqui um outro problema do século XII, o do nascimento dos intelectuais modernos. Mas esta criação sentimental e existencial da Idade Média é uma daquelas chamadas à maior posteridade na Europa moderna.

O beijo na boca

Quer se trate do amor cortês ou da vassalidade, expressão jurídica da feudalidade, os laços afetivos e os gestos, aparecidos nesses dois domínios, fazem nascer um novo sentimento, novos comportamentos chamados, também eles, a uma grande longevidade europeia. Quando o senhor toma nas suas mãos as mãos do vassalo; quando este lhe jura homenagem e fidelidade; quando o amante cortês presta homenagem à sua dama e lhe jura também fidelidade, há um processo que, além do âmbito jurídico e ritual preciso, se difundirá por muito tempo no conjunto da sociedade. É a força dos laços pessoais novos que a noção de fidelidade exprimirá. Aqui a mudança é profunda com os laços pessoais das sociedades antigas. A principal relação entre os homens na Antiguidade era a que ligava a um patrão, a um poderoso, subordinados que o serviam em certas circunstâncias, clientes. O clientelismo, que só reviverá nos meios do banditismo e da máfia, cede o lugar à fidelidade que, na Europa moderna, permitirá a coexistência entre a hierarquia e o individualismo. Não deixemos esse universo da fidelidade e do amor sem sublinhar o grande destino europeu de seu rito nascido na Idade Média, o beijo na boca em primeiro lugar, e durante muito tempo trocado entre homens, como o farão ainda os dirigentes comunistas da Europa do Leste. Beijo da paz, beijo de homenagem, o beijo na boca se torna também beijo amoroso. É com este significado que terá um belo futuro na Europa.

As ordens militares: o militantismo

A Europa feudal dos séculos XI e XII é também aquela em que, em ligação com a Cruzada, aparece uma novidade na ordem monástica. São as ordens militares, sendo que as principais foram a Ordem dos Templários, a Ordem dos Hospitalares de São João de Jerusalém, a ordem alemã de Santa Maria dos Teutônicos, a Ordem Inglesa de São Tomás de Acre e diversas ordens, na Península Ibérica, em ambiente espanhol e português. Estas ordens são feitas essencialmente para lutar pelo gládio, a oração e a conversão, contra os infiéis e os pagãos. Representam uma importante anulação da regra segundo a qual os clérigos não devem derramar sangue. São Bernardo, cisterciense, pouco inclinado a gostar das novidades, louva, no entanto, os cavaleiros daquilo que ele chama a *nova militia* engajados na Cruzada. Mas essas ordens militares específicas substituirão, num clima geral de cristianismo, comportamentos militares. Embora não seja militar, a religião se torna, de maneira geral, militante. Assim aparece uma noção destinada a uma grande sorte, a do militantismo.

A reforma gregoriana: a separação entre clérigos e leigos

Já devo ter feito alusão ao grande movimento que, no século XI, transformou profundamente a Igreja e a Cristandade. A ele se dá o nome do papa que se distinguiu nisso, Gregório VII, papa de 1073 a 1085. A reforma gregoriana, considerada primeiro pelo papado como um meio de subtrair a Igreja da dominação e das intervenções dos leigos e, particularmente, de subtrair o papado romano das pretensões do imperador germânico, resultou, de uma maneira mais geral, na separação entre clérigos e leigos, entre Deus e César, entre o papa e o imperador. Inteiramente oposto à solução cristã ortodoxa de Bizâncio, governada pelo cesaropapismo, onde o imperador era uma espécie de papa, do mesmo modo que no princípio do governo do islã, que não distinguia o religioso do político, Alá dominava e regulava tudo, o cristianismo latino, sobretudo a partir da reforma gregoriana, definiu uma certa independência, e as responsabilidades específicas do laicado. Essa reorganização fica num contexto religioso; o laicado faz parte da Igreja, mas há uma divisão que tornará mais fácil, na Europa da Reforma e do final do século XIX, o aparecimento, além do laicado, da laicidade.

Um dos principais dirigentes da reforma gregoriana, Humberto da Silva Cândida, escreve: "Como os clérigos e os leigos estão separados no seio dos santuários pelos lugares e pelos ofícios, assim devem distinguir-se no exterior, em função de suas tarefas respectivas. Que os leigos se dediquem somente à sua tarefa, os assuntos do século, e os clérigos às suas, quer dizer, aos assuntos da Igreja. Uns e outros receberam também regras precisas". Ao lado desse princípio geral de distinção entre clérigos e leigos, a reforma gregoriana definiu e fez reinar novas formas de enquadramento da sociedade. Pôde-se definir este enquadramento por alguns termos essenciais: paróquia, batismo de crianças, célula familiar, matrimônio cristão, disciplina sacramental, regulação dos costumes pela ameaça de castigos infernais, orações pelos defuntos (Hervé Martin). Jean-Claude Schmitt disse até que nessa época os próprios mortos voltavam para expor teses gregorianas. Isto quer mostrar a força e a profundeza desse movimento, um daqueles que terá maior impacto de longa duração na cristandade europeia.

O combate das virtudes e dos vícios – O diabo se agita

O século XI-XII é também um período de mutação profunda das crenças e das práticas religiosas que deixará traços duráveis na Europa. Acabo de lembrar a difusão de um espírito combatente e está claro que, para muitos, é o caso do ascenso da classe dos cavaleiros. Este desenvolvimento dos combates invadiu também, de maneira simbólica, mas profunda, o universo da alma e da piedade. Mais do que nunca, a salvação dos homens e das mulheres depende do resultado de um conflito constante. O do combate entre as virtudes e os vícios. As virtudes são representadas como cavaleiros fortemente armados, e os vícios como guerreiros pagãos desordenados. O mundo do pecado está, mais do que nunca, dominado pelas agressões do diabo, esse "inimigo do gênero humano", que está solto durante esse período em que atinge uma grande popularidade e desperta temores aumentados. Enquanto o teatro, banido pela Igreja na Alta Idade Média, não tinha ainda reaparecido e enquanto a dança é considerada como uma atividade diabólica, um teatro desenfreado se desencadeia na alma dos cristãos sujeitos às tentações e às agressões do diabo e de seus soldados, os demônios. Satanás rege o baile. O maligno pode até insinuar-se no corpo dos homens, possuí-lo. As manifestações de possessão são as ancestrais de doenças que encontrarão, no final do século XIX, em médicos como Carcot, ou em psicólogos que se tornaram psicanalistas como Freud, suas expressões laicizadas "científicas" e que solicitarão esses novos exorcistas. Como escreveu Jerônimo Baschet, "o universo diabólico permite a expressão de fantasmas multiformes". O diabo apavora e tortura o homem através de aparições, de alucinações, de metamorfoses, por exemplo em animais, em fantasmas, que buscam constantemente fazer com que ele caia no pecado e o torna uma presa do inferno. Certamente, a Igreja organiza a luta contra o diabo e o inferno; exorcismo, orações e purgatório fazem parte desse arsenal de defesa contra satã. Mas, nesse mundo em que o poder tem sempre formas imperiais, satã se torna aquilo que Dante chamará *"l'imperador del regno doloroso"*.

A cultura popular

Essa Europa do diabo é também uma Cristandade onde aparece, ou reaparece, uma cultura popular. A cristianização não tocara profundamente o conjunto dos novos cristãos, em particular os camponeses. A Igreja condenara e combatera um conjunto de crenças e de comportamentos procedentes seja da Antiguidade Romana, seja do passado bárbaro, e que ela amalgamara sob o rótulo de paganismo. A partir do século XI, o combate da Igreja se desloca contra os hereges, e o crescimento demográfico e econômico dão mais importância aos leigos, ao castelo senhorial, que se tornou um foco cultural onde o senhor e os camponeses afirmavam a sua identidade em relação ao clero, havendo aí um nascimento ou um renascimento de uma cultura popular. Nós a conhecemos em grande parte pelos textos eclesiásticos que a condenam. O primeiro grande repertório de "superstições" foi o *Decreto* de Burcardo, bispo de Worms de 1000 a 1025. Detalha aí as perversões sexuais dos camponeses, as cerimônias para chamar chuva, as tradições concernentes às crianças e à morte. Um exemplo mostra como um velho costume pagão e novos usos cristãos podem reencontrar-se: "Quando uma criança morre sem batismo, certas mulheres tomam o cadáver da criança, colocam-no num lugar secreto e traspassam o seu corpo com uma estaca, dizendo que, se não fizerem assim, a criança se levantará e poderá fazer mal a muitos". Jean-Claude Schmitt mostrou como o medo das almas doutro mundo suscitou crenças e ritos em que se misturam tanto fantasmas pagãos como fantasmas cristãos. A Igreja, a partir do fim do século XII, buscará utilizar o purgatório para fazer uma triagem entre bons e maus fantasmas. A cultura popular escapa assim em parte de sua destruição pela Igreja nos domínios em que esta não ofereceu produtos culturais tão satisfatórios: a dança, por exemplo; ou ainda as procissões mascaradas. A Igreja conseguiu muitas vezes, mas nem sempre, manter essas práticas fora dela e, no mais das vezes, em volta dela. A lenda, que é também uma cristianização do velho tema pagão do herói matador de monstros, de São Marcelo de Paris, bispo de Paris no século V, que matou um dragão de Bièvre, ainda é no século XII representada incorporada numa procissão em volta da Igreja de Notre-Dame de Paris. Do mesmo modo, numa sociedade onde a tradição oral ainda é dominante, contos populares se imiscuem, apenas cristianizados, na cultura erudita. Nos séculos XIX e XX, os grandes folcloristas inventariaram, particularmente na Finlândia, os temas de um folclore europeu cuja existência afirmam que remonta à Idade Média. Se nos remontarmos até o século XIII, Jean-Claude Schmitt contou a crença espantosa, que se encontra tanto no centro da França como no norte da Itália, num santo cão, protetor das crianças, São Guinefort. Vê-se aparecer, toleradas pela Igreja sob a pressão dos fiéis, as procissões do carnaval, do que se tem particularmente uma descrição para a Roma do século XIII. Essa cultura popular se amplificará e se tornará ainda mais festiva nos séculos XV e XVI. Ela se organiza durante os períodos antes da Páscoa, em combates de carnaval e de quaresma, do que Bruegel o Velho dará uma magnífica expressão pictórica. Essa cultura popular, como mostrarão os folcloristas modernos, é bem europeia, mas recolheu um certo número de traços fundamentais das diversas culturas pré-cristãs. Desempenhou também um papel importante na dialética entre unidade e diversidade, que está no próprio fundo da história europeia. Culturas celtas, germânicas, eslavas, alpestres, mediterrâneas sobreviveram assim a partir de seu avatar medieval.

As moedas e as cartas

Robert Bartlett mostrou bem como o que se chama de "europeização" da Europa na Idade Média manifestou-se, além do culto aos santos e aos prenomes, o que se chama de "homogeneização cultural da antroponímia", pela difusão da cunhagem de moeda e da redação das cartas[*]. Penso que a impotência da cristandade medieval, após o fracasso de Carlos Magno, de impor uma moeda única ou pelo menos um pequeno número de moedas dominantes na Europa foi um dos obstáculos principais para a constituição de uma área econômica medieval unificada. No entanto, a diversidade das moedas não deve ocultar a importância do recurso à moeda por parte dos povos que, antes de entrar na Cristandade, não a usavam. A cunhagem das moedas começou, ao leste do Reno, após 900. Em meados do século X os duques da Boêmia fizeram cunhagens, e os príncipes poloneses a partir de cerca de 980. A introdução de moedas na Hungria foi contemporânea ao estabelecimento da primeira hierarquia cristã (1000-1001). Bartlett pode escrever que "o ano 1000 viu o ascenso de novas moedas, do Danúbio médio às costas do Báltico e do Mar do Norte".

Outra difusão de um instrumento de comunicação e de poder em toda a Cristandade foi a confecção e a circulação de cartas. No processo de unificação da Cristandade, o uso da escrita desempenhou um grande papel. Lembrar-se-á a Europa do livro. Aqui gostaria, seguindo a Robert Bartlett, de insistir sobre a importância de uma Cristandade de cartas. Esses textos – que tinham valor jurídico que fundamentam direitos sobre terras, construções, pessoas, rendas, e que são um instrumento essencial ao serviço do direito, da riqueza e do poder – foram redigidos e circularam em toda a Cristandade. Certamente, os principais utilizadores e redatores dessas cartas foram clérigos, mas o crescimento urbano, o desenvolvimento, primeiro na cristandade meridional, de notários, introduziram leigos. O desenvol-

---

* Na Idade Média, as cartas eram títulos de propriedade, de venda, de privilégios concedidos. Modernamente, significa uma constituição política concedida [N.T.].

vimento das cartas deu nascimento a instituições chamadas a desempenhar um papel importante em toda a Cristandade, os chanceleres. Pode-se ver a importância das cartas quando se vê o pânico que tomou o rei da França Filipe Augusto quando o rei da Inglaterra apossou-se, na batalha de Fréteval – foi o Tesouro das cartas –, do cofre que continha as cartas da monarquia francesa. Foi decidido tornar sedentários esses arquivos, e São Luís mandará depositá-los num lugar sagrado, a capela de São Nicolau, depois a Sagrada Capela do palácio real. Bartlett destacou a maneira como as cartas atingiram abundantemente as periferias da Cristandade. Para a escrita como para o dinheiro, a grande difusão das cartas (e dos cartulários, coleções racionalizadas e instrumentalizadas de cartas, para recordar) e das moedas causou a passagem de uma época sagrada desses instrumentos para uma época de uso prático. Assim, paradoxalmente, a Cristandade secularizou esses instrumentos da riqueza e do poder na futura Europa. No século XII, com as escolas urbanas, depois as universidades, aparece, em 1194, um outro instrumento de desenvolvimento e de poder que dificilmente Carlos Magno teria esboçado: as escolas e esses novos centros de saber e de ensino – as universidades.

As peregrinações

Essa Cristandade em movimento se incarna no extraordinário desenvolvimento das peregrinações. A imagem, construída pela historiografia tradicional, de uma Idade Média imóvel em que o camponês está ligado à terra e a maioria dos homens e das mulheres à sua pequena pátria, com exceção de alguns monges viajantes e de aventureiros das cruzadas, foi recentemente substituída pela imagem, certamente mais justa, de uma humanidade medieval móvel, frequentemente a caminho, *in via*, que incarna a definição cristã do homem como viajante, como peregrino, *homo viator*. A peregrinação precedeu, no mais das vezes, o comércio, mesmo se, pouco a pouco, os mesmos homens realizaram as duas funções, ou se estas foram obra de peregrinos e de comerciantes que caminharam lado a lado.

A peregrinação, como bem disse Michel Sot, foi primeiro uma experiência de esforço físico. Um "ir para outro lugar". Este esforço tem objetivos de salvação espiritual, perdão dos pecados, cura do corpo. A peregrinação medieval foi também uma penitência e quando, após o ano

1000, e sobretudo nos séculos XII e XIII, uma onda penitencial animou a Cristandade, a peregrinação encontrou um segundo fôlego. O peregrino é um expatriado, um exilado voluntário, e esta ascese espiritualizará o começo desses expatriados suspeitos, depois agradecidos, o mercador e o estudante, que vai de escola em escola e de universidade em universidade. Mas a simples caminhada é insuficiente para valorizar a peregrinação, é preciso sacralizar a sua finalidade. Desenvolveu-se, pois, uma grande rede de peregrinações na Cristandade e uma hierarquia desses lugares onde o peregrino ia buscar um contato espiritual com o deus ou o santo que ia reverenciar, e também um contato material com seu túmulo e o lugar de sua morte. Desde 333, os peregrinos gauleses tinham redigido um *Itinerário de Bordéus a Jerusalém* e, em 384, a religiosa espanhola Egrégia publicava um diário de sua viagem aos Lugares Santos. Jerusalém foi, pois, o primeiro grande lugar de peregrinação. Quem poderia arrebatar o primeiro lugar a Cristo feito homem e ao seu santo sepulcro? Mas a viagem a Jerusalém não estava ao alcance de todos, tanto pela distância, pelo tempo gasto e pelo custo da viagem como por causa dos problemas que não cessavam de devastar uma Palestina disputada entre romanos, depois bizantinos e persas e, enfim, muçulmanos.

Houve, pois, uma segunda peregrinação fundamental, a peregrinação a Roma, onde se encontravam os corpos dos dois santos fundadores da Igreja, Pedro e Paulo, os túmulos dos mártires e dos cristãos das catacumbas e dos cemitérios suburbanos, e onde os acolhiam tão belas igrejas, a maioria decoradas com soberbos afrescos. São Pedro, no Vaticano, São Paulo fora dos muros, na estrada para Óstia, São Lourenço e Santa Inês em outras grandes vias romanas. Mas já foram edificadas no interior dos muros a Igreja de São Salvador do Latrão e Santa Maria Maior no Esquilino. Acelerando o movimento de urbanização dos mortos que caracterizou o cristianismo, os papas fizeram transportar numerosos corpos santos para o interior de Roma, até meados do século IX. Os papas favoreceram as peregrinações a Roma mandando construir prédios especiais para os peregrinos onde estes afluíram com, na Alta Idade Média, uma particular presença irlandesa e anglo-saxã. Aqui é preciso dar um salto cronológico para mencionar que o apogeu da peregrinação a Roma e da ação do papado em seu favor, na Idade Média, será, em 1300, a criação do Jubileu pelo Papa Bonifácio VIII. A afluência dos peregrinos, atraídos pela remissão de seus pecados e pelas indulgências, foi ao mesmo tempo o resultado do ímpeto peregrino da Idade Média e o pressentimento dos ataques que sofreria da parte dos reformadores do século XVI.

Um terceiro lugar santo, que se tornou o primeiro lugar da devoção medieval, foi também um lugar marginal da Cristandade, Santiago de Compostela, na Galícia espanhola. O corpo do santo veio num navio desde a Palestina e encalhou nas praias da Galícia e foi descoberto no começo do século IX. Só no século X a peregrinação começou a crescer. Foi favorecida pela maior ordem religiosa da Cristandade, a ordem de Cluny. Entre 1130 e 1140 foi composto o *Guia do peregrino de Santiago*, obra de excepcional interesse.

As peregrinações e suas estradas cobriram toda a Cristandade, e é preciso lembrar o brilho particular de outros lugares ainda. Tours, onde se encontrava o túmulo de São Martinho, morto em 397, muito popular em toda a Cristandade, atraiu as maiores personagens, de Carlos Magno a Filipe Augusto e Ricardo Coração de Leão. São Luís foi aí três vezes. Os lugares onde teria aparecido São Miguel Arcanjo, sem corpo e sem deixar relíquias, foram também grandes centros de atração, pois São Miguel era o arcanjo dos lugares elevados e simbolizava o impulso para o Céu. Desde o fim do século V o seu culto impôs-se na Itália do Sul, no Monte Gargano. Na Normandia, impôs-se a peregrinação do Monte São Miguel, impressionante por sua situação numa sociedade que temia o mar e que se torna São Miguel do Perigo do Mar. No século XV, o Monte São Miguel, no qual durante toda a Guerra dos Cem Anos uma guarnição francesa resistiu constantemente aos ingleses, fez de São Miguel uma espécie de santo nacional francês. O Monte São Miguel distinguiu-se também por peregrinações de crianças a partir do século XIV, numa época de promoção da criança e do culto ao Menino Jesus na sociedade medieval. A Virgem Maria foi, a partir do século XI, uma grande beneficiária de peregrinações suscitadas pelo extraordinário crescimento do culto mariano. Em Chartres, venerava-se a capa da Virgem. Santuários marianos nasceram em Nossa Senhora de Bolonha e Nossa Senhora de Liesse na França, Nossa Senhora de Montserrat na Espanha, Nossa Senhora de Hal na Bélgica, Nossa Senhora de Walsingham na Inglaterra, Aix-la-Chapelle na Alemanha, Mariazell na Áustria. O sucesso máximo, no século XII, da peregrinação de Rocamadour, na diocese de Cahors, é um bom exemplo do crescimento das peregrinações marianas. Num lugar impressionante, no cume de uma falésia rochosa que dominava de 120 metros o fundo de um vale estreito onde se chegava, no século XIII, por uma escada de 197 degraus, que os peregrinos subiam de joelhos recitando o rosário, essa peregrinação deve seu sucesso ao rei da Inglaterra Henrique II Plantageneta, que esteve aí duas vezes em 1159 e 1170 e ao compêndio dos milagres da Virgem redigido em 1172. Foi uma peregrinação real frequentada particularmente pelos reis da França. Luís IX (São Luís) foi aí com sua mãe Branca de Castela, seus irmãos Afonso de Poitiers, Roberto d'Artois e Carlos de Anjou em 1244, Filipe IV o Belo em 1303, Carlos IV o Belo e a Rainha Maria de Luxemburgo em 1323, Filipe VI em 1336 e Luís XI em 1443 e 1464. Mas atraiu também a piedade dos reis de Castela, em particular de Afonso VIII, pai de Branca de Castela, e de sua esposa Alienor da Inglaterra, filha do rei da Inglaterra Henrique II Plantageneta, que fizeram doação em 1181 à Bem-aventurada Maria de Rocamadour de duas aldeias perto de Burgos. Mas desde o século XII afluíam a Rocamadour peregrinos vindos da Europa inteira, até dos países bálticos.

Fragmentação feudal e centralização monárquica

Na ordem política, a Cristandade dos séculos XI e XII oferece um espetáculo aparentemente contraditório, mas que se encontrará quase até nossos dias na Europa e que renasce de uma certa maneira com as políticas contemporâneas de descentralização. Por um lado, instala-se uma sociedade feudal, que tem como uma de suas características o anulamento do poder central, que podia ainda causar ilusão entre os carolíngios, em favor de uma fragmentação do exercício do poder dos senhores que usurpam os direitos ditos reais, direito de cunhar moeda (mas isto ainda é pouco importante nessa época), direito sobretudo de fazer justiça e de cobrar impostos. Por outro lado, após a decadência da efêmera tentativa carolíngia, os povos da Cristandade se esforçam por se reagrupar em torno de chefes centrais que encontram um meio de conciliar o que lhes resta de poder com a fragmentação feudal. Tradicionalmente se tem insistido sobretudo na pretensa incompatibilidade entre um Estado centralizado e o sistema feudal. A realidade, mais flexível, viu instaurar-se realidades políticas de compromisso, o que se pode chamar de monarquias feudais. A existência dessas monarquias, pesadas de heranças para a Europa do futuro, supõe um certo número de realidades fundamentais. Acima dos reis que estão à frente dessas monarquias, a Cristandade da época feudal conhecia dois poderes superiores, o do papa e o do imperador. Aqui há uma contradição ainda aparente no que concerne ao poder pontifício. Esse período é o de um reforço constante desse poder. Pode-se dizer que no final desse período, sob o pontificado de Inocêncio III (1198-1216), o papado tornou-se a mais poderosa das monarquias cristãs. O papado dispõe de uma vasta rede; a ele se obedece em toda a Cristandade, os organismos centrais da Santa Sé foram reforçados e, sobretudo, talvez, a Santa Sé cobra em toda a Cristandade rendas que lhe garantem, melhor do que qualquer outra monarquia, meios financeiros importantes. Mas, por outro lado, a Santa Sé e a Igreja respeitam o que saiu, em definitivo, da reforma gregoriana, apesar das tentativas de Gregório VII de dominação da Igreja sobre os Estados leigos. A realidade é a separação entre o poder espiritual e o poder temporal, mesmo se, em certos casos, por exemplo, nos matrimônios considerados incestuosos, a Igreja impõe em geral a sua vontade. Melhor ainda, a Santa Sé e a Igreja definem rapidamente uma política de colaboração com essas monarquias e de apoio muito importante para esses regimes.

Prestígio e fraqueza do imperador

O que também poderia ter limitado o desenvolvimento e o poder dessas monarquias feudais é a existência de outro personagem superior, este leigo, o imperador. Mas o imperador do Sacro Império Romano Germânico não é forte bastante para impor-se a essas monarquias jovens e vigorosas. Um certo número de homenagens teóricas foram prestadas pelos novos reis aos imperadores. Mas a independência em relação ao império e ao imperador é um dos grandes movimentos políticos do período. No final desse processo, haverá declarações como a de Filipe Augusto na França, no começo do século XIII: "O rei da França não reconhece superior em seu reino"; e, um século mais tarde, Filipe o Belo afirmará com mais precisão essa evolução ao dizer: "O rei é imperador em seu reino". Se o rei da França é o mais claro em sublinhar a independência das monarquias em relação ao império, a situação é geral na Cristandade após o século XII.

O rei medieval

As características do rei medieval são importantes não somente para compreender este período, mas porque, transferidas para governos republicanos ou democráticos, subsistirão muitas vezes como função ou imagem. O rei feudal é a imagem de Deus, *Rex imago Dei*. Este aspecto desaparecerá evidentemente a partir do século XIX, mas os governos europeus modernos conservam muitas vezes privilégios como o direito de indulto, ou sua própria irresponsabilidade jurídica, que são sequência dessa posição sagrada. Os reis medievais são reis trifuncionais, quer dizer, concentram neles as três funções indo-europeias que definem o funcionamento global de uma sociedade pelo intermédio de três categorias diferentes de pessoas. O rei encarna a primeira função, a função religiosa, porque, embora não seja sacerdote, exerce o essencial desta função, a justiça. É também um rei da segunda função, a função militar, porque é nobre e guerreiro (o presidente da República de hoje é chefe supremo das forças armadas, segundo uma concepção mais política do que militar). Enfim, o rei é um rei da terceira função, mais difícil de definir. Esta função, caracterizada pelo trabalho segundo a fórmula medieval, remete praticamente à prosperidade e à beleza. Portanto, o rei é responsável pela economia, quer dizer, pela prosperidade de seu reino e, no que lhe concerne pessoalmente, pela obrigação das obras de misericórdia, particularmente a distribuição abundante de esmolas. Pode-se pensar que este aspecto seja mais velado, que esta terceira função imponha também ao rei um mecenato especial; a construção de igrejas decorre particularmente desta função.

O rei medieval deve ainda se afirmar no domínio do saber e da cultura. João de Salisbury, bispo de Chartres, ao definir a monarquia no seu importante tratado o *Policraticus* de 1159, retoma a ideia expressa desde 1125 por Guilherme de Malmesbury: *Rex illiteratus quasi asinus coronatus* (um rei iletrado é como um asno coroado).

O rei feudal foi também objeto de outras evoluções importantes durante este período. Tinha recebido em herança do direito romano e da história romana os dois poderes, de *auctoritas* e de *potestas*, que definiam a natureza de seu poder e os meios que lhe permitiam exercê-lo. O cristianismo acrescentara a *dignitas*, característica das funções eclesiásticas ou eminentes. O período feudal vive, talvez como reação, um renascimento do direito romano e reanimou em favor dos novos reis a noção romana de *majestas*. A *majestas* permite definir dois poderes desses reis, a saber, o já referido direito de indulto e, mais importante ainda, o de ser protegido contra o *crimen majestatis*, o crime de lesa-majestade. No entanto, o rei medieval não era um rei absoluto. Dois historiadores levantaram a questão de saber se ele tinha sido um rei constitucional. Não deve ter sido, pois não se conhece nenhum texto que se possa considerar como uma constituição; o que talvez mais se aproxime, mas que é de fato original, é a *Magna Carta*, que foi imposta pela nobreza e pela hierarquia eclesiástica ao rei da Inglaterra Henrique III (1215). Este texto é como que uma baliza das que levaram a Europa a regimes constitucionais. O mais verdadeiro e o mais importante é que o rei medieval foi um rei contratual. Nos juramentos da sagração e da coroação ele se compromete em relação a Deus, à Igreja e ao povo. Os dois primeiros contratos caducaram na evolução histórica, mas a terceira medida inovadora está inserida também no caminho do controle do poder pelo povo ou por um organismo que o representa. Enfim, o rei feudal foi, na teoria e na prática, sobretudo encarregado de uma dupla função: a justiça e a paz. Poderíamos traduzir este último termo pelo de ordem, mas trata-se de uma ordem que não é simplesmente a da tranquilidade terrestre, é também a caminhada para a salvação. Em todo caso, a monarquia feudal punha a Cristandade no caminho do que chamaríamos hoje de Estado de direito. Menos importante na longa duração europeia é o fato de que a monarquia feudal é uma monarquia aristocrática e que participa, sendo o rei o primeiro dos nobres, da legitimação da nobreza pelo sangue. Hoje este aspecto tem apenas um papel anedótico, mas na Idade Média foi um fator de continuidade e de estabilidade ao favorecer a existência de dinastias reais. Além disso, num reino como a França, a exclusão das mulheres do trono, o que se chamará no século XIV somente, num espírito de antiquário, a lei sálica, contribuiu para a solidez da monarquia, tendo o acaso biológico produzido filhos reais do final do século X ao começo do século XIV.

É sob este último aspecto que a monarquia feudal se coloca num ambiente de longo alcance europeu. O século XII foi um *grande* século jurídico. Mais do que a renascença do direito romano que há muito tempo se pôs em evidência, é a elaboração decisiva a partir do *Decreto* do monge Graciano de Bolonha, por volta de 1130-1140, do direito canônico. Este direito não marcava apenas a cristianização do espírito e do aparelho jurídico, o papel da Igreja no enquadramento da sociedade, legitimava as novidades introduzidas no direito pela evolução da sociedade e de seus problemas, por exemplo, em matéria de matrimônio e de economia.

As monarquias feudais

Nem todas essas monarquias feudais atingiram o mesmo grau de desenvolvimento e de estabilidade nem puseram, portanto, em toda parte, tão solidamente as bases das futuras nações europeias. No mundo da cristandade nórdica escandinava, no da cristandade eslava e húngara da Europa Central e Oriental, as monarquias não apresentavam as bases sólidas do ponto de vista territorial. A Alemanha e a Itália estavam fracionadas por diversos poderes, sendo o mais importante o das cidades, que será relembrado. Restam, pois, a Inglaterra, a França e, no conjunto da Península Ibérica, Castela. Por que acrescentar uma monarquia original, que subsistirá só até o século XIX, mas cuja lembrança entra na imagem da Europa da longa duração, o reino da Itália do Sul e da Sicília, que se forma precisamente nesse período?

Na Inglaterra – O reino da Inglaterra conheceu nos séculos XI e XII vicissitudes que, longe de enfraquecê-lo, permitiram que reforçasse suas instituições. O período anglo-saxão colocara certas bases sobretudo graças à atividade intelectual e literária do Rei Alfredo, no século IX, e à personalidade prestigiosa de Eduardo o Confessor no século XI (1042-1066). A conquista da Inglaterra pelo duque da Normandia Guilherme, em 1066, foi o ponto de partida de um reforço considerável da monarquia inglesa. O governo dos reis normandos da Inglaterra apoiou-se num texto extraordinário, o *Domesday Book* (ou mais precisamente *Domesday Survey*), que apresentou um inventário detalhado e preciso dos bens da coroa inglesa. O título de *Livro do juízo final*, que sublinha o seu caráter excepcional, coloca a Inglaterra do fim do século XI na perspectiva de uma prestação de contas da monarquia e de entrada no caminho dos últimos tempos e da salvação. Este texto permitiu dotar racionalmente a aristocracia normanda conquistadora de terras e de rendas, e sustentou o crescimento econômico que contribuiu para fazer da Inglaterra a primeira grande monarquia europeia. Por outro lado, os reis normandos, herdeiros do ducado da Normandia, que fora objeto, nos séculos X e XI, de uma base administrativa notável para a época, transferiram para a Inglaterra a vontade centralizadora e dominadora do rei. Começaram a aparecer agentes do rei nos condados, os xerifes, e, em torno do rei, uma burocracia de especialistas onde se distinguiam os oficiais das finanças ativos no tribunal do tesouro onde faziam as suas contas.

Após um período perturbado por ocasião da morte de Henrique I em 1135, sua filha Matilde casou-se com o Conde de Anjou Godofredo Plantageneta, e o filho deles, Henrique II (1154-1189), torna-se rei da Inglaterra, dispondo na França de um vasto território que compreendia Anjou, Poitou, Normandia e Guyenne. A Inglaterra de Henrique II foi o primeiro reino "moderno" da Cristandade. Pôde-se falar de um "império angevino" ou de um "império dos Plantagenetas", mas um império é outra coisa. O peso dessa administração fez com que esse rei notável, contestado por sua esposa Eleonora da Aquitânia, e seus filhos Ricardo Coração de Leão e João sem Terra[1], deixasse durante a vida a lembrança de um monarca cuja corte, muito bem organizada e onde se comprimia a nobreza domesticada, foi descrita como um inferno. A Europa monárquica, Europa das cortes, se anunciava com seu prestígio, suas intrigas, seus conflitos. Durante séculos seria uma imagem da monarquia na Europa.

Na França – Outra monarquia que se estabilizou mais cedo e melhor, como a monarquia inglesa, foi a monarquia francesa. Sua estabilidade veio primeiro da continuidade dinástica de seus reis: desde 987 a dinastia capetíngia reinou na França. Foi reforçada pela exclusão das mulheres do trono e pelo acaso biológico, que deu aos reis herdeiros

---

1. Este nasceu depois da divisão das posses reais entre seus irmãos mais velhos, Henrique o Jovem, que morreu antes de seu pai, e Ricardo. O costume feudal da divisão entre os filhos do rei subsistia, ao passo que na França os Capetos encontravam a solução dos *apanágios* que, com a morte de seu possuidor, voltavam ao domínio real.

masculinos sem descontinuidade até 1328. É a Europa da primogenitura. Os reis da França se ocuparam antes de tudo em reduzir a desobediência dos pequenos senhores do domínio real. Depois garantiram o apoio de conselheiros provenientes do clero e da pequena nobreza, que mantinham a alta aristocracia distante do poder. Enfim, os Capetos estabilizaram a sede de seu exercício do poder ao construir um palácio real em Paris e fazer desta cidade uma capital. É a Europa das capitais. A monarquia capetíngia foi também fortalecida pelo apoio da proximidade de seu lugar de residência de uma poderosa abadia beneditina, Saint-Denis, que confortou o poder deles, foi um grande centro historiográfico para sua devoção. Publicaria, nos séculos XIII e XIV, as grandes crônicas nacionais. É a Europa da história e da historiografia.

A monarquia capetíngia soube tirar partido de trunfos importantes. O primeiro foi a sagração do rei em Reims no começo de seu reinado que lembrava o caráter excepcional da monarquia franca batizada em Reims na pessoa de Clóvis por um óleo milagroso trazido do céu pela pomba do Espírito Santo e que se transformou em óleo da sagração. Os Capetos souberam também captar uma parte do prestígio crescente da Virgem. A flor de lis simbólica e a cor azul, que se tornou a cor do manto real, tinham sido tomadas pelos reis da França da Virgem Maria, cujo culto tomara um impulso extraordinário entre os séculos XI e XIII. Desde Roberto o Piedoso (996-1031), a flor de lis figura no selo real. De maneira geral, enquanto, por exemplo, os reis da Inglaterra se alienaram da Igreja pelo assassinato do arcebispo de Cantuária, Tomás Becket (1170), a aliança entre a Igreja e a realeza, a aliança entre o trono e o altar, foi a base constante da estabilidade política na França.

Em Castela – Uma terceira monarquia surgiu na Península Ibérica de diferentes poderes na Cristandade. Durante a Reconquista, à medida que os cristãos expulsavam cada vez mais para o sul os muçulmanos, o mosaico dos reinos aparecidos nessa ocasião simplificou-se em proveito, em particular, de Castela, que se fundiu primeiro com Navarra, depois apoderou-se de Leão quando o conde de Castela, Fernando, venceu o rei de Leão em 1017 e, ungido em Leão em 1037, tomou o título de rei de Castela e de Leão. Mas esta união não foi definitiva senão em 1230. Os reis de Castela tiveram de contar com a nobreza guerreira, entre a qual um personagem característico da situação ambígua da Península, que lutara ora a serviço dos reis cristãos, ora a serviço dos muçulmanos, Rodrigo Diaz de Vivar, educado com Sancho II, futuro rei de Castela, que se torna um herói legendário da mitologia guerreira e cavalareisca; é o Cid (1043-1099) do qual voltarei a falar.

Os reis de Castela, no entanto, construíram, pouco a pouco, o seu poder pela associação, além da aristocracia, da oligarquia urbana, das cidades de Castela, pelo recurso às assembleias, as *Cortes*, e pela concessão de franquias (*fueros*) a comunidades de cidadãos e não nobres. Às custas de Toledo, reconquistada por Afonso VI de Castela sobre os muçulmanos em 1085, os reis de Castela tentaram impor uma capital, Burgos, cujo bispado gozava de isenção desde 1104, que recebeu em meados do século XIII o título oficial de "chefe de Castela e câmara dos reis" (*cabeza de Castilla y cámara de los reyes*).

Os normandos – A estas três monarquias principais, prefiguração de uma Europa monárquica, é preciso acrescentar uma monarquia inesperada: a diáspora dos normandos, nome dado aos escandinavos, durante a Idade Média, e que é um dos seus elementos importantes. Além da constituição de monarquias, de fato instáveis, na Escandinávia (um *Espelho do príncipe real* foi redigido na Noruega no século XIII), fora da instalação de uma parte dos vikings na Normandia francesa e a conquista, efêmera e parcial, por esses normandos da Inglaterra na primeira metade do século XI sob Knut o Grande (morto em 1035), esta diáspora admirável criou também, no final no século XI, um reino na Itália do Sul que, da Calábria e da Apúlia, conquista sobre os bizantinos de 1041 a 1071 (Roberto Guiscardo tomou Bari em 1071, e marinheiros trouxeram a esse porto, em 1087, o corpo de São Nicolau, colocado numa soberba basílica – de onde o culto de São Nicolau, padroeiro das crianças e dos escolares, se difunde por toda a Europa); estendeu-se a Nápoles em 1137 e à Sicília, onde conquistou, a partir de 1072, Palermo e, a partir de 1086, Siracusa.

Depois de um período de conflitos agudos com o papado, o que valeu a Rogério I (1031-1101) o rótulo de "tirano", dado ao rei mau em lembrança dos tiranos antigos, os reis normandos da Sicília se reconciliaram com o papado, e o reino tornou-se um dos mais brilhantes reinos cristãos, arrancado dos bizantinos e dos muçulmanos, fazendo a Itália do Sul e a Sicília entrar de novo na área da Cristandade europeia. Rogério

II (c. 1095-1154) é coroado rei em 1130, após ter transferido a sede do poder para Palermo.

O último rei normando da Sicília, Guilherme II (1154-1189), morre sem filhos e é sua tia, Constança, que herda a coroa com seu marido, filho de Frederico Barba Roxa, que se torna, em 1191, o Imperador Henrique VI. Morto prematuramente em 1197, deixou o reino de Nápoles e da Sicília ao seu filho, o futuro Frederico II. Prosseguindo e reforçando a obra de seus ancestrais normandos, Frederico II fará de seu reino uma das monarquias feudais mais bem estruturadas. Palermo se tornará a única cidade da Europa cristã a poder rivalizar com as grandes cidades bizantinas e muçulmanas. Do ponto de vista cultural e artístico, uma intensa atividade de traduções, uma colaboração constante entre cristãos, judeus e muçulmanos, fizeram de Palermo ao mesmo tempo uma capital exemplar da Europa cristã e uma exceção. Se o reino da Itália do Sul e da Sicília não tivesse sido, no fim do século XIII, conquistado brevemente pelos franceses – o irmão de São Luís, Carlos de Anjou (1227-1285) foi rei aí desde 1268 –, e mais duravelmente pelos aragoneses, em 1282, após o massacre dos franceses na revolta chamada "Vésperas Sicilianas", pode-se imaginar que essa porção original da cristandade mediterrânea teria podido seja tornar-se independente, seja integrar-se no conjunto bizantino ou muçulmano. Vê-se, pois, neste caso, que a Europa não estava inscrita desde toda a eternidade na geografia e na história.

A Renascença europeia do século XII

Os séculos XI-XII são um período essencial de transformação da Europa cristã. Desde o historiador americano Charles Haskins em 1927 esse renascimento do século XII foi identificado. Mas a mutação da cristandade nessa época ultrapassa amplamente um renascimento da cultura antiga, mesmo se, como se viu, os homens da Idade Média camuflavam em geral suas inovações sob uma referência a um renascimento. Gostaria, na perspectiva de uma história europeia longa, de sublinhar a importância, durante esse período, do nascimento ou do desenvolvimento decisivo de uma cultura e de mentalidades novas. Falarei primeiro da feminização e da dolorização do cristianismo. Com o extraordinário desenvolvimento do culto da Virgem Maria e da transformação do culto de

Cristo, de um Cristo vencedor da morte num Cristo sofredor, um Cristo da Paixão e do Crucifixo.

Procurarei mostrar como um novo humanismo cristão, de caráter positivo, se forma e constitui um estrato de longa elaboração do humanismo europeu e ocidental. O homem se afirma feito à imagem de Deus e não só como um pecador esmagado pelo pecado original. Por outro lado, a partir da fé, transformada, mas sempre viva, o século XI e, sobretudo, o XII, redefinem para muito tempo duas noções essenciais que darão forma ao pensamento europeu ocidental: a ideia de natureza e a ideia de razão.

Finalmente, examinarei as concepções recentes de Robert I. Moore, que vê nesse período a afirmação do que chama de "a primeira revolução europeia", que se manifesta positivamente por um progresso da economia, da sociedade e do saber, mas através da restauração da ordem que faz aparecer uma Europa da perseguição e da exclusão.

O crescimento do culto mariano

O cristianismo medieval foi agitado pelo extraordinário desenvolvimento dos séculos XI a XIII do culto mariano. O culto à Virgem Maria, enquanto "Mãe de Deus", desenvolveu-se bem cedo no cristianismo grego ortodoxo. Penetrou mais lentamente o Ocidente cristão, não porque Maria não tenha estado presente no culto desde a Alta Idade Média, em particular na época carolíngia, mas foi só a partir do século XI que esse culto toma um lugar central nas crenças e nas práticas do Ocidente cristão. Este culto está no coração da reforma da Igreja entre meados do século XI e do século XII. Está ligado à evolução da devoção a Cristo e, em particular, ao culto eucarístico. A Virgem é um elemento essencial da incarnação e desempenha um papel cada vez maior nas relações entre os homens e Cristo. Torna-se a advogada quase exclusiva dos homens junto ao seu filho divino. Ao passo que a maioria dos santos são especializados na cura de certas doenças ou têm uma função social determinada, a Virgem é uma generalista do milagre. Ela é competente em todos os problemas dos homens e das mulheres e, melhor ainda, eficaz. Assume tal lugar na salvação dos humanos que se atribuem a ela proteções audaciosas, até escandalosas. Ela protege dos criminosos, dos pecadores, cujos crimes e pecados parecem indesculpáveis. Ela os defende, e Cristo atende aos pedidos de sua mãe, por exorbitantes que sejam.

Parece-me que nessas condições a Virgem alcança um *status* superior excepcional. Vejo nela uma espécie de quarta pessoa da Trindade. Ela é objeto de três festas importantes do cristianismo: a Purificação, Anunciação e Assunção. A Purificação, 2 de fevereiro, que oculta uma velha festa pagã do despertar da natureza e da festa do urso que sai da caverna, marca o primeiro dia que a mulher sai do resguardo e prolonga os ritos judeus observados quarenta dias após um parto. Mas esta festa, ligada aliás à apresentação do Menino Jesus no Templo, vai mais longe; é uma festa da purificação, e coloca um problema que agitará a Igreja e os cristãos sobretudo no século XIV. Maria, enquanto criatura, enquanto mulher, manchada pela gravidez e pelo parto, foi sujeita ao pecado original? A crença no nascimento imaculado de Maria só triunfará no século XIX; mas, na minha opinião, dá testemunho da tendência dos homens e das mulheres da Idade Média de promover Maria a um *status* equivalente ao de seu filho divino.

A Anunciação (25 de março), quando se anuncia a Maria e, através dela, à humanidade, a incarnação do Filho de Deus, instaura o protótipo do diálogo profético entre a Virgem e o anjo Gabriel. É um dos grandes momentos da história da humanidade, e na pintura, como mostrou Erwin Panofsky desde 1927 e, de maneira aprofundada, Daniel Arasse em 1999, a Anunciação foi o trampolim da perspectiva representada pela primeira vez na pintura europeia em 1344 por Ambrogio Lorenzetti em sua *Anunciação* de Siena.

A terceira grande festa mariana é a da Assunção (15 de agosto). É um eco da Ascensão de Cristo. Também aqui, Maria, desde a sua morte terrestre, é elevada, não somente ao Paraíso, mas ao mais alto do Céu, onde está o trono de Deus, e onde ela é coroada por seu filho.

A literatura piedosa dedicada a Maria progride extraordinariamente a partir do século XII. Trata-se, primeiro, da promoção a um *status* comparável ao do *Pai-nosso* da oração que lhe é dedicada a partir do século XII, a *Ave-Maria*. A presença desta oração, mais ou menos constantemente, nas penitências infligidas desde 1215 aos pecadores na confissão anual, faz o culto mariano entrar na devoção fundamental dos cristãos.

Citarei duas obras excepcionais que lhe são dedicadas. Primeiro, a coletânea de milagres reunidos por Gautier de Coincy (1177-1236), que reúne 58 milagres, várias canções piedosas e sermões em versos. Em seguida a coletânea ilustrada de notáveis miniaturas que ofereceu à Virgem o rei de Castela Afonso X o Sábio (1221-1284), um poema piedoso redigido na língua poética da Península Ibérica, o galego: as *Cantigas de Santa Maria*.

É preciso de fato sublinhar quanto o culto mariano beneficiou-se de uma iconografia extraordinariamente florescente. Miniaturas e esculturas fizeram entrar no coração e nos olhos dos homens e das mulheres da Idade Média um tesouro de imagens marianas. Os temas principais da representação da Virgem evoluíram durante a Idade Média. A Virgem romana é sobretudo uma mãe, com seu filho divino sobre os joelhos. Depois ela se torna a ocasião de uma homenagem à beleza feminina. Ela tem um lugar importante na dolorização do cristianismo; é a Pietà, que tem seu filho, o Cristo morto, sobre seus joelhos, é a Virgem de misericórdia que protege nas dobras de seu vasto manto os fiéis individuais ou, mais comumente, em grupo. Apesar da freada que a Reforma dará ao culto mariano, a Virgem tornou-se, pelos séculos, a mãe e a advogada da humanidade em todo o espaço europeu. Um ciclo mariano se desenvolve na arte, ligado ao ciclo cristológico, mas onde a figura de Maria impõe-se cada vez mais. A devoção mariana investiu na piedade, sobretudo feminina e privada, com a multiplicação dos *Livros das horas*. A Virgem tornou-se a autora venerada do maior acontecimento da história, a incarnação. Como para todo fenômeno histórico importante, seu culto está ancorado em lugares que formam redes. Não são apenas os lugares das relíquias e das peregrinações que já mencionei, porém, mais ainda, a dedicação a Nossa Senhora é atribuída à maioria das catedrais da Cristandade. Isso se faz no mais das vezes por mudança de dedicação. Assim a Catedral de Paris abandona a dedicação original a Santo Estêvão para tornar-se Notre-Dame de Paris.

O culto mariano põe ao historiador um último problema. Seu desenvolvimento beneficiou a condição terrena da mulher? Foi o suporte e o inspirador de uma promoção da mulher no Ocidente Medieval? É difícil dar uma resposta a esta pergunta, e as opiniões dos historiadores estão divididas. Mas penso que a Virgem, oposta à mulher pecadora, a Eva, tornou-se de fato a imagem da mulher reabilitada e salvadora. Quando se pensa que esse culto mariano é contemporâneo da transformação do matrimônio em sacramento, de uma promoção da criança e da família estreita, como os nascimentos mostram, é preciso ver na Virgem a grande auxiliadora da sorte terrestre da mulher. Este *status* beneficia-se também do amor cortês. Nossa Senhora é o grau mais alto da "dama" do cavaleiro, a "dama" dos homens, a radiação de uma figura feminina no mundo divino e humano da sociedade medieval.

Dolorização da devoção a Cristo

O desenvolvimento do culto mariano, que acarreta a feminização da piedade, combina-se com o que já foi chamado de dolorização dessa piedade. De fato, na evolução histórica da imagem de Deus, de Cristo, durante muito tempo representado na tradição dos heróis antigos, como o vencedor da morte, um Cristo triunfante cede o lugar a um Cristo sofredor, a um Cristo da dor. É difícil seguir essa evolução e compreender as suas causas; é certo que o que contribuiu para essa desmilitarização, se ouso dizer, do personagem de Cristo, não sendo mais a vitória militar o sinal dos eleitos, despojou a imagem de Cristo desse aspecto triunfante. Por outro lado, naquilo que me parece como uma repartição crescente dos papéis entre as três pessoas da Trindade e a Virgem, é Deus Pai que absorve a imagem de majestade que se impôs ao ritmo da evolução dos poderes dos reis terrestres. Por outro lado, a Igreja, sob a influência direta das ordens mendicantes, a partir do começo do século XIII, através das obras de misericórdia lança um olhar mais fraterno sobre os humildes, os doentes e, sobretudo, os pobres. A palavra de ordem do despertar evangélico que se manifesta na Igreja e que se comunica a certos leigos é "seguir nu o Cristo nu". Aqui também, a iconografia é ao mesmo tempo testemunha e ator. Desde o começo do cristianismo a cruz foi o sinal dos cristãos; mas, a partir do século XI, a imagem do crucifixo se espalha.

O Cristo que se impõe agora é o da Paixão, o Cristo sofredor. A iconografia difunde as novas imagens de Cristo, inclusive, numa mistura de simbolismo e de realismo, a representação dos instrumentos da Paixão. A exibição, com a crucifixão, da colocação no túmulo abre a porta para uma meditação sobre o cadáver que invadirá, a partir do século XIV, a sensibilidade macabra. Uma Europa do cadáver e logo da cabeça do morto se espalha por toda a Cristandade.

O homem à imagem de Deus – O humanismo cristão

No entanto, o que o cristianismo mostra com mais força ainda, no século XII e depois, é uma nova imagem do homem com relação a Deus. O homem da Alta Idade Média estava aniquilado diante de Deus; e seu melhor símbolo era Jó humilhado, aniquilado, tal como propusera Gregório Magno nos séculos VI-VII. Uma grande obra teológica marca uma virada, *Cur deus homo* (Por que Deus se fez homem?) de Santo Anselmo de Cantuária (1033-1109). Novas leituras da Bíblia levam a refletir sobre o texto do Gênesis. Teólogos, canonistas, pregadores se detêm no texto do Gênesis dizendo que Deus fez o homem a sua imagem e a sua semelhança. Essa imagem humana de Deus subsiste além da mancha do pecado original. O objetivo da salvação é agora precedido por um esforço do homem para encarnar, já neste mundo terrestre, essa semelhança com Deus. Doravante o humanismo cristão fundamenta-se nessa semelhança. Ele apela a dois elementos mais ou menos misturados desde o começo do cristianismo, inclusive pelos Padres da Igreja e pelo próprio Agostinho: a natureza e a razão. Na Alta Idade Média predominou uma concepção simbólica da natureza. Santo Agostinho tem a tendência a absorver a natureza na sobrenatureza e, no século XII ainda, juristas como Graciano assimilarão a natureza a Deus ("a natureza, quer dizer, Deus"). A distinção entre natureza e sobrenatureza, a definição da natureza como um mundo físico e cosmológico específico desenvolve-se no século XII. Sofre fortemente a influência das concepções judaicas e árabes, em particular na sua introdução no Ocidente, de obras da Antiguidade grega esquecida, sobretudo Aristóteles e sua noção do sublunar. A ideia de natureza invade o conjunto do pensamento humano e dos comportamentos dos homens. É assim que – voltarei a falar disso – a homossexualidade sofre uma condenação mais forte por ser um "pecado contra a natureza".

Com a natureza também a razão, ainda mais característica da condição humana, é promovida no século XII. Também a concepção da razão é vaga, confusa, polissêmica entre os Padres da Igreja e, em particular, em Santo Agostinho. É ainda Santo Anselmo que, na aurora do século

XII, relança o apelo a uma razão melhor definida. Propõe aos cristãos o *"fides quaerens intellectum"* (a fé em busca da inteligência). O grande teólogo vitoriano, Hugo de São Víctor, divide, no começo do século XII, a razão em razão superior, voltada para as realidades transcendentes, e razão inferior, voltada para o mundo material e terreno. O Padre Chenu mostrou de maneira notável como a teologia evoluiu no século XII ao seguir a evolução geral dos métodos de análise textual (gramática, lógica, dialética). O cristianismo está no caminho da escolástica.

O humanismo do século XII fundamenta-se no desenvolvimento da interioridade. Foi chamada de socratismo cristão essa elaboração de um "conhece-te a ti mesmo cristão". Viu-se que este socratismo baseia-se numa nova concepção do pecado, numa moral da intenção, e conduziu à introspeção instituída pelo quarto Concílio do Latrão em 1215. Este humanismo, sob formas diversas, e às vezes opostas, se encontra em quase todas as grandes inteligências do século XIII, de Abelardo a São Bernardo, de Guilherme de Conches a João de Salisbury.

Este humanismo desenvolve-se no seio de uma agitação na qual Robert I. Moore viu "a primeira revolução europeia" que teria se desenvolvido do século X ao XIII. Moore sustenta que a Europa nasceu no segundo milênio e não durante o primeiro. Creio que ele privilegia demais, na perspectiva europeia, os séculos XI-XIII às custas da Alta Idade Média. Espero mostrar que se trata de dois estratos igualmente importantes, senão decisivos, para a elaboração da Europa. Segundo Moore, "é a combinação resultante de capacidade, de curiosidade e de engenhosidade que levou esses europeus a explorar sempre mais intensivamente suas terras e seus trabalhadores, a estender constantemente o poder e a penetração de suas instituições governamentais e, ao fazer isso, a criar finalmente as condições necessárias ao desenvolvimento de seu capitalismo, de suas indústrias e de seus impérios. Para o melhor e para o pior, este é o acontecimento central não só da história europeia, mas da história universal moderna". Creio que há, apesar de um exagero notável, uma concepção importante que sublinha uma grande virada da construção europeia. Voltarei à análise dessa virada no capítulo seguinte dedicado ao século XIII, pois acho que é somente no século XIII que se pode captar bem a amplidão dessa construção de uma Europa que se apoia particularmente nas cidades, mas que vê ao mesmo tempo o começo de uma parada desse progresso tão vivo no século XII, época do grande fervilhar do Ocidente.

Nascimento de uma Europa da perseguição

Creio que convém mostrar desde já os começos das consequências nefastas e das derrapagens desse progresso, dessa efervescência. Aqui, de novo, Robert I. Moore observou com lucidez o que chamou de nascimento de uma "sociedade da perseguição". O que aconteceu? Durante muito tempo frágeis e presos a um sentimento de insegurança, os cristãos do Ocidente tranquilizaram-se tanto do ponto de vista intelectual como religioso. Ainda que nem todos pensem com Oto de Freising que a Cristandade chegou a uma quase perfeição, tornaram-se seguros de si mesmos e, consequentemente, expansivos e até agressivos. Sobretudo, querem destruir todo fermento de mancha numa cristandade sólida e bem-sucedida. Daí toda uma série de movimentos orquestrados pela Igreja e pelos poderes leigos para marginalizar e, no limite, excluir da Cristandade esses semeadores de problemas e de impurezas. As principais vítimas dessas perseguições são primeiro os hereges, em seguida os judeus, os homossexuais e os leprosos.

Os hereges

A heresia acompanha a história do cristianismo quase desde o começo; de fato, a nova religião definiu pouco a pouco, em particular através dos concílios, uma doutrina oficial da nova Igreja. Frente a essa ortodoxia desenvolvem-se "escolhas" – é este o sentido da palavra "heresia" – diferentes, que mais ou menos cedo a Igreja condena. Essas heresias concernem ao dogma, e é o caso em particular de opiniões que não reconhecem a igualdade das três pessoas da Trindade, não reconhecem, em Jesus, seja a natureza divina, seja a natureza humana. Outras heresias se referem aos costumes eclesiásticos e têm um caráter social muito marcante, como, na África do Norte, o donatismo vivamente combatido por Santo Agostinho. Existem ainda heresias trinitárias na época carolíngia; mas pouco depois do ano 1000 estoura uma onda de heresias entre as quais se distinguem habitualmente heresias eruditas e heresias populares. Essa onda herética é em geral atribuída seja a uma aspiração dos fiéis a uma maior pureza de costumes, seja ao desejo geral de reforma que prepara a reforma gregoriana dos séculos XI-XII. Após um longo período de estabilidade política e social na época carolíngia, aparece um período de instabilidade e de perturbações animado por um movimento duplo, o da Igreja que busca escapar da dominação de leigos poderosos, e o dos leigos em busca de uma independência maior em relação aos clérigos. A sociedade e a civilização medievais repousam sobre o poder da Igreja, poder ao mesmo tempo espiritual e temporal. As heresias inaceitáveis para ela são as que questionam o poder. É o que se vê tão bem em Orleans, em Arras, em Milão e na Lombardia no começo do século XI. As regiões onde as correntes contestatárias, que permaneceram reformadoras ou se tornaram hereges, foram mais fortes são a Lotaríngia, o sudoeste e o sudeste da França atual, a Itália do Norte e a Toscana. Aparece uma Europa da contestação. A Igreja dificilmente evolui entre reformas necessárias dos clérigos e repressão da heresia. A reforma do clero passa pela condenação da venda dos sacramentos, a simonia, a não observância do celibato dos padres, cuja maioria vivia em matrimônio ou em concubinato. Mas, de outro lado, um número crescente de leigos recusam-se a receber sacramentos de padres de maus costumes ou simplesmente de clérigos.

Alguns hereges rejeitavam igualmente a devoção ao crucifixo ou mesmo à cruz. Sob impulso dos monges de Cluny, a Igreja dava uma importância cada vez maior às orações, aos ofícios pelos mortos e à remuneração dos clérigos por essas devoções. Aqui também um número importante de leigos rejeitava esses comportamentos novos. Essas contestações atingiam também os cemitérios, que esses leigos se recusavam a considerar como sagrados se tinham sido consagrados pela Igreja. Do mesmo modo, os leigos contestavam o monopólio do uso do Evangelho na leitura e na pregação que a Igreja arrogara para si. Enfim, o enriquecimento individual e coletivo dentro da Igreja atraía críticas virulentas. A Igreja teve logo o sentimento de ser uma fortaleza sitiada. Primeiro ela procurou dar nome a essas heresias para melhor distingui-las e combatê-las; mas muitas vezes lhes deu o nome de velhas heresias da Antiguidade Tardia, que encontrava nos textos e que não correspondiam às realidades que a ameaçavam. Em geral os hereges eram considerados como maniqueus, que faziam uma distinção radical entre o bem e o mal. Integristas.

A luta contra essas heresias foi preparada pela grande instituição que dominava a Cristandade, a ordem de Cluny, que, por outro lado, organizava a cruzada. O grão-abade de Cluny, Pedro o Venerável, abade de 1122 a 1156, escreveu contra o que designava como as grandes ameaças feitas à Cristandade três tratados que se tornaram de algum modo manuais da ortodoxia cristã. Um foi escrito contra o herege Pedro de Bruys, cura de uma aldeia nos altos Alpes, que rejeitava os sacramentos e as devoções pelos defuntos e pregava o horror à cruz; um segundo, o primeiro na Cristandade, contra Maomé, apresentado como feiticeiro, e seus discípulos; um terceiro contra os judeus, condenados como deicidas. Depois de 1140, a ofensiva se torna geral, e a heresia segundo as novas concepções da natureza foi considerada como uma doença. Foi uma lepra ou uma peste. E a Igreja difundiu a ideia do contágio, que fez da heresia uma ameaça terrível.

No sul da França, o termo "cátaro", que em grego [*katharos*] significa *puro* e que deu em alemão a palavra *Ketzerei*, que significa heresia, tomou uma importância particular. Foi descrita, em 1163, em Colônia e em Flandres. Uma reunião de hereges teria se realizado sob a forma de concílio em 1167 nas terras do conde de Toulouse [Tolosa] em São Félix de Caraman. A heresia cátara conquistou mais ou menos uma parte da nobreza e até da alta nobreza languedociana e occitânica, particularmente pela oposição à proibição da Igreja dos matrimônios ditos consanguíneos, que acarretava o fracionamento das propriedades rurais. O catarismo, propriamente falando, foi um verdadeiro maniqueísmo, que professava a rejeição do material, da carne, e a substituição de comportamentos e de ritos por outros muito diferentes dos da Igreja cristã. Distinguia-se uma elite de puros, os Perfeitos, que no final de sua vida recebiam uma espécie de sacramento, o *consolamentum*. Penso que o catarismo não foi uma heresia cristã, mas uma outra religião. Parece-me que a sua importância foi exagerada seja pela Igreja que queria destruí-lo, seja, no século XX, por militantes regionalistas que viam nele uma herança específica. Não é diminuir a crueldade da repressão eclesiástica julgar que, se o catarismo tivesse triunfado, o que de novo é pouco verossímil, ter-se-ia criado uma Europa integrista.

No grande fervilhar herético da segunda metade do século XII apareceu em Lyon um mercador, Pedro Valdo (ou Valdes), que pregou, permanecendo leigo, a pobreza, a humildade e a vida evangélica. O valdismo não parece ter sido originalmente uma heresia, mas um movimento de reforma no qual os leigos, sem contestar a autoridade eclesiástica, desejavam uma parte maior. Em 1184, o Papa Lúcio III, sustentado pelo imperador, lançou em Verona a decretal *Ad abolendam*, que instaurava uma violenta repressão contra todos os hereges colocados no mesmo rol ("os cátaros, os patarinos, os que por um falso nome se chamaram de os humilhados ou os pobres de Lyon, os passagianos, os josefinos e os arnaldistas"). Este amálgama ocultava mal, de fato, o desconcerto de uma Igreja dominada, segundo a expressão de Monique Zerner, pela *opacidade* da heresia.

O grande organizador da repressão contra os hereges foi o Papa Inocêncio III (1198-1216). Desde 1199, Inocêncio III assimilou a heresia ao crime de lesa-majestade, o que acarretou a condenação do herege à confiscação dos bens, à exclusão das funções públicas e à exclusão da herança. Transferiu a ideia e a realidade da cruzada contra os hereges ao lançar contra eles, em 1208, uma guerra em que fazia apelo a cruzados leigos. Essa guerra começou pelo saque de Béziers e o massacre de seus habitantes na igreja da cidade e atraiu numerosos pequenos senhores da França do Norte, privados de terras. A cruzada dita "dos albigenses" só terminou em 1229 pela submissão do conde de Tolosa, dos senhores e das cidades da França do Sul.

Entretanto, o IV Concílio do Latrão (1215) impusera aos príncipes cristãos um juramento anti-herético. Condenara também os judeus a serem marcados pelo uso de um sinal – a *rouelle*, rodela – cosida em sua roupa. Tratava-se em geral de um pedaço circular de tecido vermelho. Assim nasceu a Europa da futura estrela amarela. A maioria dos governos leigos negligenciou a observância dessa decisão. Mas, no final do seu reinado em 1269, São Luís foi obrigado a isso, contra a vontade, parece. Em 1232, o Papa Gregório IX instituiu, ao lado da Inquisição episcopal, uma inquisição pontifícia que julgava em toda a Cristandade os hereges em nome da Igreja e do papa.

A Inquisição, seguindo um novo método judiciário chamado precisamente método "inquisitório" e não mais "acusatório", consistia em interrogar o acusado para obter a confissão de sua culpa. Ela instituiu uma Europa da confissão, mas muito rapidamente a confissão foi extorquida pela tortura. A tortura era muito pouco utilizada na Alta Idade Média, pois o hábito da Antiguidade era limitá-la aos escravos. A Inquisição ressuscitou-a e estendeu-a aos leigos e leigas. É um dos aspectos mais abomináveis dessa Europa da perseguição denunciada por Robert I. Moore.

A Inquisição condenou um número notável, embora impossível de calcular, de hereges à fogueira. A execução dos hereges condenados pelos tribunais da Inquisição era feita pelo poder temporal que agia como braço secular. Do ponto de vista social, o catarismo espalhara-se primeiro na nobreza, nas cidades e entre certos artesãos como os tecelões. A duração da repressão reduziu, na segunda metade do século XIII, os cátaros a algumas comunidades montanhesas como os habitantes da aldeia de Montaillou em Ariège, sobre os quais Emmanuel Le Roy Ladurie escreveu um livro exemplar.

A perseguição dos judeus

O segundo grupo perseguido pela Igreja e pelos príncipes cristãos foi o dos judeus. Durante muito tempo, os judeus não apresentaram grandes problemas aos cristãos. Antes do século X, as comunidades judias são pouco numerosas no Ocidente e são essencialmente constituídas pelos mercadores que, com outros orientais (libaneses, sírios etc.), realizavam o essencial do fraco comércio subsistente entre a Cristandade e o Oriente. No entanto, a Igreja elabora uma teoria e uma prática das relações entre cristãos e judeus. Uma exceção é constituída pela Espanha visigoda onde a realeza e o episcopado desenvolveram uma violenta legislação antijudaica que Leon Poliakov considerou como a origem do antissemitismo. Mas a conquista da maior parte da Península Ibérica pelos muçulmanos provocou uma situação nova na qual judeus e cristãos foram mais ou menos tolerados pelos muçulmanos.

Carlos Magno e seus sucessores não perseguiram os judeus, mesmo quando foram objeto de vivos ataques da parte do arcebispo de Lyon, Agobardo. Aos judeus, os cristãos aplicavam, seguindo Santo Agostinho, um preceito do salmo 59: "Não os mates, para que meu povo não esqueça, mas com teu poder expulsa-os e derruba-os". Assim se combinava, não sem hipocrisia, uma espécie de tolerância e até de proteção, mas que se justificava ao recordar vivamente o passado pré-cristão e incitar à expulsão e à dominação. Quando a feudalidade se estabeleceu na Cristandade, o *status* dos judeus foi assimilado ao dos servos. É esse estado de servidão que colocou os judeus ao mesmo tempo sob a dominação e a proteção dos senhores e em particular dos príncipes cristãos. Estes oscilaram em geral entre tolerância e proteção, de um lado, e perseguição, do outro. Foi este em particular o caso dos papas, imperadores e reis como São Luís IX da França que, embora os detestasse, se considerava como o "bispo de fora" deles.

A literatura judia medieval dá, como a literatura cristã, um lugar privilegiado ao caráter legendário de Carlos Magno. Por volta do ano 1000, os judeus são, sem dúvida, cerca de 4.000 nos países alemães e teriam passado a perto de 20.000 no final do século, na véspera da primeira cruzada. Os judeus eram às vezes chamados e privilegiados pelos príncipes cristãos como especialistas de serviços econômicos, os quais não conseguiam ser satisfeitos por cristãos. O progresso da economia da Cristandade após o ano 1000 foi, pois, uma das causas do aumento numérico de judeus na Cristandade, mas logo também o começo de sua perseguição. No entanto, ainda no século XI, era antes uma coexistência pacífica que reinava entre cristãos e judeus. Os judeus eram os únicos aos quais os cristãos reconheciam uma religião legítima, mesmo se a palavra não existisse, ao contrário, por exemplo, dos muçulmanos assimilados a pagãos. Os clérigos educados mantinham relações com os rabinos para trocar pontos de vista sobre a exegese bíblica. Os judeus tinham a permissão de construir não somente sinagogas, mas também escolas. Uma grande mudança ocorreu com a primeira cruzada.

Durante todo o século X, a imagem de Jerusalém foi uma obsessão cada vez maior para os cristãos. Este foi um dos componentes da cruzada pregada pelo papa clunisiano Urbano II em Clermont, em 1095, e que resultou na tomada de Jerusalém em 1099, seguida de um grande massacre de muçulmanos pelos cristãos. Este entusiasmo por Jerusalém e sua evocação da paixão de Cristo vítima dos judeus produziram uma grande onda de ódio e de hostilidade contra os judeus. Tanto mais porque foi mostrado que os cristãos do final do século XI não se representavam bem a duração histórica e julgavam que a paixão de Jesus lhes era contemporânea. Eles iam castigar carrascos. Se os mais poderosos e os mais ricos cruzados tomaram caminhos marítimos nos navios alugados em Marselha ou em Gênova, a massa dos cruzados pobres, dos cruzados sem posses, muitas vezes treinados por chefes fanáticos como o pregador Pedro o Eremita, alcançaram o Oriente Próximo através da Europa Central, encontrando numerosas comunidades judias em sua passagem. Massacraram muitas delas. Foi a primeira grande onda de pogroms na Europa.

Nos séculos XII e XIII, outras motivações conduziram à perseguição dos judeus. Foram inventados dois mitos; o primeiro foi o boato considerado verdadeiro de crimes rituais, tendo os judeus matado um moço cristão para usar o seu sangue em seus ritos. O boato levava quase sempre a um pogrom. Parece que a primeira acusação ocorreu em 1144 em Norwich. Vários casos de acusação desse tipo e de massacres se encontram na Inglaterra na segunda metade do século XII e primeira metade do século XIII. Foi também o caso em 1255 em Lincoln, onde, após a morte de um moço e do boato de que tinha sido torturado até a morte pelos judeus, estes foram levados a Londres onde 19 deles foram enforcados, e só a intervenção do irmão do rei, Ricardo de Cornualha, impediu que 90 outros tivessem a mesma sorte.

Essas acusações e essas execuções e massacres se espalharam também pelo continente. Mas não se conhece nenhum progrom no território do reino da França durante o reinado de São Luís (1226-1270). Outro boato nasceu também durante esse período em que os judeus começaram a ser perseguidos por causa de motivos de pureza pelos cristãos. Foi a acusação da profanação da hóstia. Judeus foram acusados de terem profanado hóstias consagradas. Essa acusação nasce evidentemente dentro do reforço da devoção à Eucaristia que levou à instauração da festa do Corpo de Deus em 1264.

A perseguição dos judeus desembocou muitas vezes em sua expulsão em massa. Foi o caso dos judeus da Inglaterra em 1290 e dos judeus da França em 1306. Tendo estes voltado aos poucos, uma expulsão definitiva do reino da França ocorreu em 1394. O século XIV vira a perseguição aos judeus renascer com força por ocasião das grandes calamidades do século. Em 1321 eles foram acusados de ter, com os leprosos, envenenado os poços. Isso desencadeou pogroms. Mais ainda, em particular na Alemanha, de 1348-1350, quando estourou e se espalhou a epidemia da Peste Negra, os judeus foram considerados responsáveis; a ideia de contágio foi cada vez mais aceita na Europa cristã.

O isolamento dos judeus, que os tornava cada vez mais vulneráveis às perseguições, aumentou ainda nos séculos XII e XIII. A propriedade e o trabalho da terra, e a maioria dos ofícios, foram proibidos a eles. A expulsão mais importante ocorreu na Península Ibérica em 1492. A destruição do último reino muçulmano da Espanha, o de Granada, foi contemporâneo a essa expulsão. Os Reis Católicos foram mais longe que qualquer soberano cristão na realização da pureza do sangue, *limpieza del sangre*. Mais tarde, onde os judeus não foram expulsos, particularmente nos estados pontifícios e nas possessões imperiais na Alemanha, serão encerrados em guetos, que desempenham um duplo papel de proteção e de prisão.

No meio de tantas proibições, os judeus tinham continuado com seu papel de emprestadores, mas em pequena escala, para o consumo doméstico. Isso lhes valeu, com as perseguições da Igreja e dos príncipes como usurários, o ódio dos cristãos incapazes de passar sem o seu apoio financeiro. Por outro lado, tendo conservado uma grande competência como médicos, tinham se tornado os médicos dos poderosos e dos ricos. A maioria dos papas e dos reis cristãos (inclusive São Luís) tinham médicos judeus.

Dentro desse nascimento de uma Europa da perseguição, a dos judeus foi sem dúvida a mais duradoura e mais abominável. Hesito em falar de racismo, pois me parece que este termo implica a noção de raça e alegações pseudocientíficas. Não era o caso na Idade Média. Mas o ponto de partida da hostilidade dos cristãos para com os judeus, de natureza essencialmente religiosa (mas na Idade Média a religião é tudo, ao ponto de que o conceito específico não existe, é preciso esperar o século XVIII), o antijudaísmo é insuficiente para caracterizar esta atitude. A sociedade cristã da Idade Média começou a construir o antissemitismo europeu.

A sodomia

Uma terceira categoria de perseguidos e excluídos é a dos homossexuais. O cristianismo retomou os tabus do Antigo Testamento, que condenava severamente a homossexualidade, e o vício dos habitantes de Sodoma foi interpretado como um desvio sexual. Mas parece que a sodomia foi relativamente tolerada, particularmente no meio monástico. Se é possível chamar o século XII "o tempo de Ganimedes", o vento de reforma da época atingiu também os sodomitas, tanto mais porque a evolução da noção de natureza agravou os pecados sexuais como pecados contra a natureza, e a homossexualidade foi onerada não só de condenação, mas também de silêncio, sendo o "vício indizível". A sodomia foi muitas vezes censurada sobretudo nos homens (pois há muito pouca menção feita ao lesbianismo) que se quis desconsiderar e punir da maneira mais severa, inclusive com a pena de morte. Os muçulmanos eram acusados de praticar a homossexualidade. Os monges-soldados, os templários, também foram acusados de homossexualidade, os quais foram condenados, suprimidos, e seu chefe, Jacques de Molay, foi executado na fogueira no começo do século XIV. Em compensação, entre os poderosos a sodomia era mais ou menos tolerada. Este foi o caso de dois, e talvez três, reis da Inglaterra, se é verdade, o que não está provado, que Ricardo Coração de Leão era homossexual. Isso parece verificar-se para Guilherme o Ruivo (1087-1100); e sobretudo para Eduardo II (1307-1327). Este foi deposto e depois assassinado junto com seu favorito.

A partir de meados do século XIII a sodomia foi, como muitos desvios, entregue à Inquisição. E um número mais ou menos importante de homossexuais foram queimados. Mas a tolerância em relação a eles reapareceu cá e lá, sobretudo no século XV, principalmente na Itália e, sobretudo, em Florença.

A ambiguidade da lepra

Talvez espante o fato de encontrar um quarto componente desse conjunto de perseguidos e de excluídos a partir do século XII, os leprosos. A atitude dos cristãos da Idade Média em relação aos leprosos é dupla. A imagem do beijo de Cristo nos leprosos pesa sobre os comportamentos em relação a eles. Grandes santos são louvados por imitar Cristo nisso ao dar de comer a leprosos, ao dar-lhes um beijo ocasionalmente. O caso mais célebre é o de São Francisco de Assis, mas há também o caso de São Luís. A lepra parece ter se difundido no Ocidente somente a partir do século IV. Os leprosos são, por um lado, um objeto de caridade, de misericórdia; mas, por outro lado, são um objeto de horror físico e moral. Nessa sociedade em que o corpo é a imagem da alma, a lepra aparece como o sinal do pecado. Os leprosos desempenham um papel repulsivo na literatura cortesã. Há a lembrança do terrível episódio de Isolda entre os leprosos. Crê-se que os leprosos são os filhos visíveis do pecado, tendo sido concebidos pelos pais que não respeitaram os períodos proibidos para relações sexuais. Em relação a ela se usa plenamente o que Michel Foucault chamaria de *renfermement* (encerramento). A partir do século XII se multiplicam as casas onde são encerrados, os leprosarios. Em teoria, são uma espécie de hospital, mas de fato são prisões situadas no exterior das cidades em lugares chamados A Madalena, a santa que se tornou protetora deles, e de onde só raramente se podia sair, afastando antes os cristãos agitando uma matraca. A lepra foi a doença típica da Europa Medieval, carregada de símbolos, objeto de um terror emblemático. O medo dos leprosos culminou no começo do século XIV, quando são acusados de envenenar os poços. A lepra parece ter em seguida refluído rapidamente no Ocidente. O primeiro lugar das doenças simbólicas seria ocupado pela peste.

Desencadeamento do diabo

Todos esses diferentes seres pestilentos acabam formando uma contrassociedade que ameaça os bons e fiéis cristãos, sua pureza e sua salvação. Têm um chefe comum, satanás, seja porque estão literalmente *possuídos*, seja porque estão simplesmente submissos a ele. O diabo entrou na Europa com o cristianismo, unificando sob seu domínio uma multidão de demônios diversos vindos do paganismo greco-romano ou das numerosas crenças populares. Mas o diabo só se torna esse comandante chefe de todas as cortes do mal a partir do século XI. Doravante, ele conduz o baile dos futuros condenados. Nem todos os homens e todas as mulheres sucumbem a ele, mas todos são ameaçados, tentados. A cristandade unificada confere ao "inimigo do gênero humano" um poder unificado. A heresia é seu instrumento. A Inquisição será a arma da Igreja para o combater. Mas a sua presença e sua ação durarão muito tempo. A Europa do diabo nasceu.

As periferias da Europa Feudal

No final do século XII, as instituições feudais tinham, com nuanças, tomado posse do conjunto da Cristandade. Parece-me interessante notar que esse conjunto está constituído de feudalidades periféricas que conservam mais ou menos o caráter original dessas periferias, enquanto continuam a desempenhar um papel importante no conjunto cristão. Isto é verdadeiro para a Irlanda, grande foco de cristianismo e de civilização na Alta Idade Média, e que conserva a sua especificidade cristã, que permite que a cultura gaélica continue rica e viva e que impregna até os gauleses e os ingleses que, desprezando esse povo de pretensos cristãos bárbaros, buscam em vão conquistá-los e despojá-los. A Irlanda está na Europa.

O caso da Bretanha é ao mesmo tempo comparável e diferente. Ela foi, a partir do século IV, ocupada pelos bretões vindos da Grã-Bretanha; e adquiriu, durante a Idade Média, uma emancipação política bastante grande, sob a forma de reino na época carolíngia, depois de ducado, na época capetíngia. Os duques bretões praticam uma política complexa de equilíbrio entre franceses e ingleses. O duque da Bretanha receberá o título ambíguo de par de França e parecerá, no século XV, encaminhar o ducado para uma verdadeira independência. Ao mesmo tempo, aproveitando-se da situação geográfica, a Bretanha desenvolverá a sua marinha e contará cada vez mais com marinheiros e mercadores.

Se abandonarmos os países celtas e formos para os países mediterrâneos, o fim do século XII é um momento decisivo tanto para a Península Ibérica como para a Sicília e Itália do Norte. Na Espanha, a reconquista acelera-se e a tomada de Toledo em 1085 por Afonso VI de Castela e de Leão é um momento essencial, pois a influência da cidade, encontro de cristãos, muçulmanos e judeus, que sustenta numerosos tradutores do grego, do hebraico ou do árabe, torna-se um dos polos do progresso intelectual da Europa cristã. Na Sicília e na Itália do Sul, a sucessão ao soberano normando por monarcas alemães (Henrique VI em 1194, depois Frederico II em 1198) reforça o peso dessa região na Cristandade e confere a Palermo um papel excepcional de capital pluricultural.

Se nos voltarmos para a Europa do Centro e do Norte, constatamos a consolidação como reino cristão da Hungria, enriquecida da Croácia que se uniu a ela. O Rei Bela II (1172-1196) conserva boas relações com os bizantinos, ao mesmo tempo em que estabiliza a fronteira do leste contra os nômades e reforça seus laços com a cristandade latina por um segundo casamento com uma filha do rei da França Luís VII. Encontra-se uma afirmação comparável como principado e reino cristão na Boêmia e na Polônia. Os duques Przemyslides, apoiando-se no imperador, afirmaram seu poder pela criação de abadias e pela prática dos apanágios na Morávia. Na Polônia, a organização da exploração econômica da monarquia dos Piasts nas aldeias especializadas permitiu garantir seu poder a Boleslau III Boca Torta (1086-1138) que submeteu a Pomerânia, fez criar os novos bispados de Wloclawek, Lubusz e Wolin. Sustentou igualmente as ordens religiosas, beneditinos e premonstratenses. Mas repartiu pelo seu testamento a Polônia em províncias atribuídas a seus filhos. Foi o começo do enfraquecimento da monarquia na Polônia. Certos historiadores julgaram que após a derrocada da União Soviética em 1989, tinha reaparecido uma Europa formada na Idade Média. É o caso do medievista húngaro Gabor Klaniczay, que contribuiu para organizar um departamento de estudos medievais na nova universidade da Europa Central. Ele introduziu um estudo comparativo da cristandade latina, grega, eslava e oriental da Idade Média e da extensão gradual da civilização europeia nesses territórios. Encontrou uma Europa Central que constitui como na Idade Média um laboratório aberto, diversificado, criador para um vasto universo sem limites para o leste, e se desenvolvendo a partir do oeste. Segundo seus próprios termos, uma verdadeira "utopia" europeia.

Do mesmo modo, ao norte, a Escandinávia se afirmava no conjunto cristão. É no fim do século XII que começa na Islândia a redação das sagas, essas epopeias tão originais que serão um dos florões da literatura cristã medieval.

A estabilidade política e administrativa não está assegurada na Escandinávia durante a Idade Média. A Dinamarca, a Noruega e a Suécia se distinguem mal umas das outras, e os dinamarqueses foram inclusive, durante um tempo, senhores da Inglaterra no começo do século XI, enquanto se esforçavam por dominar também os dois outros reinos escandinavos e a Islândia.

A metrópole religiosa foi, primeiro, o arcebispado de Lund, então dinamarquês, que, a partir de 1103-1104, exerceu a sua autoridade sobre todo o território escandinavo; mas um arcebispado nasceu em Nidaros

(Trondheim), na Noruega, em 1152. A época de Valdemar foi o período mais glorioso da Noruega (1157-1241). Na Suécia, Uppsala foi elevada à categoria de sé metropolitana em 1163-1164. O monaquismo foi implantado graças aos cistercienses. Mas a instabilidade política acentuou-se. Cinco reis foram assassinados entre 1156 e 1210. Entretanto, com a transformação da arte militar (cavalaria pesada, castelo forte), uma verdadeira nobreza se torna a classe dominante. A conversão ao cristianismo oferece possibilidades de acesso a uma cultura superior (escrita, conhecimento do latim) que será adquirida nas escolas no estrangeiro, em Hildesheim na Alemanha, em Oxford na Inglaterra e, sobretudo, em Paris. Mas os países escandinavos permanecem arcaicos e marginais na Europa.

A Europa na Cruzada

Um fenômeno espetacular, que subverteu a Europa cristã do século XI ao século XIII e ocupa ainda um lugar de escol nos manuais de história, é a Cruzada. Este termo, que não é medieval, tendo sido inventado no fim do século XV (mas cruzar-se, cruzado, existe desde o século XII), designa operações militares realizadas pelos cristãos na Palestina para arrancar dos muçulmanos o Santo Sepulcro, túmulo de Cristo em Jerusalém, e os territórios considerados os territórios originais da Cristandade. A Cruzada foi de fato considerada pelos cristãos medievais como uma reconquista ao modo da Reconquista Ibérica. De fato, Jerusalém passara da dominação romana para a dominação bizantina, a única que teve um caráter cristão, para a dominação muçulmana, sem que nunca tivesse existido uma instituição política cristã própria aos Lugares Santos da Cristandade, que eram também não só os lugares altos do judaísmo (mas a conquista romana e a diáspora judia que se seguiram reduziram a uma minoria a população judia de Jerusalém), mas também um lugar alto do islã, de onde Maomé teria voado, da cúpula do rochedo, para o paraíso. Viu-se que Jerusalém foi muito cedo para os cristãos do Ocidente o destino da peregrinação por excelência. A intervenção dos turcos na região a partir do século X foi invocada para legitimar uma mudança de atitude dos cristãos do Ocidente. Mas o essencial não está aí. A motivação religiosa e ideológica da cruzada situa-se na convergência de duas longas evoluções.

A primeira, e a mais importante sem dúvida, foi a conversão do cristianismo à guerra. O cristianismo evangélico era um pacifismo profundamente hostil à guerra, e o próprio Jesus era mais que um pacífico, era um pacifista. Uma das principais razões de perseguição dos cristãos pelos imperadores romanos foi a recusa do serviço militar pelos cristãos. Essa recusa não se explicava apenas pela vontade de não prestar juramento ao imperador, mas também pela hostilidade a derramar sangue. A atitude dos cristãos começou a mudar desde o final do século IV, quando o império se torna cristão. A partir de agora os súditos desse império cristão, e logo os cristãos, foram chamados a defender esse império. A desconfiança em relação à guerra persistiu, no entanto, por muito tempo no cristianismo. Mesmo quando houve uma evolução em relação às práticas guerreiras, o porte de armas e a efusão de sangue que resultava disso foi proibido aos bispos e, de uma maneira geral, aos clérigos. As exceções foram bastante raras. E a única que foi aceita, e até louvada pela Igreja, foi a das ordens militares que, para a defesa dos Lugares Santos cristãos e em certas ocasiões, no Ocidente, constituíram, a partir do século XII, grupos de monges cavaleiros na Península Ibérica, por exemplo, ou na Prússia e na Lituânia com os cavaleiros teutônicos. Mas a evolução mais importante foi a elaboração de uma teoria da guerra justa que, na sua essência, foi elaborada por Santo Agostinho. A guerra justa era uma guerra decidida e praticada não por um personagem individual, mas por um chefe revestido de uma autoridade suprema como fora o imperador cristão ou como se tornariam os príncipes e reis da Idade Média. A guerra, aliás, não devia ser agressiva. O cristianismo recusou sempre a noção de guerra preventiva; ela devia ser uma resposta a uma agressão ou a uma injustiça. Não devia ser travada num espírito de conquista e de butim, devia respeitar a vida dos seres desarmados (mulheres, crianças, monges, mercadores etc.). Para os cristãos a guerra foi particularmente legítima contra os pagãos e contra os muçulmanos assimilados a pagãos.

Mas é preciso ainda uma mudança importante para que a guerra justa se transforme em guerra santa. A evolução decorreu em grande parte do recurso que o papado teve para sua defesa a guerreiros como os francos que, sob Carlos Magno, protegeram-na contra os lombardos ou, no século XI, contra os normandos na Sicília. E, de maneira geral, o papado teve a tendência a transformar em guerra santa a resistência militar dos povos cristãos às agressões imperiais contra o papado. No entanto, como Paul Alphandéry e Alphonse Dupront mostraram muito bem, a imagem de Jerusalém inflamou cada vez mais a Cristandade durante o século XI. A Cristandade acabava de conhecer um progresso demográfico e econômico notável. O crescimento demográfico produziu um número importante de jovens particularmente provenientes dos meios cavaleirescos sem terras e sem mulher. Georges Duby valorizou-os de maneira notável. Por outro lado, o enriquecimento da nobreza lhe dava os meios de se armar melhor e empreender expedições militares.

Enfim, a cristianização da guerra, desde a conversão dos bárbaros, continuava; batizada, a espada podia continuar a fazer o seu trabalho com a bênção da Igreja. Paradoxalmente, a cruzada nascia em grande parte do movimento de paz que marcou o ano 1000. Primeiro, porque a guerra justa era para a Igreja uma maneira de restabelecer a justiça e a paz. Por outro lado, porque a guerra justa apareceu como um controle da violência. O controle decisivo pertence ao papado. O papado viu no desvio da força guerreira cristã contra os muçulmanos um ganho múltiplo. Era sem dúvida o ponto de chegada de uma devoção cada vez mais viva em relação a Jerusalém e a Cristo. Mas era também um meio de desviar contra os infiéis as frustrações guerreiras dos jovens e, afinal, era para o papado o meio de impor-se à frente de toda a Cristandade, sendo que a condução de uma guerra em que o religioso se misturava intimamente com o político só podia pertencer ao chefe religioso supremo a que o papa aspirava. Não é por acaso, afinal, que o papa da Cruzada, Urbano II, tenha sido um monge clunisiano. A Cruzada estava bem na perspectiva da modelagem da Cristandade pela grande comunidade clunisiana.

O papado favoreceu, pois, a emergência de uma noção de guerra santa cujo símbolo foi a cruz de fazenda sobre o peito dos cruzados. Assim a Europa cristã alcançara o islã, que, desde a origem, e desde o Corão, designara a guerra santa, a *jihad*, como uma obrigação principal dos crentes.

Não farei a história das Cruzadas. Lembrarei que a primeira conseguiu tomar Jerusalém em 1099, marcada por um terrível massacre de muçulmanos pelos cristãos, e conseguiu instaurar estados cristãos na Palestina, sendo o principal deles o reino latino de Jerusalém.

Depois da tomada de Edessa em 1144 pelos muçulmanos, uma segunda cruzada, pregada por São Bernardo, foi empreendida pelo Imperador Conrado III e pelo rei da França Luís VII, mas fracassou. Em 1187, o sultão curdo Saladino, à frente de um grande exército muçulmano, destruiu, em Hattin, o exército do rei de Jerusalém, tomou a cidade e todo o reino, exceto Tiro. Uma terceira cruzada foi empreendida pelo imperador Frederico Barba Roxa – que, tomando o caminho por terra, afogou-se acidentalmente num rio da Anatólia –, pelo rei da Inglaterra, Ricardo Coração de Leão e pelo rei da França, Filipe Augusto, que tomaram o caminho marítimo. Foi mais um fracasso, e Jerusalém foi perdida para sempre pelos cristãos.

No século XIII, o espírito de cruzada esfriou muito. O Imperador Frederico II pôs fim à sexta, em 1228-1229, por um tratado com os muçulmanos que a maioria dos europeus considerara vergonhoso. Uma recuperação anacrônica de fervor pela cruzada, combinada com um objetivo mais de conversão do que de conquista, animou duas cruzadas infelizes do rei da França Luís IX (São Luís) no Egito e na Palestina (1248-1253), e na África do Norte, onde o rei morreu diante de Cartago em 1270. As últimas fortalezas cristãs em Terra Santa caíram nas mãos dos muçulmanos, Trípoli em 1289, Acre e Tiro em 1291.

A ideia de Cruzada inspirou mais ou menos vivamente certos príncipes cristãos e certos simples cristãos até o século XV. A constituição do Império Otomano após a tomada de Constantinopla pelos turcos em 1453 mudou os dados das relações dos cristãos europeus com Jerusalém. Mas Alphonse Dupront mostrou bem como o mito de Jerusalém prosseguiu transformando-se até nossos dias, num contexto bem diferente de confronto entre americanos e integristas muçulmanos, a noção de cruzada volta infelizmente a esquentar.

O balanço histórico das Cruzadas na longa duração foi apreciado de maneira muito diversa. Até uma data recente, os historiadores ocidentais viram aí mais um fermento de união europeia e um sinal da vitalidade do Ocidente Medieval. Esta concepção se atenua cada vez mais. Jean Flori destacou muito bem o que chamou de "paradoxos da cruzada".

Primeiro paradoxo: "As cruzadas são feitas pelos cristãos em nome de uma religião, que inicialmente pretendia ser pacífica, contra os muçulmanos fiéis de uma religião que, ao contrário, desde a origem incorporara o *jihad* à sua doutrina enquanto praticavam, nas terras conquistadas, uma tolerância muito ampla".

Segundo paradoxo: "As Cruzadas são o resultado de um movimento demasiadamente vasto de reconquista cristã que, iniciada na Espanha, tem aí os primeiros traços de guerra santa antes de ampliá-los quando essa reconquista toma por objetivo Jerusalém e o sepulcro de Cristo. Ora, essa reconquista tem pleno êxito no Ocidente, mas fracassa no Oriente Próximo onde suscita um contra-ataque muçulmano que levará à tomada de Constantinopla em 1453 e à ameaça otomana sobre a Europa Oriental".

Terceiro paradoxo: "Na origem, as Cruzadas tinham por meta socorrer os cristãos do Oriente, berço do cristianismo, e ajudar o Império Bizantino a reconquistar os territórios invadidos pelos muçulmanos, numa perspectiva de união das igrejas. Ora, as cruzadas acentuaram e selaram a desunião".

Quarto paradoxo: "A Cruzada pregada por Urbano II apresenta-se como uma guerra de libertação da Palestina e uma peregrinação ao Santo Sepulcro. Ora, essa luta foi desviada em proveito de numerosos combates da Igreja ou mais exatamente do papado, não somente contra seus inimigos exteriores, mas também interiores, a saber, hereges, cismáticos, e rivais políticos".

Não me parece que as Cruzadas apenas agravaram as relações da Europa cristã com o islã e com Bizâncio. Hoje os muçulmanos, que não precisam ter inveja dos cristãos em matéria de guerra santa, destacam a lembrança da agressão que as Cruzadas representaram como uma queixa histórica contra os cristãos. Parece-me, além desse conflito, que as Cruzadas marcam o fim de uma ilusão da cristandade europeia, a ideia de que a capital da Cristandade está em Jerusalém. Neste aspecto, o fracasso das Cruzadas foi uma condição muito favorável para a unidade da Europa. Garante a adequação entre a Europa e a Cristandade por longo tempo. Quanto a Bizâncio, é verdade que as Cruzadas aumentaram o fosso entre Europa Ocidental e Europa Oriental, Europa Latina e Europa Grega, sobretudo a partir de 1204, quando a quarta cruzada desviou-se de sua meta palestina para ir conquistar e pilhar Constantinopla e instaurar aí um efêmero império latino. Parece-me que o caráter negativo da influência das Cruzadas é igualmente verdadeiro para a própria Europa, para o Ocidente. Longe de favorecer uma união dos estados cristãos, a cruzada avivou a sua rivalidade. Vê-se isto entre a França e a Inglaterra. Vê-se também como as forças vivas da Europa, os mercadores italianos e catalãos, tomam parte apenas marginalmente nessas Cruzadas, levando ao lado delas e fora delas suas vantagens econômicas no Oriente. Em compensação, a Cruzada empobreceu a Europa em homens e em recursos. Escrevi, faz tempo, que o damasco me pareceu ser o único ganho das Cruzadas para o Ocidente, e ainda penso assim.

A Cruzada, primeira manifestação da colonização europeia?

Na perspectiva da longa duração, que é a deste livro, é preciso lembrar uma questão importante. A criação, por intermédio da Cruzada, dos estados latinos e particularmente de um reino latino de Jerusalém no Oriente Próximo é a primeira manifestação do que será, incontestavelmente, a partir do século XVI, a colonização europeia? Excelentes historiadores pensaram assim, particularmente o historiador israelense Josuah Prawer. Não creio nisso. Os estados latinos da Palestina foram apenas de maneira muito limitada colônias de exploração econômica e de povoação. O poder econômico das cidades cristãs mediterrâneas não se constituiu através das Cruzadas, mas mais em geral por uma tomada relativamente pacífica das riquezas bizantinas e muçulmanas. A imigração cristã para o Oriente Próximo foi fraca. E se, na época colonial moderna, viram-se os laços entre colônias e metrópoles muitas vezes se desfazer e às vezes até romper-se, nunca existiram tais laços entre os estados da Terra Santa e os estados cristãos da Europa. Os fundamentos efêmeros da Cruzada são fenômenos medievais.

V

A "bela" Europa das cidades e das universidades, século XIII

Os êxitos da Europa do século XIII

O século XIII é considerado como o apogeu do Ocidente Medieval. Sem sacrificar a essa problemática contestável, de apogeu ou de decadência, é preciso dizer que o século XIII foi o século em que se afirmaram a personalidade e a força nova da Cristandade realizadas durante os séculos precedentes. É também o momento em que se impõe um modelo que pode ser chamado, numa perspectiva de longa duração, de europeu. Ele tem os seus sucessos e os seus problemas. Os êxitos aparecem em quatro campos principais. O primeiro é o do crescimento urbano. Se durante a Alta Idade Média vimos realizar-se uma Europa rural, no século XIII se impõe uma Europa urbana. A Europa incarnar-se-á essencialmente nas cidades. É aí que acontecerão as principais misturas de população, que se afirmarão novas instituições, que aparecerão novos centros econômicos e intelectuais. O segundo êxito é o da renovação do comércio e da promoção dos mercadores, com todos os problemas levantados pela difusão do uso do dinheiro na economia e na sociedade. O terceiro êxito é o do saber. Atinge um número crescente de cristãos pela criação de escolas urbanas, o que corresponde ao que chamaríamos de ensino primário e secundário. A importância dessa atividade escolar varia segundo as regiões e as cidades, mas atinge, frequentemente, 60% das crianças das cidades, ou até mais. E em certas cidades, como em Reims, por exemplo, atinge também as meninas. Mas se notará, sobretudo, para a nossa finalidade, a criação e o sucesso rápido de centros que diríamos de ensino superior, as universidades. Elas atraem numerosos estudantes; apelam para mestres muitas vezes renomados e até ilustres; é lá que se elabora um novo saber, resultado das pesquisas do século XII, a escolástica. Finalmente, o quarto acontecimento, que sustenta e alimenta os três outros. Trata-se da criação e extraordinária difusão, em cerca de trina anos, de novos religiosos que residem na cidade e são ativos sobretudo no meio urbano, os frades das ordens mendicantes, que formam a nova sociedade e remodelam profundamente o cristianismo que ela professa.

1 O êxito urbano: a Europa dos cidadãos

Já vimos que a cidade medieval, mesmo se ela continua no mesmo lugar de uma cidade antiga, muda profundamente de figura e, mais ainda, de função. A cidade medieval tem só secundariamente uma função militar. Os negócios da guerra cabem principalmente aos castelos senhoriais. Ela afirma uma função econômica muito menos importante na Antiguidade, pois as cidades eram menos populosas, exceto Roma e algumas cidades orientais. As cidades antigas não eram os centros de consumo muito importantes que se tornaram na Idade Média. Mas elas são também centros de troca por causa da urbanização dos mercados e das feiras. A cidade medieval é policêntrica, mas o mercado é em geral o seu centro mais visível e mais importante. Finalmente, e isto é também uma novidade, em vez das oficinas dos grandes domínios antigos, são as lojas dos artesãos que conferem à cidade medieval um papel importante de produção. A persistência da toponímia das ruas das cidades atuais, como a Rua dos Curtidores, Rua dos Roupeiros, evoca essas atividades medievais. No entanto, a cidade medieval conserva, e até reforça, uma mentalidade urbana que é uma parte importante da sua originalidade e do seu poder. A oposição cidade/campo, que equivale mais ou menos à civilização/barbárie, já era forte no mundo romano. É mais forte ainda na Idade Média, quando se sabe que a massa camponesa era formada, em toda a Cristandade, por pessoas que eram chamadas de "vilãs", e que durante muito tempo conservaram um *status* de "não livres", de escravos, depois, de servos, ao passo que citadinos e livres coincidiam. Um provérbio alemão, que apareceu, aliás, na Idade Média, diz que "o ar da cidade liberta" (*Stadtluft macht frei*).

O cristianismo, aliás, retomou e reforçou uma concepção antiga da cidade proveniente de Aristóteles e de Cícero. Para eles, o que define, o que constitui a cidade não são os muros, são os homens, as pessoas que a habitam. Esta concepção se espalhará muito na Idade Média graças ao testemunho de grandes mentes muito influentes, a saber, Agostinho, depois Isidoro de Sevilha. Ela é encontrada numa admirável série de sermões pregados em Augsburgo, em meados do século XIII pelo dominicano Alberto Magno, em latim e em alemão, sermões que propõem uma espécie de teologia e de espiritualidade da cidade segundo a qual as ruas estreitas e sombrias são comparadas ao inferno e os amplos palácios, ao paraíso. Assim se vê que, no século XIII, a mentalidade urbana integrava uma visão urbanística.

De fato, ao passo que as estradas medievais tinham perdido a solidez das estradas antigas e tinham se tornado simplesmente "o lugar por onde se passa", as cidades, a partir do século XII, se preocuparam com a limpeza, foram cada vez mais pavimentadas, regulamentaram a eliminação do lixo e das águas usadas, ornaram- se de monumentos que não tinham apenas a finalidade de impor a imagem do poder dos poderosos, mas que obedeciam também a objetivos de beleza. Na Idade Média, a cidade é um dos principais domínios onde se forjou a ideia de beleza, uma beleza moderna, diferente da beleza antiga que desaparecera mais ou menos no declínio da estética. Umberto Eco mostrou bem essa emergência de uma beleza medieval incarnada nos monumentos e teorizada pela escolástica urbana.

Melhor do que nunca, a cidade europeia pôde ser definida pelo historiador ítalo-americano Roberto Lopez como um "estado de alma". Aqui é preciso falar também de uma imagem da cidade na qual se encarnavam na Idade Média ao mesmo tempo realidades materiais e representações mentais. Trata-se das muralhas. A Antiguidade legara à cidade medieval as muralhas frequentemente altas, como em Roma no século III, para defender-se contra as invasões bárbaras. Mas a maioria dessas muralhas estava mais ou menos em ruína. Os homens da Idade Média repararam ou, mais frequentemente, ergueram novas muralhas, não apenas como proteção, mas, sobretudo, porque a muralha era o símbolo por excelência da cidade. Uma verdadeira cidade devia estar cercada de muralhas. Quando as cidades obtiveram uma personalidade jurídica e passaram a usar selo, a muralha será muitas vezes o sinal representado no selo. A importância conferida à muralha provocará um interesse particular pelas portas. Elas foram os lugares de passagem de pessoas, animais e mercadorias, materializando uma dialética do interior e do exterior, que foi essencial para a Idade Média cristã e que deixou um traço profundo em toda a Europa. Ao mesmo tempo territorialmente, socialmente e espiritualmente, o interior foi privilegiado pela relação com o exterior. "Interiorizar" se torna uma tradição, um valor da Europa.

Cidades episcopais – O primeiro tipo de cidade que se impôs na Europa Medieval foi a cidade episcopal. A presença de um bispo foi inclusive o sinal urbano por excelência, pois o bispo era o chefe obrigatório de todo grupo humano de uma certa importância, e o responsável pelos ritos da nova religião que eram essencialmente feitos nas igrejas, dentro das cidades. Esta constituição de uma população urbana de cristãos, de fiéis, tomou um aspecto particularmente revolucionário e espetacular pela urbanização dos mortos. O cadáver não era mais, como para os antigos, um objeto de horror; o cristianismo repatriou na cidade os cemitérios e fundou novos. A cidade dos mortos situou-se dentro da cidade dos vivos.

As "grandes" cidades – Por volta de meados do século XIII, o progresso urbano vive a multiplicação de cidades pequenas e médias e o crescimento de um pequeno número de grandes cidades. Não devemos imaginar as cidades da Europa Latina na Idade Média sobre o modelo das metrópoles modernas ou das grandes cidades do Oriente bizantino ou muçulmano. Uma cidade importante no Ocidente tinha de 10.000 a 20.000 habitantes. Palermo e Barcelona sobressaíam do comum, com cerca de 50.000 habitantes. Londres, Gand, Gênova e, em território muçulmano, Córdoba, com cerca de 60.000 habitantes. Bolonha tinha sem dúvida entre 60.000 e 70.000 habitantes, Milão 75.000. Só Florença e Veneza atingiam e, talvez, ultrapassavam 100.000 habitantes; e a maior cidade foi incontestavelmente Paris, pois foi demonstrado que ela continha, sem dúvida, 200.000 habitantes por volta do ano 1300.

A literatura urbana – Esse sucesso e esse prestígio das cidades alimentaram uma literatura que teve também, nos limites da circulação dos manuscritos, um grande sucesso. Foram as crônicas urbanas, os louvores das cidades. Numa época em que não havia nem montanhas nem praias para admirar, e em que a própria noção de paisagem não existia, o que a geografia oferecia à admiração dos europeus da Idade Média foram as cidades. A admiração pelas cidades levava em consideração a sua população numerosa, suas atividades econômicas importantes, a beleza de seus monumentos, a diversidade dos ofícios, a difusão da cultura, o número e a beleza das igrejas, a fertilidade do território, pois a cidade era o centro dominador da zona rural; e, enfim, a evocação de um passado muitas vezes lendário, de mitos de fundação e de heróis fundadores como era conhecido na Antiguidade, que neste ponto a Idade Média renovava. A cidade foi um dos caminhos pelos quais se esboçou um sentido da história, uma historiografia europeia. Com as abadias, a cidade foi o principal assunto de uma historiografia balbuciante. Desses louvores de cidades, o mais notável, o mais exemplar foi, sem dúvida, o tratado (em latim) das "Maravilhas (*magnalia* – coisas grandes) da cidade de Milão" do pedagogo milanês Bonvesin de La Riva (1288).

As capitais – Além de uma classificação por importância demográfica, as cidades constituíram uma hierarquia definida pela política. Dois tipos de cidades se afirmaram deste ponto de vista. O primeiro foi o das capitais, residências de uma entidade política superior. Muito poucas cidades atingiram, na Idade Média, o *status* de capital. Além disso, a noção de capital era diferente na época medieval e na época moderna. Tomemos o caso de Londres. A excelente obra de G.A. Williams (1963), que fala de Londres na Idade Média, tem como subtítulo *De comuna a capital*. Entretanto, os medievais consideravam apenas a *City of Westminster* como sede da capital. O caso de Roma é diferente e mais espantoso. Embora Roma tenha sido a sede normal do papado, e o papa tenha sido muitas vezes perseguido pelos romanos, e sua sede em Roma tenha sido o Vaticano, e a cidade leonina estivesse cercada de muros que Leão IV mandou erigir no século IX, Roma não foi chamada na Idade Média de *caput mundi* – quer dizer, capital – senão no uso da chancelaria imperial, visto que Roma, onde devia ser coroado o imperador, continuava a capital do Império e também da Cristandade. Paris teve o êxito principal; mas Paris só deveu o seu sucesso à ação paciente da dinastia capetíngia a partir de 987, e, sobretudo, graças à propaganda da abadia real de Saint-Denis, necrópole dos reis de França. As crônicas de Saint-Denis, matrizes do espírito nacional francês, também deram o título de capital tanto à própria Saint-Denis como a Paris. Na realidade, a capital foi o par Paris-Saint-Denis. As capitais da Europa não são realidades medievais, salvo exceção. E a própria Cristandade não teve verdadeiramente uma capital, nem mesmo Roma.

As cidades-estado – O outro tipo de cidade evoluída foi o caso de cidades que se ampliaram até formar estados. Foi o caso, essencialmente, da Itália. Yves Renouard distinguiu três fases na evolução das cidades italianas do século X ao século XIV. Primeiro houve o estabelecimento de uma comuna aristocrática, que se apossou do poder em detrimento do conde e do bispo, depois o recurso – face às divisões em facções da aristocracia no poder (a principal oposição foi a bem conhecida entre os guelfos e os gibelinos) – a um estrangeiro dotado de poderes limitados, o podestá. Enfim, o governo dos ofícios e corporações da elite mercantil e artesanal, o "povo graúdo", que se chocou com a contestação crescente do povo miúdo. Por toda parte, particularmente em Gênova, Milão, Florença, Veneza e até em Roma o poder se manifestou por uma luta incessante entre clãs, entre grandes famílias. Sobretudo, a política dessas grandes famílias e dos conselhos que elas dominavam levou à transformação dos territórios que cercavam essas cidades em possessões dominadas. É o começo da evolução dessas cidades em cidades-estado. Os exemplos melhores foram Veneza, Milão e Florença. Mas a Itália urbana foi, na Europa Medieval das cidades, um caso limite e uma exceção. Na Itália, por exemplo, os nobres residem nas cidades, ao passo que no resto da Europa eles moram em castelos no campo, mesmo quando têm, os mais ricos, uma residência secundária na cidade.

Cidades e feudalidade – Muitas vezes se opôs o fenômeno urbano medieval ao fenômeno feudal, e viu-se na cidade medieval um fermento destruidor da feudalidade, um elemento estranho e hostil à feudalidade. Entre outros, Rodney Hilton mostrou muito bem, para a França e para a Inglaterra, como as cidades medievais não só concordavam com as estruturas feudais gerais, mas faziam parte delas. De fato, é preciso ter bem presente que aquilo que a Idade Média legou à Europa, ainda que o sistema feudal tenha sido, em sua essência, arruinado pela Revolução

Francesa, foi uma economia e uma sociedade fundadas em relações cidade-campo segundo as quais, mais que antagonismo cultural, foi a complementaridade e a exploração da zona rural pelas cidades que triunfou. As cidades se desenvolveram graças à imigração de um certo número de camponeses. As cidades medievais são habitadas por camponeses mais ou menos recentes. O desenvolvimento da atividade artesanal e econômica das cidades é alimentado pelos excessos agrícolas. O governo da cidade evolui de uma situação de tipo propriamente senhorial a novas formas de governo que se integram nas estruturas feudais.

A *personalidade da cidade europeia*

O que caracteriza a cidade medieval e que será encontrado na Europa moderna é, sobretudo, a constituição de um tipo de sociedade e de governo que, ao mesmo tempo em que se acomoda às estruturas feudais, manifesta notáveis diferenças e sofre uma evolução específica. O ponto de partida dessa evolução situa-se no século XI e levou ao fim, ou pelo menos ao limite considerável, a dominação da cidade pelos bispos, que tinham açambarcado funções civis, e pelos condes, que tinham sido mais ou menos estabelecidos pelos imperadores. Muitas vezes, aliás, os próprios bispos exerciam oficialmente as funções de conde. Na sua maioria, as revoltas foram pacíficas, mas, em alguns casos, ocorreram por violência, como no assassinato que o populacho revoltado cometeu do conde-bispo de Laon em 1116. Na maioria das vezes, os senhores concederam aos cidadãos privilégios sob a forma de costumes [leis consuetudinárias] e de franquias. Esses cidadãos muitas vezes reclamaram, mas nem sempre obtiveram, uma forma de autogoverno chamada *comuna*. A historiografia tradicional instalou o mito de um movimento comunal, ao passo que, salvo na Itália, essa obtenção de quase independência por parte de cidadãos foi rara. Em compensação, os "costumes" de Lorris, em 1155, serviram de modelo a numerosas cidades do domínio real francês. O conde de Toulouse [Tolosa] concedeu "liberdades" aos toulousianos em 1147, e a eleição de cônsules em Nîmois em 1198; o arcebispo de Arles aceitou um consulado e uma constituição municipal na cidade em 1142 e 1155; na Inglaterra, Henrique I concedeu costumes a Newcaste-upon-Tyne entre 1100 e 1135; Henrique II deu um privilégio real a Londres em 1155 e uma carta a Dublin em 1171-1172; na Itália, o Imperador Frederico Barba Ruiva, vencido pelas cidades da Liga Lombarda, teve de reconhecer a liberdade deles na paz de Constança em 1183. O rei de Aragão concedeu aos habitantes de Barcelona a isenção de todas as taxas sobre as mercadorias em 1232.

Esse governo dos cidadãos por eles mesmos deixou, entre outros, dois traços profundos de longa duração nas cidades europeias. O primeiro traço é o recurso a *juristas*, a homens da lei, sendo que a maioria deles não tem uma cultura jurídica importante, que só será adquirida mais tarde, nas universidades, mas recebeu uma formação ao mesmo tempo teórica e prática nas escolas urbanas muito próximas dos problemas cotidianos dos habitantes da cidade. Certamente, esse movimento criará uma Europa da querela e da burocracia. Mas fará passar para os costumes as aplicações do grande movimento jurídico que subverteu o direito na Cristandade nos séculos XII e XIII por uma combinação de renovação do direito romano, de elaboração do direito canônico (reservando para si importantes domínios da usura e do matrimônio) e de pôr por escrito costumes feudais orais.

O segundo traço é o do *imposto*. As taxas cobradas dos homens e das mulheres, na Idade Média, são de natureza diferente. Há taxas também para os camponeses. São imposições propriamente feudais. Haverá, mas aparecem apenas durante o século XIII, os impostos cobrados pelas monarquias que estão se constituindo em estados modernos; e esses impostos reais, hoje diríamos estatais, fizeram surgir entre os habitantes das cidades oposições ferozes que não desapareceram hoje em dia. Enfim, a camada mais importante de imposições foi a dos impostos instituídos e cobrados pelas cidades entre os quais os principais foram as *talhas*. É essencialmente na cidade que se constituiu uma Europa do imposto. Esse imposto era destinado a financiar obras que chamaríamos de utilidade pública e que, de fato, no século XIII remetiam às doutrinas escolásticas que defendiam a busca do bem comum. Infelizmente, esse mundo do imposto foi também, muito cedo, o da desigualdade e da injustiça.

A época da igualdade dos cidadãos ligados por um juramento entre iguais, o que deveria ser exatamente o juramento da comuna, supondo que existisse, durou pouco tempo. Dificuldades maiores ou menores marcaram rapidamente a sociedade urbana mais ou menos autônoma.

Formou-se, então, o que chamamos hoje de notáveis ou elites urbanas. Os membros dessas elites distinguiam-se cada vez mais pela fortuna. Essa fortuna era constituída por bens móveis e imóveis, pelo dinheiro líquido ou, a exemplo das igrejas, investida nas obras de metal preciosos. A hierarquia urbana leva em consideração também a Antiguidade e a notoriedade familiar. Sem serem de linhagem senhorial, as elites se constituíram de genealogias burguesas, e cidadãos de poucos recursos, mas descendentes de um ancestral que tivesse deixado nome e reputação, podiam ser membros dessas elites. Enfim, certos ofícios, além mesmo dos lucros que podiam dar aos que os praticavam, valiam a eles consideração. Ao lado do dinheiro dos negócios, a honra de uma profissão podia ser o fundamento de uma distinção no seio da sociedade urbana. Essa notabilidade podia resultar particularmente de um saber jurídico e de funções que o punham ao serviço da cidade e dos burgueses. Nesse mundo de profissões fundadas numa atividade artesanal ou comercial ou numa prática jurídica, o antigo sistema de valores dos ofícios evoluiu de maneira significativa. O número de ofícios considerados ilícitos, e por este motivo condenados pela Igreja, diminuiu. Assim, o ofício de taberneiro, considerado como vil desde a Antiguidade, foi reabilitado. Restaram finalmente apenas a usura e a prostituição a serem absolutamente condenadas; a usura ainda, como se verá, reduziu-se rapidamente a práticas limitadas e de importância secundária, como o empréstimo para o consumo essencialmente praticado pelos judeus. Até a prostituição foi tolerada, quando não encorajada.

A Igreja admitia a prostituição como resultando do pecado original e da fraqueza da carne humana. Ademais, aquilo que Georges Duby chamou de a "Idade Média Masculina" estava menos chocado que outras sociedades por uma prática que funcionava em benefício dos homens e em detrimento das mulheres. O piedoso e rigorista São Luís quis banir a prostituição de seu reino e particularmente de sua capital, Paris, no século XIII. O grupo mais chegado a ele, inclusive o bispo de Paris, fez com que compreendesse que isso não só seria uma iniciativa vã, mas contrária à ordem social. A prostituição foi um meio de controlar os excessos de um mundo em que os celibatários eram numerosos, clérigos ou jovens privados de mulher. Todavia, a Igreja se esforçou por humanizar e evangelizar o mundo das prostitutas idosas ou arrependidas. A partir do século XII, casar com uma prostituída tornou-se uma obra meritória. A Igreja fundou a ordem feminina de Maria Madalena, cujos mosteiros acolheram as prostituídas. Com respeito à prostituição, parece que os comportamentos foram diferentes entre a Europa do Norte e a Europa Meridional. Nas cidades do Norte, parece ter havido uma tolerância bastante grande em relação às prostitutas. Mas em certas cidades, foi imposto que usassem roupas especiais e proibiu-se usar os mesmos cintos e as mesmas joias que as burguesas. Na cristandade meridional, a tolerância foi ainda maior, pois havia lupanares mantidos pelas municipalidades, que lucravam com aluguéis, rendas e multas. Com o crescimento do artesanato, a multiplicação de "operários" pobres fez crescer a prostituição. Certos ofícios, sem serem taxados de ilícitos, foram suspeitos, particularmente o serviço em termas, casas de banho, que respondiam à preocupação dos medievais apaixonados por limpeza, mas que empregavam mulheres que, como hoje as massagistas em certos países, eram também prostitutas. O movimento de tolerância, ligado à evolução das sociedades urbanas, levou alguns canonistas do século XIII a legitimar a prostituição em certas condições. Ela devia ser praticada por motivos de pobreza e como meio de existência e não por prazer. As moças não deviam recorrer ao engano graças, por exemplo, a uma maquilagem exagerada. A prostituição entrava cada vez mais na regulamentação habitual dos ofícios. Assim nasceu uma Europa da prostituição sempre em questão hoje.

A hierarquia dos ofícios urbanos

A desigualdade dentro da sociedade urbana apareceu sobretudo no campo dos ofícios que pouco a pouco assumiram o essencial do poder na cidade. Na Itália, onde a organização profissional foi mais forte, houve uma clivagem importante entre as "artes maiores" e as "artes menores" (em latim, *ars* designava um ofício). Em Florença, onde o sistema esteve mais aperfeiçoado, foram distinguidos não só 11 ofícios maiores, que agrupavam os mercadores ricos, e mais numerosas artes menores formadas pelos artesãos, mas a preeminência é reservada às 5 primeiras das 11 artes maiores, que compreendiam só homens de negócios com raio de ação internacional: as artes de Calimala, quer dizer, dos grandes importadores-exportadores, do câmbio, da lã, de Por Santa Maria, ou seja, da seda, dos médicos, especieiros e merceeiros reunidos numa única "arte", que fazia o comércio de todos os produtos chamados especiarias, das quais um manual da época enumera 288 espécies diferentes. As elites urbanas formaram o que foi chamado por um termo contestado de "patriciado". É certo que os mais ricos e mais poderosos desses notáveis dominaram as cidades medievais, e foram mercadores. No entanto, não se deve esquecer que na origem da fortuna das cidades medievais não esteve o comércio, mas a indústria. O fenômeno é particularmente claro em outra região da Europa, que foi com a Itália do Norte e do Centro o grande território do desenvolvimento urbano medieval, Flandres. Colocando a questão "mercadores ou tecelões?", o historiador belga Charles Verlinden afirmou com justeza: "A indústria é a causa primeira da transformação demográfica do que o nascimento e o desenvolvimento das cidades flamengas são a consequência. Aí o comércio nasceu da indústria, e não o contrário".

A indústria é a indústria da tecelagem. Uma Europa do têxtil gerou uma Europa de mercadores. Mas, antes de falar dos mercadores, é preciso avaliar melhor a cidade medieval, que foi o ator essencial da dinâmica da Europa.

A cidade europeia, Jerusalém ou Babilônia?

O imaginário, que desempenha sempre sob a forma simbólica um papel essencial na Idade Média, está no interior do imaginário bíblico onde se travou, no século XII, a luta pró ou contra a cidade. Duas declarações exemplares podem resumi-la. Quando o mundo dos mestres e dos estudantes, de que se falará mais adiante, povoou cada vez mais Paris, São Bernardo, campeão da cultura monástica na solidão, foi a Paris para gritar aos mestres e aos estudantes, sobre a montanha de Santa Genoveva: "Fugi do meio da Babilônia, fugi e salvai vossas almas, fugi todos juntos para as cidades de refúgio, ou seja, os mosteiros". Em compensação, algumas décadas mais tarde, o Abade Filipe de Harvengt escreveu a um jovem discípulo: "Impelido pelo amor da ciência, eis que estás em Paris e encontraste essa Jerusalém que tantos desejam". No século XIII, a cidade de Jerusalém rechaçou a cidade da Babilônia, ainda que no fim da Idade Média as taras urbanas aparecessem.

Cidade e democracia?

Entre esses defeitos, a desigualdade social é um dos mais visíveis. Ao povo "graúdo", o dos mercadores e dos membros das artes maiores, opõe-se o povo dos "miúdos". Os "graúdos" constituem os conselhos que governam a cidade sob a direção de cônsules, na Europa Meridional, e de almotacéis*, na Europa Setentrional. No entanto, a cidade medieval não é só um centro de impulso econômico que, por seu artesanato, seus mercados e suas bancas de cambistas que se tornarão banqueiros, anima o desenvolvimento econômico da Europa, mas, do ponto de vista social, esboça um modelo de democracia, apesar do crescimento dos pequenos e, sobretudo, dos pobres, cujo número não cessa de crescer. Como bem disse Roberto Lopez, comparando a cidade medieval europeia com a cidade bizantina, prolongamento da cidade antiga, com a cidade muçulmana, que nunca conseguiu encontrar unidade frente à *umma*, a comunidade dos fiéis que ia além das cidades, frente à cidade chinesa, que não tem centro, personalidade, nem autonomia, "a experiência urbana europeia foi, no conjunto, mais intensa, mais diversificada, mais revolucionária e, ousamos dizer, mais democrática que em qualquer outra parte". Essa cidade europeia foi a marca do progresso histórico em toda a Europa. O nascimento e o desenvolvimento de cidades a partir dos núcleos urbanos ligados seja ao poder senhorial (burgos), seja a uma atividade comercial primitiva (o modelo é o *grod* na Polônia e nos países eslavos). Espalharam-se por toda a cristandade europeia e foram sua marca e motor. Isto é verdadeiro para os países celtas, os países germânicos, os países escandinavos, os países húngaros, os países eslavos. E o peso desses territórios, pouco a pouco integrados na Europa, dependeu em grande parte do peso das cidades. A urbanização foi menos poderosa, as grandes cidades foram menos numerosas e menos fortes quando se ia para o leste e o norte da Europa, mas a urbanização como fenômeno de crescimento e de poder realizou-se por toda parte. Só a Islândia e a Frísia escaparam a essa floração urbana.

---

* Almotacel era, no Antigo Regime (até 1789), o magistrado nas cidades do norte da França que auxiliava o chefe municipal. Na Bélgica e nos Países Baixos, era o magistrado adjunto aos burgomestres. Em francês é "échevin" [N.T.].

Definição da cidade e do cidadão na Europa Medieval

Tomarei emprestado de dois historiadores franceses uma definição da cidade europeia medieval e do cidadão medieval.

Segundo Jacques Rossiaud, "a cidade medieval é, em primeiro lugar, uma sociedade abundante, concentrada no pequeno espaço no meio de vastas extensões fracamente povoadas. Em seguida, é um lugar de produção e de trocas, onde se misturam o artesanato e o comércio alimentados por uma economia monetária. É também o centro de um sistema de valores particular de onde emergem a prática laboriosa e criadora do trabalho, o gosto pelo negócio e pelo dinheiro, o pendor para o luxo, o sentido da beleza. É ainda um sistema de organização de um espaço fechado entre muralhas onde se penetra por portas e se caminha por ruas e praças e que está eriçado de torres. Mas é também um organismo social e político baseado na vizinhança, onde os mais ricos não se constituem em hierarquia, mas formam um grupo de iguais – sentados lado a lado – governando uma massa unânime e solidária. Frente ao tempo tradicional, enquadrado e escandido pelos sinos regulares da Igreja, essa sociedade leiga urbana conquistou um tempo comunitário, que sinos leigos marcam na irregularidade dos chamados à revolta, à defesa, à ajuda".

Acrescentarei que, mais que urbanismo, preferirei falar de uma estética urbana medieval, de uma construção da cidade como obra de arte.

Esta imagem da cidade medieval é sem dúvida um pouco idealizada quanto à visão de uma sociedade igualitária. Viu-se formar-se uma elite dominante que institui a injustiça, sobretudo no domínio fiscal, e que esmaga uma massa, sem cessar crescente, de pobres. É a Europa da miséria urbana. Mas é verdade que o modelo burguês é – no ideal – igualitário e visa, em todo caso, a uma hierarquia horizontal e não vertical, como na sociedade rural e senhorial. Nesse mundo, só o mito da Távola Redonda fez sonhar num grupo de iguais em torno de uma mesa que abole as hierarquias, com a exceção de um chefe, o Rei Artur. Mas é um sonho de igualdade aristocrática. A igualdade burguesa é um princípio violado na realidade, mas é o fundamento teórico de uma igualdade que leva ao único modelo medieval igualitário, ou seja, a comunidade monástica onde cada monge, no capítulo, tem uma voz igual, materializada por uma fava branca ou preta para o sim ou para o não.

É a Jacques Rossiaud ainda e a Maurice Lombard que peço um retrato do cidadão.

Se há "um homem medieval", um de seus principais tipos é o cidadão. "O que há em comum – pergunta-se Rossiaud – entre o mendigo e o burguês, o cônego e a prostituta, todos cidadãos? Entre o habitante de Florença e o de Montbrison? Entre os neocidadãos dos primeiros crescimentos e o seu descendente do século XV? Se as suas condições são dessemelhantes, como suas mentalidades, o cônego cruza forçosamente com a prostituta, o mendigo e o burguês. Uns e outros não podem ignorar-se e se integram num mesmo pequeno universo de povoação densa que impõe formas de sociabilidade desconhecidas na aldeia, uma maneira de viver específica, o uso cotidiano de dinheiro (moeda) e, para alguns, uma abertura obrigatória ao mundo".

Maurice Lombard vê também nesse mercador cidadão medieval "um homem da rede que liga os diferentes centros entre eles, um homem aberto para o exterior, receptivo às influências que vêm pelas estradas que chegam até sua cidade e que vêm de outras cidades, um homem que, graças a essa abertura e a essas contribuições contínuas, cria ou, pelo menos, desenvolve, enriquece suas funções psicológicas e num certo sentido toma, por confronto, consciência mais clara de seu eu".

O cidadão é o beneficiário de uma cultura comunitária forjada pela escola, pela praça pública, pela taberna, pelo teatro (primeiro renascendo nos mosteiros e nas igrejas, depois, a partir do século XIII, nas praças das cidades, como *Le Jeu de la Feuillée* de Adam de La Halle representado em Arras em 1228) e a pregação.

A cidade contribuiu também para a emancipação do casal e do indivíduo. A estrutura familiar evolui aí em função da evolução do dote que, no meio urbano, constitui-se essencialmente de bens móveis e de dinheiro. A cidade é uma pessoa, formada de pessoas que ela molda. A Europa urbana guarda ainda muitos traços fundamentais.

2 O êxito comercial: a Europa dos mercadores

O século XIII é o século das cidades e também, por outro lado, de uma maneira estreitamente ligada ao desenvolvimento urbano, o século do despertar e do progresso comercial.

Mercador italiano e mercador hanseático – A retomada e o desenvolvimento do grande comércio nos séculos XII e XIII estão inseridos no que se chamou, não sem exagero, de "revolução comercial". Uma paz relativa se estabeleceu na Cristandade. Depois do episódio militar das Cruzadas, que é apenas uma fachada épica para o exterior da Europa, na Cristandade se intensifica um comércio pacífico. Individualizam-se três grandes focos em que a atividade comercial da Europa tende a concentrar-se. Sendo os dois polos do comércio internacional o Mediterrâneo e o Norte, os avanços da Cristandade em direção a esses dois centros de atração, muçulmano ao sul, eslavo-escandinavo ao norte, que se constituem em duas franjas fronteiriças de poderosas cidades comerciais. Na Itália e, em grau menor, na Provença e na Espanha, na Alemanha do Norte. Daí essa predominância de dois mercados, o italiano e o hanseático. Mas entre esses dois domínios se estabelece uma zona de contatos cuja originalidade é que a sua função de trocas, entre as duas áreas comerciais, ela acrescenta bem cedo uma função produtora industrial. É a Europa do Noroeste: Inglaterra do Sudeste, Normandia, Flandre, Champagne, região do Mosela e a baixa Renânia. É o grande centro da produção e comercialização de tecidos, a única região da Europa Medieval com a Itália do Norte e do Centro para a qual se pode falar de indústria.

O mercador europeu itinerante – O mercador europeu medieval é, antes de tudo, um mercador itinerante, prejudicado pelo mau estado das estradas, pela falta de meios de transporte das mercadorias, pela insegurança, e mais ainda, talvez, pelas taxas, pelos direitos, pelos pedágios de todo tipo cobrados por inumeráveis senhores, cidades, comunidades, pela passagem de uma ponte, de um vau ou pelo simples trânsito por suas terras. O único progresso notável desse comércio terrestre nos séculos XII-XIII é a construção de numerosas pontes sobre os rios. Uma realização particularmente importante e audaciosa foi a construção, em 1237, da primeira ponte suspensa que abriu o caminho mais curto entre a Alemanha e a Itália. Mas as vias comerciais preferidas foram as vias aquáticas, fluviais e marítimas. As duas vias fluviais mais importantes foram as do Pó e seus afluentes e a via rodaniana prolongada em direção ao Mosela e ao Meuse. Enfim, o emaranhado de riachos flamengos completado, a partir do século XII, por uma rede artificial de canais ou *vaarten* e de barragens-eclusa ou *overdraghes*, é para a revolução comercial do século XIII o que será para a Revolução Industrial do século XVIII a rede de canais ingleses. O transporte medieval essencial foi o transporte marítimo, apesar do medo que – mundo dos monstros bíblicos e dos naufrágios (São Paulo tinha sido um grande náufrago), símbolo de perigo e de tribulações (imagina-se e representa-se a nave da Igreja sacudida pelas ondas) – o mar inspira aos medievais. No meio desses temores, nasce na Idade Média uma Europa do mar. Aí os progressos foram lentos, mas decisivos. Aumento da capacidade dos navios, que atingem, nas frotas italianas e principalmente venezianas, uma tonelagem de um milhar de toneladas. Progressos do século XIII devidos à difusão do leme de popa, da vela latina, da bússola e da cartografia. Mas esse comércio continua lento, sendo o seu principal mérito um custo infinitamente menos elevado que por terra.

As feiras de Champagne – No final do século XII e no século XIII, o grande acontecimento comercial que manifestou os progressos da revolução mercantil e o caráter europeu dessa revolução foi o desenvolvimento das feiras de Champagne. Essas feiras realizavam-se em Lagny, em Bar-sur-Aube, em Provins e em Troyes. E elas se sucediam durante o ano inteiro: em Lagny em janeiro-fevereiro; em Bar, em março-abril; em Provins, a feira de maio realizava-se em maio-junho; em Troyes, a feira de São João em julho-agosto; em Provins, novamente, a feira de Saint-Ayoul em setembro-novembro. Enfim, em Troyes ainda, a feira de Saint-Remi, em novembro-dezembro. Assim, havia um mercado quase permanente do mundo ocidental na Champagne. Os mercadores e os habitantes das cidades de feiras gozavam de privilégios importantes, e o sucesso dessas feiras está intimamente ligado ao crescimento do poder dos condes da Champagne e ao liberalismo de sua política. Salvo-condutos, isenções de taxas, impostos, banalidades, instituição de uma polícia de feiras que controlava a legalidade e a honestidade das transações, garantindo as operações comerciais e financeiras. Funcionários especiais, guardas das feiras, que garantiam essas funções públicas, foram mais amiúde mercadores, depois, a partir de 1284, funcionários reais.

Pode-se dizer que essas feiras desempenharam "o papel de uma *clearing-house* embrionária", espalhando-se o costume de acertar as dívidas por compensação. Por este exemplo se vê que a economia mercantil só pode desenvolver-se com a ajuda e sob o controle de poderes políticos. Nos séculos XII e XIII, a atividade comercial organizou-se em torno de contratos e de associações, mas essas associações em geral não valiam senão para uma série limitada de contratos e para um período limitado. Foi só no final do século que apareceram verdadeiras casas comerciais.

Problemas monetários

O comércio internacional precisava de um instrumento monetário mais potente e melhor difundido que as numerosas moedas feudais. O besante bizantino desempenhou esse papel até o século XII, mas não teve mais condições de desempenhá-lo quando o comércio europeu se desenvolveu mais. O Ocidente retomou então a cunhagem do ouro, que Carlos Magno abandonara. Se a França cunha, a partir de 1266, escudos de ouro, são as grandes cidades comerciais italianas que tomam a dianteira do movimento. A partir de 1252, Gênova cunha regularmente denários de ouro e Florença, os seus florins. A partir de 1284, Veneza cunha seus ducados de ouro. Apesar do prestígio e do amplo uso de florins e de ducados, a multiplicidade das moedas continuou um dos principais pontos de estrangulamento da economia medieval. O sistema feudal se caracterizava pela fragmentação. A circulação monetária foi afetada, e a ausência, senão de moeda única, pelo menos de um pequeno número de moedas de uso internacional limitou a prosperidade da Europa comercial medieval.

A Europa dos mercadores

À medida que o mercador itinerante cede cada vez mais o lugar ao mercador sedentário, ele pratica seus negócios por intermédio de um conjunto de contadores, agentes, representantes e empregados, que são chamados os *fatores* que estão estabelecidos no estrangeiro ou recebem e executam as ordens de patrões sedentários. Assim, se diversifica a classe dos mercadores. Pode-se, como fez Raymond de Roover para Bruges, distinguir emprestadores, muitas vezes chamados lombardos (i. é, italianos) ou cahorsinos (sendo a Itália e a cidade de Cahors os lugares primitivos mais famosos do empréstimo internacional), que emprestam mediante garantia de um nível superior aos emprestadores judeus para o consumo, os trocadores de moedas que fazem a operação financeira mais frequente na Idade Média dada a multiplicidade das moedas e, enfim, os cambistas que são mercadores banqueiros. Os cambistas são trocadores que acrescentaram às suas antigas funções a aceitação de depósitos e de reinvestimento por empréstimo. Nasceu a banca da Europa.

Como se viu, o mundo dos mercadores é essencialmente o mundo urbano. Mas, embora os mercadores sejam membros do que é chamado, principalmente na Itália, de "povo", dividem-se essencialmente em dois níveis de riqueza e de poder, realidades sociais que não se confundem e são mais importantes que as distinções jurídicas. O direito da burguesia, mesmo se comporta privilégios e se reduz a um pequeno número, não tem tanto peso nas realidades econômicas, sociais e políticas urbanas como as diferenças de fortuna e de papel econômico e político. Yves Renouard afirmou com razão: "É um regime de classe que a dominação política de homens de negócio estabeleceu". A dominação dos mercadores se manifesta de muitas formas. Eles se aproveitam da difusão do assalariado entre os operários do artesanato e da indústria e dominam o mercado do trabalho pela fixação dos salários. Dominam também o mercado imobiliário; sendo dadores de trabalho, são também proprietários de imóveis. Enfim, eles conservam o seu poder e mantêm a desigualdade social pela desigualdade do que chamaríamos de impostos, sendo a talha o principal, fixada pelos conselhos nos quais eles eram dominantes. Um texto célebre da segunda metade do século XIII, o do jurista Beaumanoir, nos costumes [leis] de Beauvaisis [pequena região ao norte de Paris], exprime bem as raízes dessa Europa urbana da desigualdade: "Muitas reclamações se erguem nas cidades das comunas acerca da talha, pois acontece muitas vezes que os ricos, que governam os negócios da cidade, declaram menos do que devem, eles e sua família, e beneficiam com as mesmas vantagens os outros ricos, e assim todo o peso recai sobre o conjunto dos pobres". A fraude fiscal foi tanta que, às vezes, escândalos estouraram, como em Arras, onde um membro da célebre família de banqueiros, os Crespin, "esqueceu" de declarar 20.000 libras de benefícios. A Europa da fraude fiscal estava lançada.

Justificação do dinheiro

No começo e, também, durante o século XII, todo mercador é mais ou menos um usureiro, e a Igreja o condena, mas, quando a usura foi praticamente confinada aos judeus e o poder dos mercadores tornou-se maior, a Igreja justificou pouco a pouco os benefícios dos mercadores e traçou uma fronteira, aliás, bastante imprecisa entre os ganhos lícitos e os ganhos ilícitos. Algumas justificações foram ligadas às próprias técnicas do comércio. A Igreja concordou com a percepção de uma indenização aos mercadores que tinham sofrido um atraso ou um prejuízo na renda de sua atividade. A função mercantil introduziu na mentalidade e na ética europeias as noções de acaso, de risco e de incerteza. Sobretudo, talvez, como se verá ainda mais adiante, a legitimação do lucro do mercador se fez pela consideração de que esse lucro era o salário de um trabalho. Melhor ainda, a difusão, através da escolástica e da pregação, da noção de bem comum, de utilidade comum, foi aplicada aos mercadores. Assim, no século XIII, o canonista Burcardo de Estrasburgo declara: "Os mercadores trabalham para o benefício de todos e fazem uma obra de utilidade pública ao levar e trazer as mercadorias às feiras".

Desde o começo do século XIII, no seu manual de confissão, o inglês Tomás de Chobham afirma: "Haveria uma grande indigência em muitas regiões se os mercadores não levassem o que é abundante em um lugar aos outros onde essas mesmas coisas faltam. Assim, eles podem receber com razão o preço do seu trabalho". Portanto, o grande comércio internacional é doravante uma necessidade querida por Deus e entra no plano da Providência.

O prestígio e o poder crescentes dos mercadores levaram a grandes mudanças nas mentalidades europeias. Como disse Michel Mollat, o dinheiro tornou-se, por intermédio do mercador, "o fundamento de uma sociedade". No entanto, o mercador não se opõe sistematicamente aos valores senhoriais. Ele procurou, ao viver à maneira dos nobres, fazer-se passar por nobre e mais de uma vez conseguiu. Procurou igualmente, ao comprar terras e tirar rendas de sua exploração e da exploração dos camponeses, adquirir essa base fundamental do poder na Idade Média, a terra.

A evolução das práticas religiosas, que será lembrada, forneceu-lhe outras justificações. O mercador realizou amplamente o que a Igreja chamou de obras de misericórdia, particularmente a esmola. A construção dos primeiros hospitais urbanos, tais como o de Santa Maria de la Scala em Siena, foi em grande parte obra sua. Por outro lado, a introdução de uma devoção às almas do purgatório e o estabelecimento da crença numa antecâmara do paraíso, onde se purgavam os pecados que não tinham sido lavados pela confissão, permitiram-lhe esperar a salvação que a Igreja, até o século XIII, recusava a todos os usurários. Um texto do cisterciense alemão Cesário de Heisterbach conta a história de um usureiro de Liège que a devoção de sua viúva conduziu ao purgatório, depois ao paraíso.

Particularmente interessante é o mecenato praticado pela maioria dos mercadores a partir do século XIII. Construção de igrejas e, sobretudo, remuneração de artistas para orná-las (por volta de 1300, o primeiro artista "moderno", Giotto, foi amplamente recompensado por grandes burgueses florentinos comanditários) foram uma atitude de devoção em relação à cidade onde estavam instalados. Parece que foram também, entre os medievais, os que mais cedo e mais fortemente foram tocados pelo senso da beleza. Foi a aliança inesperada entre o dinheiro e o belo.

Enfim, a evolução das técnicas comerciais e, em particular, o papel cada vez maior das "escrituras" no ofício dos mercadores banqueiros, fez desenvolver-se entre os mercadores o que se chamou de cultura intelectual do mercador. Essa demanda cultural dos comerciantes levou à criação de escolas secundárias urbanas como se vê em Gand desde 1179. Ela levou ao desenvolvimento de uma laicização da cultura pela promoção e pela difusão da escrita, do cálculo, da geografia e das línguas vivas. Um genovês aconselha ao mercador no final do século XIII: "Você deve sempre se lembrar de deitar bem por escrito tudo o que você faz. Escreve-o imediatamente, antes que saia de seu espírito". E um florentino dirá no século seguinte: "Não se deve ser preguiçoso em escrever". No âmbito do cálculo, uma obra é exemplar: é o tratado do ábaco (*Líber abacci*), publicado em 1202 por Leonardo Fibonnacci. É um pisano cujo pai é oficial de aduana da República de Veneza em Bougie, na África do Norte. É no mundo cristão-muçulmano do comércio em Bougie, no Egito, na Síria, na Sicília, onde viaja a negócios, que se inicia na matemática que os árabes tomaram emprestado dos indianos. Ele introduz o uso das cifras árabes, do zero, inovação capital da numeração por posição, das operações em frações, do cálculo proporcional.

No final do século XIII, os mercadores obtiveram dois bens fundamentais que até então se excluíam mutuamente. Um bem material e um bem espiritual. Antes, eles ganhavam dinheiro, mas, ao fazer isso, condenavam-se, como se vê na escultura românica, na qual a bolsa que o mercador levava ao pescoço o arrastava e fazia cair no inferno. Doravante, ele pode guardar o seu dinheiro e, após ter sido mergulhado num purgatório mais ou menos longo, pode ir ao paraíso. Tinha conciliado "a bolsa *e* a vida".

Italianos e hanseáticos

Dois povos dominam o mundo dos mercadores no século XIII. Os italianos ao sul, na área mediterrânea, os alemães ao norte, na área das ilhas britânicas e de Flandre ao Mar Báltico. Se os italianos são impressionantes por sua presença no mundo bizantino e nas fronteiras do mundo muçulmano, e por sua atividade crescente em Flandre, a expansão comercial sem dúvida mais notável é a dos mercadores hanseáticos. São os herdeiros dos mercadores da Alta Idade Média, frisões, depois flamengos, mas com um dinamismo bem maior e uma quantidade muito maior de mercadorias. Tiel, no delta do Reno, cedeu, no século XII, o primeiro lugar a Utrecht, frequentada, além dos flamengos e dos frisões, pelos renanos, pelos saxões, pelos dinamarqueses e pelos noruegueses. Bruges se tornara o centro comercial mais importante dos Países Baixos. Esses mercados importavam e reexportavam o vinho do Reno, grande concorrente do vinho francês na Europa, artigos metálicos, pedras preciosas, tecidos de luxo comparáveis aos de Constantinopla, armaduras de Mogúncia. O desenvolvimento mais espetacular foi o dos mercadores de Colônia, que traficavam tanto para as ilhas britânicas ao oeste como para a Dinamarca ao leste. O seu sucesso foi particularmente grande na Inglaterra onde obtiveram, no mais tardar em 1130, o direito de fixar-se em Londres e onde adquiriram uma casa à beira do Tâmisa, na cabeceira da ponte de Londres, o Gildhall, da qual fizeram o seu primeiro centro de negócios. Em 1157, o Rei Henrique II concedera a sua proteção especial aos mercadores de Colônia. Ao nordeste, o comércio no Báltico estava nas mãos dos marinheiros camponeses de Gotland, onde fizeram a fortuna de Novgorod, na Rússia. Mercadores russos se distinguiram também no Báltico e na Dinamarca, onde encontravam mais prussianos e estonianos que alemães. A paisagem comercial mudou com o crescimento das cidades. O nascimento e o desenvolvimento da Hansa germânica estão estreitamente ligados ao movimento urbano.

Philippe Dollinger explicou bem o processo que levou à afirmação, sob o impulso dos mercadores, das cidades hanseáticas no século XIII. Eis o esquema geral: "Crescimento populacional de certas aglomerações favoravelmente situadas pela imigração de artesãos rurais e pelo estabelecimento permanente de mercadores; reunião, num mesmo recinto fortificado, de um bairro comercial – chamado *Wiek* na Alemanha do Norte – e de um centro administrativo – eclesiástico ou leigo – mais antigo; formação de um direito uniforme e particular à cidade, atento às questões fundiárias e comerciais; criação da comunidade de burgueses frequentemente por juramento; influência preponderante dos mercadores numa certa comunidade, às vezes agrupados numa guilda; açambarcamento da direção da cidade pelas famílias mais ricas; autonomia crescente da cidade em relação ao senhor do lugar; e, enfim, desenvolvimento de órgãos administrativos nas mãos de burgueses". O Conselho (*Rat*) tornou-se, no extremo fim do século XII, a assembleia dirigente da cidade agora constituída. Nesse processo, é preciso sublinhar a importância da formação de um direito urbano cujas estipulações foram redigidas em sua essência a partir do século XIII. Entre os modelos jurídicos que tiveram a influência máxima, é preciso notar o direito de *Dortmund*, que permaneceu o "tribunal superior" para as apelações e a jurisprudência para as cidades da Westfália, o direito de Goslar na Saxônia e, sobretudo, o direito de Magdeburgo, que se tornou, na Europa Oriental, inclusive na Polônia e nos países eslavos, o "direito alemão".

O grande acontecimento foi a fundação, em 1159, pelo conde de Holstein, Adolfo II de Schauenburg, vassalo do duque da Saxônia Henrique o Leão, da cidade de Lübeck, cuja construção e governo confiou a um "consórcio de empresários" (Fritz Rörig). Lübeck se tornaria a cabeça do império urbano e mercantil chamado a Hansa. Até meados do século XIII, os comerciantes alemães de Lübeck concorreram com a prosperidade dos mercadores de Gotland, onde muitos se estabeleceram.

O progresso de Visby, cidade dominante de Gotland, foi fulgurante e efêmero. Em meados do século XIII, Visby foi cercada por um muro de pedra de 11.200 pés de comprimento, que cercava um espaço pelo menos igual ao de Lübeck. As ruínas de 18 igrejas medievais, a maior das quais, Santa Maria dos Alemães, edificada entre 1190 e 1225, era a igreja paroquial da comunidade alemã, dão testemunho ainda hoje dessa Europa Nórdica do comércio, cuja breve capital foi Visby. Lübeck substituiu e ultrapassou Visby nesse papel. Mandando construir grande número de barcos comerciais capazes de rivalizar com as galés italianas, os *Koggen*, de tonelagem superior, ela dominou uma potente rede marítima e comercial apoiando-se em novas cidades como Rostock, Stralsund, Stettin à margem do Oder, cidade eslava acrescida de bairros alemães, Dantzig (Gdansk) às margens do Vístula, Elbing na Prússia (hoje Elblong na Polônia), cujo selo do começo do século XIII representa a mais antiga imagem do leme de popa. Ela coordenou suas atividades com o esforço de conversão e de conquista de uma nova ordem militar alemã, os cavaleiros teutônicos, ativos na Prússia.

Os lübeckenses, e de forma mais geral os mercadores alemães do norte, favoreceram a fundação, na Suécia, de Kalmar e, sobretudo, por volta de 1250, de Estocolmo e de Bergen, na Noruega. A expansão comercial dos lübeckenses e dos hanseáticos dirigiu-se também para o oeste. Na Inglaterra, os lübeckenses e outros mercadores do Leste começaram a frequentar os portos ingleses de Yarmouth, Lynn, Hull, Boston e, enfim, Londres. O rei da Inglaterra, Henrique III, reconheceu, em 1266, aos mercadores de Hamburgo e, em 1267, aos de Lübeck, o direito de formar uma associação ou *hansa*, sobre o modelo da hansa dos habitantes de Colônia. Foi nesta ocasião que apareceu pela primeira fez o termo hansa.

Os mercadores alemães obtiveram também uma série de privilégios da condessa de Flandre, em 1252 e 1253. O desenvolvimento do comércio hanseático ia conhecer uma progressão constante até 1536, data da primeira dieta geral e da formação definitiva da hansa das cidades.

Paralelamente ao progresso hanseático, afirmou-se a prosperidade de Bruges "que se tornava o mercado mundial do Ocidente" (Philippe Dolinger). Bruges acolhia os comerciantes de todas as nacionalidades; ingleses, escoceses, irlandeses traziam a lã para a indústria têxtil; holandeses e frísios vendiam seu gado; e os mercadores da costa franco-inglesa do Atlântico, de La Rochelle à Bayonne, seu vinho. Os espanhóis e os portugueses traziam também lã e os frutos do meio-dia.

Abandonando mais ou menos as feiras de Champagne, os italianos instalaram-se em Bruges, que se tornou a principal praça financeira da Europa Setentrional. A partir do fim do século XIII, as galés genovesas, depois venezianas, levavam regularmente em comboios seus carregamentos de especiarias no Zwin. Da Itália a Flandre e ao Báltico se constituía, por um comércio marítimo, uma economia-mundo europeia.

3 O êxito escolar e universitário

O século XIII europeu das cidades e do comércio foi também, e sempre no contexto urbano, o século da Europa escolar e universitária. Viu-se que, favorecidas pelos burgueses, as escolas urbanas se tinham multiplicado a partir do século XII. Se essa Europa das escolas "primárias e secundárias" trouxe uma base essencial para o ensino na Europa, a criação mais espetacular e que inaugurou uma tradição ainda viva hoje em dia foi a das escolas "superiores", ditas universidades. Essas escolas receberam, no final do século XII, o nome de *studium generale*, escola geral, que indicava ao mesmo tempo um *status* superior e um ensino de tipo enciclopédico. Essas escolas, que se situavam no ambiente do grande movimento de organização dos ofícios nas cidades, constituíram-se em corporação como os outros ofícios e tomaram o termo universidade, que significava corporação, e que apareceu pela primeira vez em 1221 em Paris, para designar a comunidade de mestres e de estudantes parisienses (*universitas magistrorum et scholarium*).

Notemos logo uma distinção que a história não reteve. As corporações universitárias da Idade Média instituíram-se segundo dois modelos. No modelo parisiense, mestres e estudantes formavam uma só e mesma comunidade. No modelo bolonhês, só os estudantes formavam juridicamente a *universitas*. Só o modelo parisiense chegou aos dias de hoje. O surgimento do mestre universitário, na Europa do século XIII, é paralela ao surgimento do mercador. O mercador, acusado primeiro de vender o tempo que não pertencia senão a Deus (o benefício do lucro chega a comerciante mesmo dormindo), justificado depois, no século XIII, por seu trabalho e por sua utilidade, forma uma espécie de par com o mestre universitário, ele também acusado, no século XII, de vender um bem que só pertence a Deus, a ciência, e que também foi justificado pelo trabalho que realizava ao ensinar estudantes que podiam assim lhe pagar pelas lições. Uma Europa do trabalho intelectual nascia ao lado da Europa do trabalho comercial.

O mestre universitário acumulara, assim, um trabalho de reflexão e de escrita, que chamaríamos hoje de pesquisa, e um trabalho de ensino. Para muitos, a sua reputação, suas intervenções em debates sociais e políticos (p. ex., a mendicância dos religiosos, os poderes reais, a fiscalidade pontifícia) acrescentavam a sua função um papel que, desde o século XIX, foi em geral reconhecido aos intelectuais. Este é o motivo por que chamei esses universitários de "os intelectuais da Idade Média".

Esses universitários eram regidos por reitores eleitos pelos mestres e supervisionados pelo chanceler, em geral nomeado pelo bispo do lugar, e cuja importância se apagou, adquirindo os universitários, pouco a pouco, uma autonomia quase completa. Os universitários também escaparam, na maioria do tempo, das ingerências e dos esforços de dominação dos poderes temporais, quer se tratasse dos poderes das cidades ou dos poderes das monarquias. Em compensação, as universidades, por serem instituições da Igreja, tiveram de aceitar as intervenções pontifícias. Mas estas foram, em geral, distantes e leves. Em certos casos, o bispo do lugar utilizou o seu poder teórico para intervir brutalmente nos assuntos da universidade e fazer reinar aí uma espécie de censura. O caso mais espetacular foi a condenação, em 1270, depois em 1277, pelo bispo de Paris, Estêvão Tempier, de proposições extraídas do ensinamento de certos mestres parisienses, inclusive Tomás de Aquino. Essas condenações visavam sobretudo os empréstimos reais ou supostos feitos por mestres parisienses das ideias de um comentador árabe de Aristóteles, Averróis, que ensinava o que se chamou a teoria da dupla verdade, segundo a qual, ao lado da verdade dogmática – no caso dos cristãos a da Bíblia e do ensinamento da Igreja – era considerada legítima uma verdade segundo a razão que podia ser ensinada mesmo se fosse contrária à verdade da Igreja.

Aristóteles foi, de certa maneira, o grande homem das universidades do século XIII e, sobretudo, da universidade parisiense. Embora as suas obras lógicas tivessem sido traduzidas há muito tempo para o latim, foi somente no século XIII que se descobriu nessas traduções latinas a sua metafísica, sua ética e sua política. Primeiro proibidas de serem ensinadas nas universidades, essas obras, que atraíam vivamente a curiosidade e o desejo dos estudantes, puderam ser lidas nas universidades. Pode-se até falar de um aristotelismo latino medieval que se tornou moda e que, por volta de 1260-1270, penetrara em quase todo o ensino universitário. Um mestre, que também estava na moda, o dominicano Tomás de Aquino, fora um de seus grandes introdutores nas universidades. Mas, depois de cerca de 1270, o aristotelismo recuou, ao mesmo tempo por causa da condenação de tradicionalistas, como Estêvão Tempier, como, pelo contrário, sofrendo os ataques de mestres mais "modernos", que opunham a ele ideias mais místicas e menos racionalistas, tais como os franciscanos João Duns Scoto (1266-1308) e Guilherme de Ockham (1285-1347), e o dominicano Mestre Eckhart (cerca de 1260-1328). O intelectualismo de Aristóteles foi agora considerado como um obstáculo à ciência, que se tornava experimental e aberta à discussão livre.

As universidades se constituíram segundo as disciplinas em faculdades. Havia quatro faculdades, e todas as universidades tinham, teoricamente, todas as quatro, mas este nem sempre foi o caso e, muito frequentemente, uma faculdade predominava por sua importância sobre as outras, mesmo se elas existissem. Assim, Bolonha foi, primeiro, uma universidade de Direito; Paris, uma universidade de Teologia; Montpellier, uma universidade de Medicina. Havia uma hierarquia pelo lugar no *curriculum* e pela dignidade entre uma faculdade de base propedêutica, a faculdade das artes em que se ensinavam as artes do *trivium* (Gramática, Retórica e, sobretudo, Dialética), e as artes do *quadrivium* (Aritmética, Geometria, Astronomia e Música). Esta faculdade foi, de fato, muitas vezes dominada pelas disciplinas que hoje chamaríamos de científicas. Do ponto de vista social, a faculdade foi povoada de estudantes mais jovens, mais turbulentos, menos ricos, e só uma minoria deles prosseguia seus estudos numa faculdade superior. Acima da faculdade das artes, duas especializações podiam atrair os estudantes seja na faculdade de Direito onde se ensinavam os dois direitos, o Direito Civil e o Direito Canônico, seja na faculdade de Medicina, a qual dava à medicina um aspecto mais livresco e teórico que experimental e prático. Enfim, no cimo, impunha-se, coroando-as, a faculdade suprema, a de Teologia.

A primeira universidade foi a de Bolonha, embora tenha recebido seus estatutos do papa somente em 1252; mas, desde 1154, o Imperador Frederico Barba Ruiva concedera privilégios aos mestres e aos estudantes de Bolonha. Do mesmo modo, os mestres e estudantes de Paris receberam privilégios do Papa Celestino III em 1174 e do rei de França, Filipe Augusto, em 1200. Mas a universidade só recebeu seu estatuto do legado pontifício, Roberto de Courson, em 1215, e de uma bula, muito importante, do Papa Gregório IX, em 1231 (*Parens scientiarum*), que contém um elogio, que ficou famoso, da instituição universitária e da teologia, essa teologia que se tornara na universidade, segundo expressão do Padre Chenu, uma "ciência". As universidades de Oxford, de Cambridge e de Montpellier foram fundadas nos primeiros anos do século XIII. Nápoles foi fundada pelo Imperador Frederico II em 1224. Lisboa em 1288, e o *Studium* da Cúria pontifícia teve o papel de uma verdadeira universidade onde, como mostrou Agostino Paravicini Bagliani, a ótica e as ciências tiveram um grande lugar. A história das etapas de fundação da Universidade de Salamanca é esclarecedora. Fundada como estabelecimento real pelo Rei Afonso IX de Leão, em 1218-1219, ela tornou-se estabelecimento superior pela *carta magna* de Afonso X o Sábio, rei de Castela, em 1254, e o Papa Alexandre III lhe conferiu a *licentia ubique docendi* em 1255. O historiador dessa universidade, Antônio Garcia y Garcia, descreveu muito bem os privilégios exemplares concedidos por Afonso X à Salamanca em 1254: "Pela *carta magna* foram criadas uma cátedra de Direito Civil, três de Direito Canônico (uma de decreto e duas de decretais), duas de Lógica, duas de Gramática, duas de Física (Medicina), um posto de bibliotecário para fornecer os livros necessários aos mestres e aos estudantes, um de mestre de órgão e um de boticário. O número de cátedras aumenta com o tempo. O salário dos professores provinha essencialmente de um terço dos dízimos da Diocese de Salamanca. Além disso, professores e estudantes tiravam bastante proveito de benefícios eclesiásticos". O caso da Universidade de Tolosa é particular. Ela foi imposta pelo papado em sua luta contra o catarismo como uma fundação instituída pelo Tratado de Paris, que pôs fim, em 1229, à cruzada dos albigenses. Seu recrutamento foi objeto de uma longa publicidade e do envio em toda a Cristandade de um texto redigido pelo grão-mestre inglês da Universidade de Paris, João de Garlande, exaltando o clima tolosano e os atrativos da cidade, inclusive os das tolosanas. A universidade foi muito malrecebida pelas pessoas do Meio-dia, que viram aí um instrumento de dominação dos homens do Norte. O ensino da Teologia não vingou, e foi só na segunda metade do século XIII que a universidade se desenvolveu, particularmente no domínio do Direito. Entre as novidades de longa duração, legadas no século XIII à Europa pelas universidades novas, sublinhemos o recurso à greve, sendo que a mais longa e mais célebre foi a dos mestres e estudantes parisienses de 1229 a 1231 por causa da hostilidade do bispo e da rainha Branca de Castela (o jovem Luís IX teria então manifestado pela primeira vez resistência à sua mãe ao apoiar a universidade, que arrancou do papa a bula *Parens scientiarum*). A outra inovação foi a inserção, no calendário dos cursos, que se tornaram objeto de um programa, de um mês de férias no verão. As férias entraram na Europa sob um aspecto quase litúrgico.

Na Cristandade do século XIII, acostumada pela Igreja ao internacionalismo, as universidades impressionaram por fazer com que mestres e estudantes se tornassem itinerantes, indo procurar o saber no estrangeiro e mudando-se facilmente de um país ao outro seguindo a moda ou a reputação de uma universidade ou de um mestre. Os mestres parisienses mais célebres do século XIII foram os dominicanos Alberto Magno, alemão, e Tomás de Aquino, italiano, e o franciscano italiano Boaventura.

Isto garantirá o sucesso das universidades na Idade Média e, mais tarde, foi o seu direito de conferir graus válidos no conjunto da Cristandade. Foi uma das novas bases da futura Europa. Se tinham recursos e capacidades, os estudantes obtinham uma série de diplomas, sendo o de maior reputação o mestrado em teologia adquirido no final de onze anos de estudos. O primeiro estágio era o bacharelato, uma espécie de iniciação comparável àquela que o jovem nobre, o bacharel, adquiria ao entrar na cavalaria. Em seguida vinha o diploma essencial, a *licentia ubique docendi*, a licença de ensinar em toda parte, que se tornou nossa *licenciatura*. Só o papa podia conferir às universidades o direito de dar esse título e o privilégio daí decorrente. O terceiro e último grau superior era o doutorado, que fazia de seus beneficiários *mestres*. Assim nascia a Europa dos professores. O mestrado universitário era acessível tanto aos não nobres como aos nobres. São conhecidos mestres universitários filhos de camponeses. Roberto de Sorbon, célebre desde sua época, o século XIII, fundador, graças à generosidade de seu amigo rei da França, São Luís, do mais célebre dos colégios parisienses, a Sorbonne, era de origem muito modesta, e seu compadre, o *sire* [senhor] de Joinville, não deixava passar uma ocasião de o lembrar. No entanto, a formação universitária custava muito, particularmente porque os estudantes deviam durante longos anos manter-se às próprias custas numa cidade onde o preço dos quartos e da alimentação não cessava de aumentar. Por isso, os estudantes que podiam ir além de um ano ou dois de frequência das universidades eram uma minoria.

Para permitir que os estudantes dotados e trabalhadores superassem a deficiência de sua origem social, um certo número de benfeitores fundaram ou subvencionaram casas para moradia e alimentação gratuita daqueles que chamaríamos de bolsistas. Foram os colégios, dos quais os mais célebres foram, em Paris, depois da Sorbonne, o colégio de Harcourt e o colégio de Navarra, fundados bem no início do século XIV. Muitas vezes os colégios abrigavam estudantes de uma mesma proveniência geográfica ou especializados numa mesma disciplina. Assim, no século XIII, o colégio de Sorbon acolhia estudantes de teologia, pobres, e em Oxford, por exemplo, o colégio de Merton se destinava sobretudo aos estudantes de matemática. As universidades e, particularmente, os colégios formaram assim, a partir do século XIII, uma classe de espécie de enarcas, que bem cedo se apossaram dos principais postos de poder na Igreja e junto de autoridades leigas. Como muitos deles eram formados especialmente em Direito, constituíram, por exemplo na França, no final do século XIII, sob o Rei Filipe IV o Belo, um governo de *legistas*. Uma Europa de mandarins cristãos se anunciava.

A civilização do livro

Ao prolongar a renascença do século XII, o século XIII garantiu o progresso decisivo ao livro. Este conhecera um primeiro crescimento entre os séculos IV e VII, quando sucedera ao *volumen* da Antiguidade, rolo de consulta relativamente incômoda, o *codex*, que introduzia a revolução da *página* num manuscrito muito mais fácil de consultar porque, além dos livros litúrgicos, tinha muitas vezes dimensões modestas e por isso era transportável. A difusão do livro *codex* foi freada por duas condições. A primeira foi de ordem sociointelectual. O número de pessoas capazes de ler estava limitado aos monges formados nos conventos, que dispunham das únicas bibliotecas da época, as dos *scriptoria* monásticos. A segunda não foi menos restritiva. O livro *codex* manuscrito era feito sobre o pergaminho. O número de peles de vitelo ou, mais frequentemente, de carneiro necessários para a confecção de um livro era muito elevado e, por conseguinte, os livros eram muito caros. A procura de livros aumentou com o número de escolas urbanas e, sobretudo, das universidades.

Ivan Illich pôde escrever: "Em torno de 1140, na civilização do livro, a página monástica se fecha e abre-se a página escolástica". O grande iniciador desta nova arte de ler foi o grande teólogo e sábio do convento suburbano de Saint-Victor em Paris, Hugo de São Vítor. No século XIII foram definitivamente acertadas as novidades materiais e técnicas que garantiram o novo rosto e a nova utilização do livro. A pontuação foi melhorada, foram inseridos no manuscrito títulos e rubricas, os livros foram divididos em capítulos, foi acrescentado um índice de assuntos classificados em ordem alfabética. Mais ainda, foi revolucionário o abandono da leitura em voz alta, exceto diante de auditórios seletos, pela leitura individual silenciosa. Uma Europa do indivíduo leitor tinha nascido. Além do crescimento das escolas e das universidades, o aparecimento de novos grupos de ofícios especializados na prática da escrita como os juristas, o progresso da alfabetização entre a nobreza, os mercadores e os artesãos, multiplicaram as práticas do livro. Como Daniel Baloup disse, "o livro se torna um instrumento de estudos profanos, de trabalho, de lazer e de devoção privada". Ao mesmo tempo em que a forma, os conteúdos do livro evoluem, diversificam-se. O livro se abre tanto mais aos gostos e aos interesses dos leitores porque se abre também às línguas vernáculas. A paginação dos livros universitários se distingue por margens importantes capazes de acolher comentários. Os ofícios do livro se multiplicam, particularmente no contexto das universidades. Aparece o livreiro. Há cada vez mais necessidade de pergaministas, de copistas, de encadernadores. O gargalo de estrangulamento do preço dos pergaminhos só se apagará lentamente com a lenta introdução do papel, que só se imporá no século XV, quando custará treze vezes menos do que o pergaminho.

Outra novidade técnica relativa ao livro apareceu e desenvolveu-se no século XIII, que foi a técnica da *pecia*. A reprodução de manuscritos antes de haver imprensa era, evidentemente, um grande problema. Muitas vezes era preciso reter o mesmo modelo vários meses antes de obter uma única cópia. A partir do final do século XII, em Bolonha, e sobretudo no século XIII em Paris, foi inventado esse sistema a partir de um novo tipo de modelo, o *exemplar*. Louis-Jacques Bataillon descreveu assim a técnica da *pecia*: "Alugava-se ao copista um exemplar escrito em cadernos numerados e formados de duas folhas duplas chamadas *pecie*. O escriba copiava as 'peças' uma após a outra, deixava os outros cadernos disponíveis para outros escribas; assim vários copistas podiam trabalhar ao mesmo tempo no mesmo texto, o que permitia pôr rapidamente em serviço um número muito grande de copistas de uma mesma obra". Portanto, dois séculos antes da imprensa, houve uma Europa de copistas. Todavia, essa técnica, muito utilizada em Bolonha, Pádua, Paris, Montpellier, Nápoles e Avignon, não foi usada na Inglaterra, nem nos países germânicos e eslavos, e foi abandonada em Paris após 1350. Era preciso esperar pela segunda metade do século XV para o progresso de uma Europa do livro.

Entretanto, uma nova era do livro aparecera nos séculos XII e XIII com a multiplicação de novas categorias de leitores; além de mestres e de estudantes, um número crescente de leigos entrava no mundo da leitura. Pode-se, pois, falar de uma laicização da Cristandade através da evolução do livro. Certamente, a religião e a devoção continuavam a ter um grande espaço nos manuscritos. Mas via-se, por exemplo, desenvolver-se, no século XIII, um tipo de livro de devoção destinado especialmente às mulheres. Portanto, o livro foi, com a escola, um dos instrumentos de promoção feminina. Esta categoria de obras são os livros das horas. Trata-se de um saltério ao qual são acrescentados um ofício da Virgem (o que explica o número de leitoras), um calendário (signos do zodíaco e trabalhos do mês), os salmos de penitência, as ladainhas e os sufrágios dos santos, e, ligado à devoção em relação aos mortos e do purgatório, um ofício dos defuntos. Os livros das horas continuavam sendo obras destinadas aos ricos e aos poderosos, sendo sua brilhante ilustração objeto particularmente caro, ao passo que o "belo livro" ornado de miniaturas estava em regressão. O livro universitário e o aumento dos livros utilitários faziam recuar o livro como objeto de arte.

A produção enciclopédica

Há um outro tipo de livro que conheceu um grande sucesso no século XII e, sobretudo, no século XIII, e fez também evoluir o saber em direção dos conhecimentos profanos e da cultura leiga. Foram as enciclopédias. Esse crescimento correspondia ao apelo de novas categorias de leitores e ao aumento dos conhecimentos que foi uma das características do renascimento do século XII. Essas enciclopédias ofereciam todos os conhecimentos relativos à natureza e à sociedade.

Ao lado da teologia, as enciclopédias recolheram, cada vez mais, os conhecimentos laicizados que constituíam a filosofia. Ao lado do sobrenatural e da metafísica, as enciclopédias forneceram um conjunto de conhecimentos sobre a natureza e a física em sentido amplo.

Hugo de São Vítor pode ser considerado como o ponto de partida dessa nova produção enciclopédica. Em particular no seu *Didascalion*, Hugo mistura ciência do sagrado e ciência do profano, situa num primeiro nível de saberes as artes e a filosofia, num segundo, a hermenêutica, e mistura história sagrada e história profana. A distinção virá nas enciclopédias do final do século XII e do século XIII. Já em *De philosophia mundi*, Guilherme de Conches (cerca de 1090 a cerca de 1154) distingue claramente filosofia e física, entendida como uma ciência da natureza mais ampla que a medicina.

Alexandre Neckam, no *De naturis rerum* [*Das naturezas das coisas*], oferece uma enciclopédia decididamente aristotélica. Uma das enciclopédias mais populares do século XIII é a de Bartolomeu o Inglês, que combina Isidoro de Sevilha e Aristóteles (entre 1230 e 1240). O *De proprietatibus rerum* [*Das propriedades das coisas*] foi traduzido para o italiano, francês, provençal, inglês, espanhol e flamengo. O rei de França Carlos V mandou ainda traduzi-lo pra o francês por seu capelão, em 1372. Tomás de Cantimpré, no *Líber de natura rerum* [*Livro sobre a natureza das coisas*] (entre 1230 e 1240 também), faz a síntese dos conhecimentos de seu tempo em história natural, da qual ele quer fazer a introdução à teologia, mas, diante das reticências para com sua obra, que parece profana demais, ele dedica o fim de sua vida à espiritualidade, principalmente no *Bonum universale de apibus* [*Do bem universal das abelhas*], que transforma o livro IX do *De natura rerum* numa vasta comparação da sociedade humana com uma grande colmeia. A maioria desses enciclopedistas são membros das ordens mendicantes, das quais se falará mais adiante. O terceiro enciclopedista mais famoso depois de Bartolomeu e de Tomás é Vicente de Beauvais. Dominicano, falecido em 1264, encarregado por sua ordem nos anos 1230 de reunir num "Livro dos livros" o saber necessário para a formação dos irmãos que não frequentaram as universidades, Vicente de Beauvais, que trabalhou muito na abadia beneditina de Royaumont, explora, – procedimento moderno – toda uma equipe em torno dele que reúne os textos. Mas ele reivindica a organização. Redige então um *Speculum majus* [*Espelho grande*] em três partes: *Speculum naturale, Speculum doctrinale, Speculum historiale*. Sua reputação foi tanta que lhe foi atribuído após a sua morte um *Speculum morale* apócrifo.

De qualidade intelectual superior foram as obras que oferecem uma visão enciclopédica fragmentada em diversos tratados do dominicano alemão Alberto Magno (cerca de 1200-1280), do franciscano inglês Roger Bacon (cerca de 1214 a cerca de 1292), do catalão Raimundo Lulo (1232-1316), escrivão leigo, em torno de escritos teológicos, filosóficos, pedagógicos, jurídicos, políticos e físicos, e também poemas e romances, que iniciou um ensinamento das línguas antigas e vivas em Maiorca, viajou muito no Mediterrâneo e na Cristandade, e foi um ator infatigável da conversão de judeus e de muçulmanos. Como a maioria desses grandes enciclopedistas, Lulo afirmou que a fé e a razão estão indissoluvelmente ligadas, com um extraordinário talento demonstrativo, muito original.

A escolástica

A herança mais importante da atividade intelectual, particularmente universitária, do século XIII foi o conjunto de métodos e de obras que foram classificados sob o nome de escolástica, quer dizer, produção intelectual ligada à escola, a partir do século XII, e mais especialmente às universidades no século XIII. A escolástica vem do desenvolvimento da dialética, uma das disciplinas do *trivium*, que é "a arte de argumentar por perguntas e respostas numa situação de diálogo". O pai da escolástica é Anselmo de Cantuária (cerca de 1033-1109), para quem a dialética é o método de base da reflexão ideológica. A meta da dialética é a inteligência da fé, cuja fórmula ficou célebre desde a Idade Média, *fides quaerens intellectum*. Esse procedimento implica o recurso à razão, e Anselmo completou a sua doutrina pela ideia da compatibilidade entre o livre-arbítrio e a graça. A escolástica pode ser considerada como o estabelecimento e a justificação de uma concórdia entre Deus e o homem. Anselmo também forneceu à escolástica um fundamento, as provas da existência de Deus segundo um procedimento racional. A experimentação, no século XII, de um novo método de reflexão e de ensino foi o prólogo do método propriamente escolástico das universidades. Tratava-se, primeiro, de construir um problema, de apresentar uma *quaestio*, e essa *quaestio* era discutida (é a *disputatio*) entre o mestre e os alunos. Enfim, o mestre dá a solução do problema após essa discussão, é a *determinatio*. No século XII, no programa das universidades apareceram, duas vezes no ano, dois exercícios em que se manifestava o talento intelectual dos mestres, as questões *quodlibetais*, em que os estudantes punham ao mestre uma questão acerca de qualquer problema, à sua escolha. A reputação dos mestres muitas vezes se fazia em cima de sua capacidade de responder a essas questões.

O ensino universitário desemboca obrigatoriamente em publicações, o que explica a importância muito grande das universidades para a difusão e a promoção do livro. No século XII, os principais tipos de publicações escolares são os *Florilégios*, que não são puras reuniões de citações da Bíblia, dos Padres da Igreja, dos antigos mestres, mas comportavam, para cada citação, um comentário de um mestre contemporâneo, que inicia a evolução do florilégio para a suma escolástica. Um estágio intermediário essencial foi outro tipo de livro, as coletâneas de sentenças. As *sentenças* foram a elaboração de textos fundamentais para uma discussão escolar. O principal elaborador de sentenças foi o bispo de Paris, o italiano Pedro Lombardo, falecido em 1160. O seu *Livro de Sentenças*, provavelmente composto em 1155-1157, tornou-se, no século XIII, o manual de base das faculdades de teologia das universidades. A outra grande novidade dos séculos XI e XII foi a glosa, resultado do desenvolvimento da exegese bíblica, e a ideia de uma glosa completa da Bíblia levou, em meados do século XIII, a um novo manual universitário, a *Glosa ordinária*; as glosas bíblicas impediram que o *Livro* se fixasse numa tradição imóvel e sacralizada.

No século XIII, as produções escolásticas se exprimiram sobretudo sob duas formas. De um lado, os *comentários*. Com a *disputatio*, o comentário foi o aguilhão essencial do desenvolvimento do saber no século XIII. Graças ao comentário pôde ser elaborado um saber original produzido pelos mestres em função das preocupações contemporâneas, mas apoiando-se na tradição e fazendo-a evoluir. A Europa dos comentários inaugurava a Europa do progresso intelectual, sem ruptura com a tradição. Alain de Libera pôde dizer que "a história do comentário é uma história da libertação progressiva do pensamento filosófico em relação aos dados da tradição". O outro produto da escolástica do século XIII foram as *sumas*. O próprio nome de *suma* exprime o desejo dos intelectuais do século XIII oferecerem uma síntese documentada e argumentada de uma filosofia que não estava ainda separada da teologia. Este é o lugar de lembrar o acento que o Padre Chenu colocou na promoção no século XIII da teologia como ciência.

Recordemos alguns dos mais célebres e mais exemplares escolásticos do século XIII. A primeira grande suma universitária foi a do franciscano inglês Alexandre de Hales, na década de 1230. O dominicano Alberto Magno, o primeiro alemão a obter o título de mestre em teologia da Universidade de Paris em 1248, ampliou o saber estendendo suas obras a domínios das ciências ou das artes não ensinadas na universidade. É grande o seu recurso aos filósofos árabes, Alfarabi, Avicena e Averróis. Ao lado de seu aspecto enciclopédico, a obra de Alberto Magno é também um dos mais profundos esforços para pensar o equilíbrio entre a filosofia e a teologia. Alberto Magno foi, aliás, o mestre de Tomás de Aquino em Colônia, donde era originário.

Tomás de Aquino é o escolástico que deixou a maior influência no pensamento europeu até hoje. Italiano, da pequena nobreza, que morou muitas vezes em Paris como estudante e depois como professor, também em Orvieto, em Roma e em Nápoles, foi um professor da moda que atraía e entusiasmava os estudantes, e um pensador audacioso que provocou a hostilidade de numerosos colegas e de certos prelados influentes. É o tipo do intelectual europeu, sedutor e contestado, que iluminava e perturbava ao mesmo tempo os meios intelectuais e religiosos. De uma obra imensa, aqui evocarei apenas duas sumas, a *Suma contra os gentios* (1259- 1265); depois a *Suma teológica*, sua principal obra, que ficou inacabada com sua morte aos cinquenta anos em 1274. Ao mesmo tempo em que afirma a superioridade da teologia, Tomás, segundo a expressão de Étienne Gilson, manifestou uma espantosa "confiança no poder da razão". A *Suma* faz encontrarem-se o que se chamou de "uma teologia de baixo", que exprime o que a razão permite que o homem conheça de Deus e do mundo, e uma "teologia do alto", que mostra a verdade divina descendo no homem além do intelecto por via da revelação. Segundo Tomás, o homem é determinado, como disse Ruedi Imbach, por três relações: com a razão, com Deus e com seu semelhante.

Segundo Tomás, o homem é um homem total. Não é somente uma criatura de Deus, que é um animal racional, mas é também um "animal social e político" que se serve, para manifestar a sua individualidade, de um dom essencial de Deus, a linguagem. De uma maneira geral, os escolásticos deram uma atenção muito grande à linguagem, e têm o seu lugar numa história europeia da linguística.

Citarei ainda um mestre escolástico, célebre e contestado, que merece figurar na longa cadeia dos intelectuais europeus desde a Idade Média até nossos dias. Trata-se do franciscano inglês Roger Bacon (cerca de 1214 a cerca de 1282), que publicou uma tríplice suma, o *Opus majus*, o *Opus minus* e o *Opus tertium*, compostos a pedido de seu amigo e protetor o Papa Clemente IV (1265-1268). Sua universidade é a de Oxford. Filósofo e teólogo, agressivo e profético, ele tem numerosos inimigos; um destes é Alberto Magno, a quem ele atacou violentamente. Bacon dá uma importância especial a uma astronomia que, de fato, é astrologia, e imagina todas as espécies de técnicas e de invenções proféticas que fazem dele um Leonardo da Vinci do século XIII.

Para terminar, gostaria de sublinhar três contribuições essenciais da escolástica como etapa da atividade intelectual europeia.

Abelardo, que foi no século XII o maior dos pré-escolásticos, destacou uma lição fundamental recebida de Aristóteles: "A primeira chave da sabedoria é uma interrogação contínua. Aristóteles disse que não é inútil duvidar de cada coisa. De fato, quem duvida é levado a procurar, quem procura capta a verdade". O mesmo Abelardo diz no seu *Diálogo entre um filósofo, um judeu e um cristão*: "Seja qual for o objeto da discussão, a demonstração racional tem mais peso que a ostentação de autoridades".

A dúvida de Abelardo, que será a dúvida dos escolásticos, toma assim um lugar decisivo nas novas formas do espírito crítico elaborado pelos gregos e que até nossos dias define um espírito crítico europeu que Gramsci, no século XX, encarnou no intelectual crítico.

A segunda observação acentua que Alain de Libera pôde dizer, com razão, que a escolástica trouxe uma grande "libertação intelectual"; e ela instalou na tradição intelectual europeia a ideia do saber como libertação.

Enfim, por seu desejo de pôr ordem nas ideias e de expor o saber e a reflexão com a maior clareza, a escolástica medieval, se não criou, pelo menos reforçou, o gosto de ordem e de clareza que se atribui habitualmente a Descartes, que muitas vezes foi apresentado como o ator de uma revolução moderna do pensamento europeu. Descartes teve predecessores, os mestres escolásticos, e ele mesmo é um brilhante filho da escolástica medieval.

A Europa linguística: latim e línguas vernáculas

O ensino universitário era feito em latim. O latim ficara como a língua do saber, e essa preeminência fora reforçada pelo fato de que a liturgia cristã se exprimia em latim; mas não somente o latim havia evoluído nos últimos séculos do Império Romano entre os séculos I e IV, a ponto de os especialistas falarem de "baixo latim", mas em particular, com o desaparecimento das escolas, as massas leigas passaram pouco a pouco a falar línguas que acabaram não sendo mais o latim. Os historiadores colocaram a questão de saber quando se cessou de falar latim para falar as línguas ditas vernáculas. Por outro lado, os povos que tinham sido cristianizados e que tinham se tornado súditos da Cristandade, falavam outras línguas, sendo essencialmente as línguas germânicas, e só o clero e as elites sabiam o latim. Considera-se que a língua falada pelos leigos no século IX não era mais o latim e muitas vezes se faz nascer as línguas vulgares de um texto célebre, os *Juramentos de Estrasburgo*, prestados em 842 por dois dos filhos do Imperador Luís o Piedoso, um numa língua que estava se tornando o francês e o outro numa língua que estava se tornando o alemão. A organização política da Europa cristã se fez pela constituição sob as estruturas comunitárias de estruturas nacionais.

A Igreja reconheceu a legitimidade dessas línguas. Os Padres da Igreja tinham distinguido três línguas principais, o hebraico, o grego e o latim. Mas Agostinho sublinhara que não existe língua superior às outras e que este era o sentido de Pentecostes, onde o Espírito Santo dera, sem discriminação nem hierarquia, o dom das línguas aos apóstolos. O recuo do latim obrigou os chefes religiosos e políticos da Alta Idade Média a tomar importantes decisões no domínio linguístico. O sínodo de Frankfurt, em 794, afirmou, na linha de Agostinho: "Que ninguém creia que Deus não deva ser adorado senão nas três línguas. Deus é adorado em todas as línguas, e o homem é atendido se pede coisas justas". Mas a decisão mais importante foi a do Concílio de Tours, em 813, que convidou os pregadores a fazer os seus sermões em língua vulgar: "Que cada um tome cuidado de traduzir suas homilias claramente em língua vulgar românica ou germânica a fim de que todos possam compreender mais facilmente o que é dito". Viu-se neste texto "o ato de nascimento das línguas nacionais". No século XIII, essas línguas vernáculas tinham ainda evoluído, embora essa evolução continuasse durante todo o fim da Idade Média e, sobretudo, as línguas vernáculas tinham se tornado não apenas línguas faladas, mas línguas escritas. E a escrita dessas línguas dera nascimento a literaturas em língua vulgar. E muitas vezes se tratava de obras-primas como as canções de gesta, os romances corteses e os romances em verso. Como essa torre de Babel linguística e literária poderia integrar-se numa Europa comunitária? Por outro lado, o latim que os escolásticos falavam não era nem o latim clássico nem o latim ainda falado. O latim escolástico foi um latim artificial. Valendo para todas as obras universitárias, para a teologia, a filosofia, as ideias por muito tempo ainda, ele foi "a língua técnica da língua abstrata" (Christine Mohrmann) e um dos fundamentos do pensamento europeu. Mas o era de uma Europa elitista.

A evolução das línguas ditas "vernáculas" (a palavra *verna* significava escravo na Antiguidade; eram, pois, as línguas faladas por indivíduos social e intelectualmente inferiores) foi lenta. Uma etapa capital foi a escrita dessas línguas, em particular para as obras jurídicas e o desenvolvimento de uma literatura em língua vulgar. Também aqui, os séculos XII e XIII foram essenciais. Enfim, a promoção dessas línguas está ligada ao desenvolvimento do Estado, e esta etapa se deu entre os séculos XII e XVI com um momento particularmente importante no século XIII.

Depois do ano 1000, as línguas vernáculas formavam, segundo suas origens, um pequeno número de conjuntos linguísticos. É preciso distinguir, primeiro, as línguas provenientes do latim e que ficaram relativamente próximas dele. Foram as línguas *românicas*. O francês, as línguas ibéricas, o italiano, em primeiro lugar.

O francês surgiu como uma liga do latim e de uma língua germânica, o franco. Uma certa unificação dos dialetos falados na Gália levou ao surgimento de duas línguas, a língua d'oc, na França meridional, e a língua d'oïl, na França Setentrional. No domínio da língua d'oïl, um dialeto médio se impôs, o *franciano*. No século XIII, a língua d'oïl, língua falada na corte dos reis de França que se impunham ao mesmo tempo como chefes políticos e patronos culturais, dominou na França do Norte e, após vitórias, conquistas e ingerências dos franceses do norte no Meio-dia, triunfou também sobre a língua d'oc.

O caso da Inglaterra foi original, pois até o século XV ela conheceu o trilinguismo. Após a conquista pelos normandos em 1066, ao velho inglês falado pelos anglo-saxões juntou-se o francês, sob a forma dialetal do anglo-normando, e, bem entendido, o latim. Enquanto o inglês ganhava o terreno a partir das camadas inferiores e adquiria um caráter pré-nacional (Eduardo I, 1272-1307, foi o primeiro rei da Inglaterra a falá-lo), o francês permaneceu até o século XV como a língua do poder, a língua dos aristocratas e a língua da moda. As grandes famílias nobres enviavam seus filhos para estudar na Normandia a fim de aprender aí um francês bom.

A unificação do alemão foi ainda mais difícil. A própria noção do alemão foi tardia, e a palavra *deutsch* aparece apenas timidamente no século IX. O domínio linguístico permaneceu territorialmente fracionado na Alemanha entre o baixo alemão, médio e alto alemão, frísio, e um pequeno enclave sorábio eslavo.

A situação política e étnica da Península Ibérica levou igualmente a uma situação particular, entre os principais dialetos ou línguas, muitas vezes ligados à situação política. Após o desaparecimento do mozárabe, mistura de dialetos cristãos e de árabe (mozárabe vem da palavra *musta'rab* ou *musta'rib*, que significa *que se arabiza*, termo que apareceu no século XI), o castelhano no século XIII tinha eliminado a maioria dos outros dialetos da península como o leonês e o galego, permanecendo este como língua poética no conjunto da península, e não deixou subsistir senão o catalão e o português; a unificação foi feita em favor do castelhano.

A situação mais ou menos geral foi esta, em toda a Europa, de um bilinguismo que foi primeiro o apanágio das camadas superiores, que sabiam mais ou menos o latim. Cada vez mais, porém, a elite social e política devia saber e empregar as línguas vernáculas.

No século XIII, o franciano unificou os dialetos de *oïl* sob a dupla influência da administração real e da Universidade de Paris, apesar do caráter obrigatório do uso do latim universitário.

Como bem notou Philippe Wolff, os estatutos de Bolonha, em 1246, exigem que os candidatos a escrivão façam a prova de sua aptidão a ler em língua vulgar para o público as atas redigidas por eles em latim.

A situação linguística da Itália é provavelmente a mais imprecisa, embora muitos linguistas hesitem em falar de italiano no século XIII. Em meados do século XIII, o franciscano Salimbene de Parma considera que o toscano e o Lombardo são línguas completas, igual ao francês. O saber linguístico é dominado, no fim do século, por Dante. No seu tratado *De vulgari eloquentia*, escrito por volta de 1303 (em latim!), ele distingue 14 grupos dialetais na Itália e rebaixa a um lugar inferior todos os dialetos, mesmo aqueles considerados como línguas como o romano, o milanês, o sardo, o siciliano, o bolonhês e até o toscano. Ele recomenda uma língua vulgar que chama de *volgare illustre*, que, segundo ele, transcende todos os dialetos ao tomar elementos de uns e dos outros. Ele é verdadeiramente o pai do italiano num país cuja unificação política só acontecerá no século XIX e cuja unificação cultural está longe de estar acabada.

Certamente, os próprios medievais compreenderam que o multilinguismo era um obstáculo à comunicação numa Europa em que, particularmente em matéria econômica, o latim não podia mais desempenhar um papel unificador. Trabalharam, portanto, pela simplificação do multilinguismo, em particular segundo a construção de Estados que se tornariam nações. O problema linguístico continua sendo um dos grandes problemas, e dos mais difíceis, da construção europeia atual; mas o exemplo medieval prova que um certo multilinguismo limitado pode muito bem funcionar numa Europa comum; e que esta multiplicidade linguística é de longe preferível a um monolinguismo que não estivesse ancorado numa longa tradição cultural e política, o que seria o caso se o inglês se tornasse *a língua da Europa*.

Se, no século XIII, o futuro da Europa tornou-se preciso, foi devido em grande parte à evolução das literaturas. A Europa é um feixe de gêneros e de obras literárias. Grandes obras literárias garantiram e fortaleceram o sucesso de línguas nacionais.

Grandes literaturas e obras-primas

O francês impôs-se a partir do fim do século XI com o gênero das canções de gesta e *La Chanson de Roland* [*A canção de Rolando*]. Teve ainda muita influência, principalmente nas traduções ou imitações em língua germânica com os romances corteses, cujo grande homem foi Chrétien de Troyes. A literatura arturiana, em torno do herói em parte legendário anglo-saxão Artur, inspirou a criação de um gênero chamado até hoje a um sucesso prodigioso na Europa, o romance, com seus dois principais ramos, romance histórico e romance de amor, romance do indivíduo e do casal, muitas vezes dominado por um horizonte de morte. Tinha nascido a Europa do Eros e Tánatos.

O castelhano se impôs em meados do século XII pelo *Cantar de mio Cid*, aventureiro nobre cristão que constituiu, em 1094, em torno de Valência, o primeiro Estado cristão em terra do Islã. Servindo aos monarcas cristãos e muçulmanos, foi um "aventureiro da fronteira" e recebeu o sobrenome de *Cid*, do árabe *Sayyid*, senhor.

Difusão da prosa

O século XIII conheceu, no âmbito da literatura, um acontecimento que pesaria sobre o universo literário europeu até hoje. As canções de gesta foram escritas em verso. Os poemas da *Eda* são os primeiros monumentos literários da Escandinávia; são uma coletânea de trinta poemas mitológicos e heróicos compostos entre os séculos IX e XII na Escandinávia e preservados num manuscrito islandês do último terço do século XIII.

O século XIII substituiu a poesia original pela prosa, como escrita literária principal. Tratava-se de substituir os artifícios da rima por uma escrita verdadeira. Assim, a poesia cortês foi posta em prosa no século XIII, e a *Eda* o foi igualmente pelo grande escritor islandês Snoori Sturluson (1179-1241).

O século XIII viu também se desenvolver uma literatura histórica. Mas a história não era, no século XIII, nem uma matéria de ensino (será preciso esperar o século XIX para que ela esteja no programa das escolas e das universidades), nem um gênero histórico específico. Entretanto, a autoridade e o atrativo do passado, seu fortalecimento como valor ideológico aguardando os relatos de diversão das crônicas dos séculos XIV e XV, tiveram na literatura um lugar importante, senão na história, pelo menos na memória.

Os gêneros literários que classificamos hoje entre os gêneros históricos, foram, na Europa Medieval, de um lado, as crônicas universais inauguradas no século IV com Eusébio de Cesareia, testemunha de uma globalização do saber numa Europa que ignorava o continente americano e sabia pouco de coisas sobre a maior parte da África e da Ásia. Ao lado das crônicas universais, desenvolveu-se prodigiosamente um outro gênero, a biografia, sob a firma de *Vidas* de santos ou hagiografia. Este gênero levou, no século XIII, a uma suma hagiográfica excepcional, a *Legenda áurea* composta por Jacopo da Varazze (Tiago de Voragine), dominicano arcebispo de Gênova.

No entanto, depois das crônicas dedicadas à história de um mosteiro ou de um bispado, o século XIII viu a afirmação e crônicas reais, obras ao serviço de monarquias que estavam transformando-se em Estados. O passado, na maioria das vezes mitificado, se torna uma das bases do poder político. Uma Europa política da memória e da história tinha nascido.

Na Inglaterra, um certo número de obras com sucesso como as de Guilherme de Malmesbury (1095-1143) e, sobretudo, de Godofredo de Monmouth (falecido em 1155), autor de uma *História dos reis da Bretanha*, impuseram uma visão histórica que institui uma continuidade entre reis celtas, anglo-saxões e normandos. Sobretudo, uma série de obras dominadas pelo personagem Brut, primeiro rei da Grã-Bretanha segundo Godofredo de Monmouth, vulgarizaram, com o personagem de Artur, a ideia de uma origem troiana da monarquia inglesa. Uma série de crônicas intituladas *Bruts* conheceu um grande sucesso no século XIII.

Paralelamente, um mito das origens troianas dos francos desenvolveu-se na França desde a Alta Idade Média. O mito foi particularmente explorado em favor dos reis capetíngios pelos monges da abadia real de Saint-Denis. Em 1274, o monge primaz de Saint-Denis ofereceu ao Rei Filipe III uma síntese que lhe fora encomendada pelo pai de Filipe III, São Luís, e que está na origem das grandes crônicas de França. É chamada de *romance aos reis* (romance que faz referência à língua na qual estava escrito e não ao gênero literário). Essas histórias lendárias manifestam um desejo europeu de ligar-se, em oposição aos gregos da Antiguidade, a uma outra origem. Já Virgílio, na *Eneida*, fizera os romanos provirem de heróis troianos que sobreviveram à Guerra de Troia e se refugiaram na Europa. Os italianos da Idade Média recolheram essa tradição. A Idade Média enriqueceu também esse mito das origens troianas ao fazer os troianos fugitivos residirem durante vários séculos, antes de se dirigirem até à Europa Ocidental e Meridional, na Europa Central, no lugar da antiga cidade romana de *Aquincum* (Budapeste), episódio do mito que a monarquia húngara explorou na Idade Média.

4 O sucesso dos frades mendicantes

O século XIII das cidades, dos mercadores, das universidades, das literaturas vernáculas sofreu também a ação, de duração europeia muito longa, de religiosos de um tipo novo: as ordens mendicantes, sendo que os principais foram os Pregadores ou dominicanos e os Menores ou franciscanos. Estas ordens não eram constituídas de monges que viviam na solidão coletiva de mosteiros isolados, mas de regulares que viviam em comunidade no meio das pessoas nas cidades. Foi essa sociedade nova que eles formaram pela pregação e pela prática litúrgica; um cristianismo novo em que o interesse pelos leigos era maior e onde a preocupação de adaptar tanto os clérigos como os leigos ao progresso da Cristandade europeia era dominante e foi de grande eficácia.

Os grandes problemas da Igreja eram a reforma gregoriana inacabada, a difusão rápida das heresias, a falta de adaptação a uma sociedade em que a circulação do dinheiro se acelerava, em que a riqueza se tornava um valor, e a cultura monástica ligada a uma sociedade rural não era mais capaz de responder às exigências dos cristãos. A resposta veio de algumas personalidades religiosas ou leigas que constituíram ordens de tipo novo, não monásticas, que foram mais ou menos dificilmente aceitas pelo papado. As ordens assim criadas foram chamadas de ordens mendicantes porque o que mais impressionou nelas foi a prática da humildade e da pobreza, que levava seus membros a mendigar os meios de subsistência e, para uma delas, a ordem fundada por Francisco de Assis, a Ordem dos Menores. O sucesso dessas ordens levou-as a se multiplicarem no começo do século XIII. Mas o segundo Concílio de Lyon, em 1274, deixou subsistir apenas quatro. Os Pregadores ou dominicanos, os Menores ou franciscanos, os eremitas de Santo Agostinho e os carmelitas; a elas o papado acrescentou, no começo do século XIV, os Servitas de Maria, provenientes de um grupo de mercadores penitentes florentinos empenhados no serviço de um hospício dedicado à Virgem, que tinham se retirado para fora da cidade para uma vida comunitária e pobre. O seu sucesso limitou-se à Itália, sobretudo Itália do Norte. Voltaram frequentemente às cidades, por exemplo, Roma, onde receberam a igreja de São Marcelo, e privilegiaram os estudos frequentando a Universidade de Paris. Mas a tradição historiográfica os deixou fora do grupo das ordens mendicantes.

Para o prestígio superior dos dominicanos e dos franciscanos contribuiu poderosamente a personalidade dos fundadores. Domingos, nascido em Caleruega, em Castela, por volta de 1170, torna-se cônego do capítulo de Osma em 1196. Durante uma missão, ele atravessou o Languedoc e ficou admirado com a importância que os hereges tinham aí. Decidiu combatê-los no próprio terreno deles, vivendo na pobreza e dedicando-se à pregação. Suas bases foram Prouille e Fanjeaux entre Carcassonne e Tolosa. Reuniu em torno dele uma fraternidade de clérigos, e o grupo conheceu sucesso suficiente para ser reconhecido pelo Papa Inocêncio III, em 1215. O IV Concílio do Latrão proibiu nesse ano que fossem criadas novas ordens. Mas o grupo de Domingos seguia a regra de Santo Agostinho, habitual entre os cônegos, e foi autorizado a formar uma ordem chamada pela bula pontifícia de 1217 de "Ordem dos Pregadores". Domingos enviou seus irmãos a diversos centros urbanos, de preferência importantes (os dominicanos se instalaram nas grandes cidades, diferentemente dos franciscanos, que foram atraídos pelos centros urbanos médios e pequenos), e particularmente em Bolonha e em Paris, pois queriam que suas pregações estivessem baseadas em estudos sérios. Domingos pregou, sobretudo, na Itália do Norte, até o fim de sua vida, e morreu no convento de Bolonha em 1221. Foi canonizado em 1234.

Francisco de Assis é muito diferente. É filho de um mercador de tecidos da pequena cidade de Assis e foi tentado pela vida cavalheiresca. Em 1206 decidiu renunciar de maneira espetacular a essa vida e à sucessão de seu pai, que esperava que o sucedesse. Ele se despoja de toda a sua roupa em lugar público, denuncia o dinheiro, o comércio, e chama seus concidadãos à pobreza e ao serviço de Cristo. Com alguns companheiros, forma um grupo itinerante que tem como lugares de referência duas modestas igrejas nos arredores de Assis, São Damião e a Porciúncula. Num diálogo difícil com o Papa Inocêncio III, Francisco obteve o reconhecimento de sua fraternidade, composta ao mesmo tempo de clérigos e de leigos, como uma ordem nova à qual deu a sua regra que teve de reescrever por exigência do Papa Honório III, que finalmente a aprovou em 1223, depois de Francisco suprimir as passagens mais provocativas sobre a pobreza e a vida comunitária. Antes de seguir rapidamente os inícios da ordem franciscana, que, ao contrário da ordem dominicana, foram muito agitadas, notemos o caráter novo das duas ordens. A mais espetacular é sem dúvida a sua implantação em meio urbano e o fato de que as cidades são os centros essenciais da pregação e da atividade dos dominicanos e dos franciscanos. Os franciscanos, todavia, prolongam essa atividade nos caminhos por onde passam como itinerantes e retirando-se em ermidas nas montanhas. Por outro lado, a sua subsistência é feita de uma maneira radicalmente diferente da dos monges; não são proprietários, não dispõem de terras nem de rendas. Vivem de esmolas, que podem ser doações que lhes permitam construir, contra as instruções de seus fundadores, igrejas cada vez maiores, mesmo se elas conservam uma certa modéstia de decoração. As ordens mendicantes colocam verdadeiramente Cristo e o Evangelho no centro não somente de suas próprias devoções, mas também das devoções dos leigos. Francisco de Assis levará ao extremo a identificação com Jesus a esse respeito. Na solidão montanhosa do Monte Alverne, na Itália Central, ele recebe, na aparição de um Serafim, os estigmas de Cristo, quer dizer, a marca das chagas que Cristo recebera na cruz. As ordens mendicantes ensinam também às populações, particularmente urbanas, novas práticas religiosas graças a uma intensa pregação. Com eles nasce uma Europa da *palavra*, do sermão, que, laicizado, será a Europa do discurso, da tribuna, do discurso militante.

Francisco, que é fascinado pela obra divina, por toda a criação, canta os louvores dessa criação no famoso *Cântico do Irmão Sol*, também chamado *Cântico das criaturas*, no qual se viu a origem do sentimento europeu da natureza. As ordens mendicantes, que desde a sua criação se colocaram ao serviço da Igreja no seu apostolado, logo foram desviadas pelo papado de sua atividade pastoral original para missões novas. Contra os hereges, a Igreja impele os mendicantes para além da pregação, com o risco de desnaturar a sua vocação, para a Inquisição. Bem cedo o papado retira a direção dos tribunais de inquisição dos bispos para entregá-los às ordens mendicantes. Por isso a reputação das ordens mendicantes na sociedade europeia do século XIII é muito contrastada. Por um lado, são admiradas, honradas, seguidas. Em 1233, uma campanha de pacificação de conflitos nas cidades da Itália do Norte, o movimento *Aleluia*, conheceu – por um tempo limitado – um sucesso espetacular. Por outro lado, são atacadas e são objeto de uma hostilidade que pode ir até o ódio. Um caso exemplar foi o do inquisidor dominicano, (São) Pedro Mártir, inquisidor virulento na Itália do Norte, assassinado em 1252 na estrada de Como a Milão. Representado como santo com uma faca plantada no crânio, ele manifesta a distância que se instala entre a Igreja e as ordens mendicantes, por um lado, e a maioria dos fiéis, por outro, em torno da Inquisição.

Ambas as ordens se tornaram alvo de vivas críticas de seculares a propósito da instrução e do saber, sobretudo na Universidade de Paris. Mestres seculares, dos quais o principal foi Guilherme de Saint- Amour, poetas como Rutebeuf e João de Meung, atacaram vivamente as ordens mendicantes. Primeiro, sobre o próprio princípio da mendicidade e da pobreza. O homem, inclusive o religioso, deve viver do produto de suas mãos, e não da esmola que permite que ele viva na ociosidade. Mais adiante se verá que esse sentimento é alimentado pelo nascimento de uma Europa do trabalho e de uma promoção da ideia de trabalho. Os frades mendicantes são verdadeiros mendicantes? A eles não se devem preferir os "verdadeiros pobres" cuja condição condena à mendicidade?

O fato de se apossarem de funções que pertencem ao clero secular, a distribuição dos sacramentos, a administração de igrejas, que acarretam a percepção do dinheiro do culto em seu proveito, choca um certo número de fiéis, mas sobretudo coloca contra os mendicantes uma grande parte do clero secular. O que também alimentará, longe de apaziguar, o conflito é que, a partir de meados do século XIII, o papado escolheu, cada vez mais, bispos entre religiosos mendicantes, ofuscando assim a distinção entre regulares e seculares.

Nas universidades, particularmente em Paris, onde os mendicantes tinham sido desde a origem malvistos (os dominicanos por afirmar desde o início o seu interesse pelos estudos, os franciscanos, apesar das reticências de Francisco de Assis em relação a uma atividade que implicava a compra de livros, mais tarde), porque, por ocasião da grande greve de 1229-1231, tinham se aproveitado da atitude dos mestres seculares para fazer criar cátedras em proveito deles. Tinham entrado no mundo universitário como furadores de greve, como "pelegos". O conflito entre regulares e seculares envenenou a Universidade de Paris várias vezes durante o século XIII. O papado interveio tomando, geralmente, a defesa dos mendicantes, mas as suas intervenções mais agravaram do que apaziguaram a querela, na qual Boaventura e Tomás de Aquino tinham tido um papel eminente em defender a legitimidade e o mérito da pobreza voluntária. O século XIII foi, portanto, com o aparecimento das ordens mendicantes, um momento importante na longa história da pobreza na Europa, que, infelizmente, não acabou até hoje.

Outras dissensões, estas internas, agitaram a ordem franciscana durante o século XIII. Mesmo enquanto Francisco estava vivo, uma tendência rigorosa, ascética, se tinha oposto a uma tendência para o compromisso com as necessidades da vida humana em sociedade. Francisco parece estar frequentemente do lado dos rigoristas, mas ele se recusa sempre a desobedecer à Igreja e à Santa Sé. Foi em torno de sua figura, de sua memória, que se desenvolveu muitas vezes o conflito que agitou a ordem após a sua morte em 1226, apressando-se o papado em canonizá-lo já em 1228. A primeira ocasião foi a construção por seu sucessor, muito contestado, Frei Elias, designado pelo próprio Francisco, da basílica de Assis, cujas dimensões e esplendor apareceram como uma negação da espiritualidade de Francisco. Depois o conflito se mostrou essencialmente nos textos de natureza biográfica que lhe foram dedicados. Assim nasceu o que, no fim do século XIX, um grande biógrafo moderno de Francisco, o protestante Paulo Sabatier, chamou de "questão franciscana". Com Sabatier, essa questão nasceu particularmente do acontecimento que deveria ter posto fim ao problema no século XIII. Com efeito, o capítulo geral da ordem decidiu, em 1260, a redação pelo Ministro-geral Boaventura de uma *Vida* oficial de São Francisco, que devia substituir todas as que tinham sido escritas anteriormente e, decisão inaudita, o capítulo ordenou que todas essas *Vidas* fossem destruídas. Se a esse ato se acrescentar as condenações em Paris do Bispo Tempier, infelizmente se deve dizer que o século XIII viu o nascimento não apenas de uma Europa da inquisição, mas também de uma Europa da censura.

Uma Europa da caridade

Artesãos, pela pregação, de uma Europa da palavra, os mendicantes são também os grandes animadores de uma Europa da caridade, ancestrais de uma Europa da seguridade social. O sistema é organizado no século XIII sob o nome de "obras de misericórdia". Estas se fundamentam num texto do Evangelho de Mateus (25,35) em que o Filho do Homem, no Juízo Final, separará os homens e dirá aos que estão colocados à sua direita que entrarão no Reino de Deus em recompensa pelos benefícios que fizeram durante a sua vida terrestre. As obras consistem em visitar os doentes, dar de beber àqueles que têm sede, alimentar os que têm fome, resgatar os cativos (no século XIII são, sobretudo, os prisioneiros dos piratas muçulmanos no Mediterrâneo), vestir os nus, acolher os estrangeiros, fazer serviços religiosos na intenção dos defuntos. Os frades mendicantes são os mais ativos na pregação e na prática dessas obras de misericórdia; ao mesmo tempo, dedicam-se ao serviço dos hospitais, cujo número se multiplica em ambiente urbano. Nasceu uma Europa dos hospitais.

As ordens terceiras: entre clérigos e leigos

A última característica das ordens mendicantes é o fruto de seu interesse pelos cidadãos leigos. Trata-se da fundação das ordens terceiras. Elas agrupam leigos de diversas condições, mas de fato, muitas vezes, bastante abastados que, permanecendo em sua família e continuando a exercer a sua profissão, levam uma vida tão próxima quanto possível da vida dos frades. De fato as ordens mendicantes incluem, segundo a vontade de seus fundadores, três ordens: uma ordem masculina, uma ordem feminina (para os franciscanos são as clarissas, para os dominicanos são as dominicanas) e uma terceira ordem, que estende consideravelmente a sua influência na sociedade urbana. Com efeito, é o conjunto dessa sociedade que está enquadrada nessas três ordens. Mas as ordens mendicantes foram dominadas pela primeira ordem, a dos irmãos, pelos homens e pelo papado. E essa ordem não escapou à clericalização e, como mostrou, a propósito dos franciscanos, o Padre Desbonnets, as ordens mendicantes evoluíram muito rápido "da intuição para a instituição". Apesar dos progressos dos leigos como membros da Igreja, o século XIII fracassará na constituição de uma Europa de leigos.

A Europa gótica

O século XIII foi um grande período de floração artística, particularmente no âmbito da arquitetura. A arte, e mais particularmente a arquitetura, foi uma das grandes manifestações e um dos grandes alicerces da unidade europeia. Apesar dos traços comuns, as literaturas permaneceram afastadas pela diversidade das línguas; a linguagem da arte foi mais ou menos única. Já a arte românica, que marcava, como seu nome indica, uma certa volta à arte romana antiga, tinha se espalhado em grande parte da Europa, mas com importantes particularidades segundo os povos e as regiões. A arte gótica, que também foi chamada de arte francesa, inundou toda a Europa cristã, a partir da França do Norte e, mais particularmente, do centro dessa região, que se chamava a França propriamente dita, no século XIII, e mais tarde Île-de-France. Esta arte nova, muito diferente da românica, responde ao mesmo tempo a um grande crescimento demográfico, que reclama igrejas maiores, e a uma profunda mudança de gosto. Além das dimensões mais vastas, o gótico manifestou-se pela atração da verticalidade, da luz e até da cor. As cidades importantes, pois se tratava de uma arte muito mais urbana que a arte românica, rivalizaram em audácia e em beleza na realização de edifícios góticos que se ilustraram, sobretudo, nas catedrais. É o que Georges Duby chamou de "o tempo das catedrais". Nasceu uma Europa do gigantismo e da desmedida. Sempre mais alto! Esta parece ter sido a palavra de ordem dos arquitetos góticos. Depois de uma primeira geração de catedrais entre 1140 e 1190, marcada pelas catedrais de Sens, de Noyon e de Laon, o século XIII foi o grande século das catedrais, a começar por Notre-Dame de Paris. A busca frenética do comprimento e da altura manifestou-se particularmente na Catedral de Amiens, construída entre 1220 e 1270, ou seja, praticamente durante todo o reinado de São Luís, que pronunciou aí, no coro já acabado, em 1256, o seu famoso Dito de Amiens, sentença arbitral entre o rei da Inglaterra e seus barões. Amiens teve um comprimento de 145 metros e uma altura de 42,50 metros. O ponto mais alto foi atingido e ultrapassado no coro de Beauvais, que, elevado a 47 metros de altura em 1272, desabou em 1284.

Uma espiritualidade da luz presidiu a construção das altas janelas das igrejas góticas. A teoria foi expressa desde o século XII pelo abade de Saint-Denis, Suger, que começou a reconstrução, segundo os novos princípios teológico-estéticos, da igreja de sua abadia. Ao contrário dos vitrais românicos, em geral brancos ou cinzentos, os vitrais góticos conheceram a floração da cor ligada ao desenvolvimento da cultura de plantas para fazer tinta, como a gueda ou pastel, e aos progressos das técnicas de tinturas. As cores dos vitrais, acrescentadas à policromia das esculturas, foram lembradas por Alain Erlande-Brandenburg em sua obra *Quando as catedrais eram pintadas*. A arquitetura gótica andou de fato junto com uma floração da escultura essencialmente na ornamentação das catedrais. O desenvolvimento dos portais esculpidos das catedrais deu um espaço espetacular às esculturas e, em particular, às representações do Juízo Final, cuja visão equilibrava, tanto pelo medo quanto pela esperança, o ímpeto vertical e a radiação luminosa.

A Europa do vitral colorido está particularmente ilustrada na Catedral de Chartres, cujos azuis ficaram célebres. As grandes catedrais francesas foram muitas vezes imitadas no estrangeiro seja a partir do tipo em três naves, o mais frequente, seja a partir do tipo em cinco naves, como Bourges. As mais belas cópias foram erguidas na Espanha, sobretudo em Burgos, mas também em Toledo ou Leão. Na Inglaterra, um gótico particular se difundiu a partir da Normandia; é uma das primeiras expressões do que se chamará, nos séculos XIV e XV, de gótico flamejante. Na Itália, a arte gótica ficou "espremida" entre a arte românica persistente e a arte precoce da Renascença. Aí o gótico foi difundido, mas de maneira limitada, pelas ordens mendicantes, como em Assis. No âmbito germânico e, sobretudo, hanseático, um tipo particular de igrejas góticas, sob a influência de mercadores, foi edificado em torno de uma única larga nave, foram as igrejas-halles. Rolando Recht sublinhou recentemente a longa tradição do gótico na Europa até hoje. Cito o que ele diz: "Se olharmos com alguma atenção realizações eminentes do século XX, constatamos que muitas vezes elas prolongam, enriquecem e atualizam um conjunto de aquisições feitas entre 1140 e 1350 no noroeste da Europa. É a elas que os Poelzig, os Bruno Taut, os Mies Van der Rohe, os Gropius, os Niemeyer, os Gaudi, mas também os Nervi, os Gaudin, os Gehry etc., devem uma grande parte de sua cultura arquitetural. Ao se emancipar do ideal clássico, a arquitetura do movimento moderno conseguiu ao mesmo tempo a possibilidade de inspirar-se com aquilo que esse ideal impedira: a redefinição estática e estética do muro, a instalação de estruturas autoportantes, a pré-fabricação de elementos estandardizados e, sem dúvida, acima de tudo, uma clara lisibilidade da função através da forma"[1]. Uma excursão pelas diferentes formas da arte gótica nos levaria longe demais. Mas é preciso não esquecer que a Europa gótica do século XIII não é somente uma Europa da arquitetura, mas também da escultura, dos portais das catedrais aos púlpitos esculpidos de Pisa e às estátuas de anjos, de virgens e de princesas, e também da pintura, dos afrescos às miniaturas. O século XIII gótico enriquece maravilhosamente a Europa das *imagens*.

A Europa cortês

O século XIII viu também afirmar-se uma Europa das boas maneiras as quais os historiadores e sociólogos modernos deram o nome de civilização, ao passo que os cristãos do século XIII falavam de cortesia. Mais tarde, as palavras urbanidade e polidez, que remetem a um espaço urbano, também serão empregadas para designar esse afinamento dos

---

1. Aula inaugural no Collège de France, 14 de março de 2002, p. 30.

sentimentos e dos comportamentos. O primeiro estudo de conjunto desse movimento foi feito em 1939 pelo sociólogo alemão Norbert Elias, na sua obra inovadora *Über den Prozess der Zivilisation*[2]. Os medievais designavam essa evolução pelo nome de cortesia. A própria etimologia mostra que esse movimento, que data da Idade Média e, mais particularmente, do século XIII, tinha duas origens sociais, a corte e a cidade. Houve, portanto, convergência dos costumes nobres e dos costumes burgueses para que surgissem, nos séculos XII-XIII, manuais de cortesia em latim ou em língua vulgar, entre os quais se pode citar, na Inglaterra, o *Líber Urbani* e o *Facetus*, em alemão: *Der wälche Gast* (*O hóspede welche*[*]) de Thomasin de Zerklaere e o *Poema* de Tannhäuser, e o *Tratado de cortesia* do pedagogo milanês Bonvesin de La Riva; os conselhos de boas maneiras dados nessas obras concernem sobretudo os modos à mesa, às funções naturais, às relações sexuais, à luta contra a agressividade. Em Bonvesin, por exemplo, se lê:

> Nunca se deve beber na sopeira,
> mas servir-se de uma colher, é mais conveniente.
> Aquele que se inclina sobre a sopeira
> e, imundo, deixa cair aí sua baba como um porco,
> faria melhor se fosse juntar-se aos outros animais.

O garfo, que chegou cedo sem sucesso de Bizâncio a Veneza, difundiu-se apenas lentamente a partir dos séculos XIV-XV.

Toda esta literatura resultou no célebre tratado de Erasmo, escrito em latim e traduzido para várias línguas vulgares, *De civilitate morum puerilium* (*Da civilidade dos costumes das crianças*), que conheceu um sucesso muito grande no século XVI. A Europa das boas maneiras nasceu no século XIII[3].

---

2. Traduzido como *Civilização dos costumes*.

* Welche é o antigo nome dado pelos germanos aos romanos. Na Alta Idade Média, foi aplicado a certas populações rurais de língua latina da Baviera e da Áustria [N.T.].

3. Um ancestral dos tratados de boas maneiras medievais, os *Disticha Catonis*, do século III, em verso, foi objeto de cópias manuscritas na Idade Média.

A promoção ambígua do trabalho

O século XIII viu também se firmar uma importante mudança de mentalidade e de comportamentos no âmbito essencial da atividade humana em que a tradição medieval é ainda perceptível hoje: o trabalho. Na Alta Idade Média, o trabalho tinha um *status* ambíguo; causava problema sobretudo no mundo monástico. As regras monásticas, a começar pela regra de São Bento, obrigavam os monges a um duplo trabalho. Um trabalho intelectual de cópia de manuscritos e um trabalho econômico de agricultura de subsistência. Essa obrigação do trabalho era para os monges um ato de penitência. O livro do Gênesis dizia que Deus punira o pecado original de Adão e Eva condenando-os ao trabalho. Sendo penitência, o trabalho monástico era também redenção, e assim apareceu uma noção valorizante do trabalho. Dado o prestígio do monge na sociedade da Alta Idade Média, o fato de os homens mais prestigiosos dessa sociedade, os monges, trabalharem, conferiu contraditoriamente um valor positivo ao trabalho. A valorização do trabalho acelerou-se do século XI ao XIII. O progresso tecnológico do trabalho rural, o desenvolvimento do trabalho artesanal nas cidades, a busca da riqueza e de um *status* social elevado graças ao trabalho refletiam sobre a imagem dele. Viu-se que os mercadores e os universitários foram legitimados por seu trabalho. Os irmãos das ordens mendicantes foram criticados por sua recusa a trabalhar, mas eles se defenderam ao reclamar para o seu apostolado uma forma de trabalho. As classes sociais que mostravam a sua superioridade pela sua abstenção ao trabalho – ociosidade dos contemplativos e dos clérigos, ociosidade dos guerreiros, dos cavaleiros e dos nobres – eram convencidas pela promoção do trabalho na sociedade e na espiritualidade. A atividade guerreira foi apresentada como um trabalho útil para a proteção dos fracos. O apostolado dos clérigos foi, antes mesmo da autodefesa dos mendicantes, reconhecido e elogiado. Todo o mundo da cortesia e da cavalaria se viu ameaçado por essa valorização do trabalho. Apareceu um adágio: *O labor supera a proeza*. No entanto, a imagem do trabalho continuava a sofrer graves fraquezas. Não havia palavra para designá-lo; não existia o conceito de trabalho. Por um lado, a palavra latina *labor* falava sobretudo do esforço (daí sairá o francês *laboureur*, o inglês *labor* e a nossa palavra *labor*, *laborar* etc.). Por outro lado, *opera* designa o produto do trabalho, a obra (daí saiu a palavra *operário*). Subsistiu e se reforçou uma distinção, uma oposição até, entre trabalho manual, mais do que nunca desprezado, e as outras formas honrosas e honradas do trabalho. O poeta Rutebeuf reivindica com orgulho:

Não sou operário manual.

Assim nasceu uma Europa da ambiguidade do trabalho, espremida entre a dignidade e a indignidade do trabalho. Contribuía também para essa ambiguidade do fato de que a sociedade, e a Igreja em particular, os ricos e os poderosos, pareciam fazer o elogio do trabalho essencialmente para manter os trabalhadores na escravidão a seus empregadores. Este continua sendo um debate hoje, e as transformações fundamentais do trabalho na nossa sociedade são uma das grandes viradas que as sociedades ditas "avançadas" vivem.

A Europa, os mongóis e o Leste

O século XIII viu a afirmação de uma evolução essencial para o problema da formação da Europa. Como na maior parte do tempo, uma identidade europeia se esboçou frente a inimigos ou a "outros"; eles foram os persas na Antiguidade, depois os bárbaros e os pagãos, finalmente os muçulmanos. Um toque final a esse processo de identidade foi trazido no século XIII pelos mongóis. A invasão mongol de 1241, que avançou para o oeste até à Silésia, mas recuou em seguida para o leste, suscitou um abalo mental, um pânico entre os cristãos. O rei da França, São Luís, visualiza a morte de mártir e não cessa, durante a sua Cruzada no Oriente, de se preocupar de maneira ora negativa e ora positiva por esses estrangeiros mongóis, que poderiam ser inimigos terríveis ou aliados contra o Islã. O medo dos mongóis alimentou uma evolução das mentalidades já importante, o abandono das Cruzadas. O interesse cada vez maior dos cristãos por suas terras, seus bens e pelos negócios do Ocidente abalara o ímpeto pela Cruzada. A ameaça mongol alicerçou esses desinteresses pela Terra Santa.

Numa lenta construção de fronteiras ainda incarnadas por zonas territoriais mais do que por linhas fixadas mais tarde pelos Estados, uma nova fronteira decisiva da Europa cristã apareceu na Europa do Leste. Os países cristãos, que impuseram esta nova visão, foram, primeiro, a Hungria e, em seguida, a Polônia. Estes dois países se apresentaram como as muralhas da Cristandade contra os bárbaros pagãos, mongóis em primeiro lugar, mas também cumanos na Hungria, prussianos e lituanos na Polônia. A expressão mais clara dessa nova situação e dessas novas concepções foi uma carta endereçada ao papa pelo rei da Hungria, Bela IV, entre 1247 e 1254. Nela o soberano declara que os tártaros, nome tradicional dado aos mongóis, se preparam firmemente para dirigir em curto prazo seu inumerável exército *contra toda a Europa (contra totam Europam)*; e o rei da Hungria acrescenta: "Se, que Deus não queira, o império de Constantinopla e as regiões cristãs de além-mar forem perdidas, não seria, todavia, uma perda tão grande para *os habitantes da Europa* que se os tártaros ocupassem o nosso reino". Mais claramente ainda, por ocasião do segundo Concílio de Lyon, em 1274, o bispo de Olomuc, na Morávia, afirma que a cruzada desvia os cristãos da verdadeira fronteira contra os pagãos e os infiéis, que ele situa no Danúbio, como Bela IV. Esta concepção político-geográfica da Europa, que ignora os Cárpatos e, com mais razão ainda, o Ural como fronteiras da Europa, mais que uma identificação entre Europa e Cristandade, explica uma nova concepção territorial da Europa.

Essa Europa é "nova". É o resultado do grande progresso que a Cristandade conheceu, aproximadamente, do século XI a meados do século XIII. Creio que se pode situar entre meados do século XII e meados do século XIII, datas muito aproximadas, pois os grandes movimentos da história raramente se deixam datar de maneira precisa, uma mutação profunda de um conjunto fundamental de valores na sociedade cristã europeia. Parece-me que essa virada decisiva resulta da tomada de consciência por uma parte importante de homens e de mulheres desse período, desse grande desenvolvimento da Cristandade e de suas principais consequências. Tendo esse desenvolvimento se manifestado, já o vimos, com mais ou menos intensidade e com distanciamentos cronológicos segundo os lugares e os meios no conjunto dos domínios que constituem a vida das sociedades, tecnológico, econômico, social, intelectual, artístico, religioso, político; esses valores concernem a todos os domínios, numa interação complexa, podendo tal ou tal domínio, durante essa mutação comum, desempenhar um papel mais importante de acelerador. Isso será ora o ímpeto urbano, ora a revolução agrícola, ora o crescimento demográfico, ora o surgimento de métodos escolásticos e de ordens mendicantes, ora o nascimento do Estado, ora as transformações do campesinato, ora o aparecimento de novas categorias sociais urbanas como os burgueses, sempre em interação.

A descida dos valores do Céu à Terra

Defini esse período de tomada de consciência do grande progresso da Idade Média Central e de mutação dos valores como o tempo da descida dos valores do Céu à Terra. Penso, de fato, que entre as possíveis soluções culturais que respondem ao desafio que o grande progresso lançava aos valores tradicionais da Alta Idade Média, a Cristandade latina, sem eliminar completamente a doutrina do desprezo do mundo (*contemptus mundi*) que continuará por longo tempo, escolheu a conversão ao mundo terrestre nos limites compatíveis com a fé cristã. Um primeiro sinal da mudança de valores é que as novidades que se tinham afirmado no interior do grande progresso não tinham podido fazê-lo senão camuflando-se por trás do respeito pela tradição antiga, pagã ou cristã. Lembro a frase emblemática de Bernardo de Chartres: "Somos anãos montados nos ombros de gigantes". A primeira mudança de valores no século XIII foi o abandono da condenação tradicional de toda novidade. A *Vida* de São Domingos, por exemplo, na primeira metade do século XIII, exalta em Domingos o homem *novo* e em sua ordem, os pregadores, uma ordem *nova*. Certamente, os homens da Alta Idade Média trabalhavam, lutavam pela vida terrestre, pelo poder terrestre, mas os valores em nome dos quais viviam ou combatiam eram valores sobrenaturais, a saber: Deus, a Cidade de Deus, o Paraíso, a Eternidade, o desprezo do mundo, a conversão, o exemplo de Jó, aniquilado diante da vontade de Deus. O horizonte cultural ideológico e existencial dos homens era o Céu.

A partir do século XIII os cristãos estão profundamente preocupados com a sua salvação. Mas, agora, a salvação é obtida por um investimento duplo, assim na terra como no céu. Há, ao mesmo tempo, o surgimento de valores terrestres legítimos e salvadores, como a transformação do trabalho de valor negativo de penitência em valor positivo de colaboração na obra criadora de Deus, descida de valores do Céu à Terra. A inovação, o progresso técnico e intelectual não são mais pecados, a alegria e a beleza do paraíso podem receber um início de realização na terra. O homem, que é lembrado que foi feito à imagem de Deus, pode criar na terra as condições não somente negativas, mas positivas da salvação. Acentua-se que Adão e Eva foram salvos dos ínferos por Jesus quando ele desceu ao Limbo; a história não é mais um declínio em direção ao fim do mundo, mas uma subida para a realização no tempo. O joaquimismo, que inspira um sentimento milenarista apenas a uma minoria, a uma maioria insufla um sentido positivo da história. Entre esses novos valores podem ser citados, ao lado das antigas autoridades intelectuais, os *authentica*; aparecem as novas autoridades dos mestres universitários, os *magistralia*. No campo econômico aparece a ideia não de progresso, que se desenvolverá apenas no final do século XVII, mas o de crescimento. A intensificação da utilização do moinho, o desenvolvimento dessas aplicações (moinhos de ferro, à água, para cerveja, para pisoar etc.), a substituição do tear vertical pelo tear horizontal, a invenção no século XIII da árvore de transmissão em crista, que transforma um movimento contínuo em movimento alternativo, fazem aparecer um novo valor, a produtividade. Como maná celeste, a abundância desce do céu à terra. No âmbito agrícola, a lenta substituição, onde a terra, o clima e a organização agrária o permitem, do afolhamento trienal para o afolhamento bienal, aumenta em cerca de um sexto a superfície cultivada dos terrenos e permite uma diversificação sazonal das culturas (trigo de primavera e trigo de outono). Assim aparecem os valores de crescimento e de rendimento. A ciência agrícola se torna de novo, como no final da Antiguidade, um saber digno da redação de manuais. É o caso do manual *Housebondrie* de Walter de Henley, do *Ruralium commodorum opus* de Pietro de Crescenzi, que o rei da França Carlos V fará traduzir para o francês em meados do século XIV. Essas mudanças não devem ser exageradas, mas são um sinal de conversão ao mundo. A noção de lucro vergonhoso (*turpe lucrum*), que se opunha ao desenvolvimento dos benefícios e dos empréstimos a juros, é cada vez mais evitada graças à casuística econômica em que se distinguem as ordens mendicantes, que, como se viu, legitimam cada vez mais as atividades do mercador, porque ele coloca ao alcance de uma parte crescente da humanidade os bens que o céu, num primeiro tempo, confiou a uma parte deles numa parte da terra. A difusão dos novos valores é feita muitas vezes por um recurso aumentado à razão e ao cálculo (é a mesma palavra em latim: *ratio*). A racionalização das explorações rurais e da coleta das rendas leva a um empreendimento extraordinário, muito avançado para o seu tempo, do novo rei da Inglaterra, o normando Guilherme o Conquistador, que mandou fazer, em 1085, um inventário completo dos domínios da Coroa e de suas rendas. O nome familiar que lhe foi dado e que ficou na história é *Doomsday Book*, livro do Juízo Final. Não se podia exprimir melhor a ideia que adiantei de uma transferência do céu para a terra. O conde de Flandre, na mesma linha, mandou redigir um documento com a avaliação em números de suas rendas, o *Gros Brief* de Flandres. Filipe Augusto da França (1185- 1223) mandava fazer regularmente um levantamento da situação das receitas de seu domínio real, tendo ficado conservado um fragmento para 1202-1203. Ainda que a realidade seja mais modesta, pode-se dizer que nasceu uma Europa do orçamento. Ao mesmo tempo, como bem mostrou Alexander Murray, uma verdadeira "mania aritmética" se apossou dos homens do Ocidente por volta de 1200. Conta-se tudo, até os anos de purgatório, e Jacques Chiffoleau falou, de modo engraçado, de "contabilidade do além".

De fato, os homens e as mulheres do século XIII, os clérigos, mas também os leigos, invadiram o domínio de Deus. A vontade de melhor dominar o tempo da vida cotidiana fez nascer, no final do século XIII, o relógio mecânico. As universidades fazem descer em suas cátedras uma parte do saber cuja distribuição Deus reservara para si. Aliás, o próprio conhecimento de Deus tornou-se um saber humano; Abelardo inventou a palavra teologia no século XII, e o Padre Chenu mostrou como a teologia se torna uma ciência no século XIII. Enfim, o nascimento, no final do século XII, do Purgatório permite que a Igreja e as pessoas roubem de Deus uma parte de seu poder sobre os mortos ao instituir um sistema de libertação das almas do Purgatório graças aos *sufrágios* dos humanos apresentados a Deus. O instrumental intelectual e mental das pessoas evolui, fazendo progredir o domínio dos homens pelo desenvolvimento dos instrumentos do saber. O livro se torna um manual, e não mais apenas um objeto de arte e de devoção. A escrita invade o mundo dos mercadores e dos juristas; é um objeto de estudo nas escolas e, assim, se dessacraliza ou, antes, inscreve na terra o seu poder celeste. O corpo é o objeto tanto de cuidados como de repressão. O Papa Bonifácio VIII proíbe, no final do século XIII, retalhar cadáveres, o que ainda acontecera com o corpo de São Luís em 1270. A gula, durante longo tempo um pecado capital muito grave ligado à luxúria, é legitimada com o progresso do refinamento alimentar e culinário. O mais antigo manual de cozinha medieval conhecido, segundo a historiadora polonesa Maria Dembinska, teria sido escrito por volta de 1200 pelo arcebispo dinamarquês Absalão, que provavelmente tinha um cozinheiro francês. No final do século XIII, nasceu uma Europa da gastronomia.

Sob a influência do rigorismo monástico, o riso fora severamente condenado na Alta Idade Média. Ele se torna, no começo do século XIII, uma das características da espiritualidade de Francisco de Assis e dos primeiros franciscanos. De modo geral, havia agora uma tendência a retardar o máximo possível a partida dos corpos dos homens para a espera do Juízo Final. Agostino Paravicini Bagliani revelou o interesse apaixonado do franciscano Roger Bacon e da cúria pontifícia, no século XIII, pela esperança de aumentar a duração da vida humana terrena. O conhecimento do mundo se torna também objeto de investigações de uma cartografia mais precisa que os mapas essencialmente ideológicos da Alta Idade Média pouco preocupados com exatidão científica. Enquanto, em meados do século XII, o Bispo Oto de Freising, tio de Frederico Barba Ruiva, estimara que a cristianização da terra estava acabada e que a Cidade de Deus estava realizada trazendo o fim da história, sob a pressão de construções monárquicas na Inglaterra e na França, da Reconquista espanhola e dos grandes concílios romanos, e sob a influência, que é preciso lembrar, das ideias joaquimitas, a Europa encontrou o sentido da história.

Enfim, nos séculos XII e XIII, se constituíram dois tipos de ideal humano que visavam a um sucesso essencialmente terreno, ainda que devesse ser também uma preparação para a salvação. O primeiro tipo foi a *cortesia*, inspirada pelas maneiras da corte e difundida nas classes nobres e dos cavaleiros e que se tornou, no século XIII, como se viu, sinônimo de polidez e mesmo de civilização no sentido moderno.

O outro ideal foi o da *prudhomia*[*]. É um ideal de sabedoria, de moderação, a aliança entre a coragem e a modéstia, a proeza e a razão. É um

---

[*] A palavra francesa *prud'homie* é traduzida por sisudez, gravidade, honestidade, probidade; o *prud'homme* é o homem prudente, grave, íntegro, versado em alguma coisa, "notável" [N.T.].

ideal também essencialmente leigo. Os dois ideais estão incarnados nas duas principais figuras de um livro de sucesso dos séculos XII e XIII, *A canção de Rolando*. Rolando é valente, mas Olivier é sábio. E o rei da França, Luís IX, é tanto um homem valoroso e sábio como santo. Doravante a salvação se adquire assim na terra como no céu.

Para terminar, sem renegar os ideais coletivos, a pertença à linhagem, às confrarias, às corporações, os homens e as mulheres do século XIII se esforçaram, pelo menos uma minoria dentre eles, por promover o indivíduo. No final de sua caminhada terrestre o purgatório é um além individual antes do além coletivo do Juízo Final. Michel Zink notou bem a maneira como o *"eu"* penetra na literatura; a subjetividade literária triunfa na Europa do século XIII.

VI

Outono da Idade Média ou primavera de tempos novos?

Tomo o título de um livro sugestivo de Philippe Wolff (1986) que, por sua vez, toma o título de um livro célebre do historiador neerlandês Johan Huizinga, *O outono da Idade Média*. O período dos séculos XIV-XV, tradicionalmente considerado como o fim da Idade Média, é em geral descrito também como um período de crise da relativa estabilidade e da relativa prosperidade que se instalaram na Europa no século XIII. Guy Bois propôs uma revisão dessa concepção. E fez uma análise mais positiva do que seria, segundo ele, apenas uma crise passageira do feudalismo. A sua demonstração situa-se essencialmente na Normandia, e essa localização diminui o alcance de sua hipótese. Penso, por outro lado, como a maioria dos medievistas, que as provações dos séculos XIV e XV estão ao mesmo tempo antes de uma nova renascença, que será a grande Renascença, uma crise de estruturas e do crescimento de conjunto da sociedade europeia e do aparecimento catastrófico de novas infelicidades. Os homens e as mulheres do século XIV, muitas vezes dominados por visões apocalípticas que descem também do céu à terra, resumiram muitas vezes as catástrofes que foi preciso enfrentar pela imagem dos três cavaleiros do Apocalipse: a fome, a guerra e a epidemia. Nenhum desses fenômenos era desconhecido das fases precedentes da Idade Média, mas também tanto a sua intensidade como certos aspectos novos criavam uma impressão inaudita.

A fome e a guerra

A fome foi particularmente temível, porque os historiadores do clima como Emmanuel Le Roy Ladurie e Pierre Alexandre diagnosticam uma piora do clima, particularmente na Europa do Norte, devido a um longo resfriamento e a grandes ondas de chuvas repetidas, que levou à volta aos anos 1315-1322 de uma grande fome de aspectos extraordinários.

A guerra sempre fora, na Idade Média, um fenômeno mais ou menos endêmico. Mas a ação da Igreja e de príncipes, como São Luís, em favor da paz, a busca de condições favoráveis à prosperidade, a condenação, pelo desenvolvimento das monarquias, das guerras feudais privadas tinham levado a um recuo do fenômeno guerreiro. Se no século XIV houve uma volta quase geral da guerra, o que principalmente impressionou os contemporâneos foi que o fato militar tomou formas novas. A lenta formação de Estados nacionais, primeiro favorável à paz imposta às querelas feudais, fez nascer, pouco a pouco, formas "nacionais" de guerras. O caso da interminável Guerra dos Cem Anos, que renovou de maneira moderna as velhas hostilidades franco-inglesas dos séculos XII e XIII, é um bom exemplo disso. Progressos tecnológicos espetaculares, embora lentos, fizeram também da guerra um fenômeno novo. O mais visível desses progressos foi o aparecimento do canhão e da pólvora para canhão; mas as técnicas de cerco aperfeiçoaram-se também, e todas essas mudanças levaram ao lento desaparecimento do castelo forte em proveito de dois tipos de residências nobres na zona rural: o castelo aristocrático, essencialmente residência e lugar de ostentação e de prazer; e a fortaleza, frequentemente real ou de príncipes, destinadas a resistir à agressão dos canhões. Ademais, a guerra se diluiu e se profissionalizou. A crise econômica e social multiplicou o número de vagabundos que, se encontrassem um chefe, formavam bandos armados cujas pilhagens e destruições eram piores do que as dos exércitos mais regulares. Na Itália, chefes guerreiros, muitas vezes de prestígio, alugaram seus serviços às cidades e aos Estados e, às vezes, também se tornaram chefes políticos. São os *condottieri*. Enfim, as monarquias, em particular a francesa, recrutaram soldados permanentes, regularmente pagos por soldos, ao passo que mercenários, de uma maneira mais permanente e mais estruturada que no passado, puseram-se ao serviço das cidades e dos príncipes. Um povo distinguiu-se nessa função, os suíços.

William Chester Jordan fez uma análise brilhante da grande fome do começo do século XIV. Ele mostrou como essa calamidade fora considerada como "inaudita" entre os homens vivos; como as causas naturais, humanas e divinas se combinaram aos olhos dos homens e das mulheres do tempo para engendrar essa fome. O clima e as chuvas, a guerra, a ira de Deus são as causas percebidas pelos contemporâneos. O resultado foi uma queda bruta das colheitas de cereais e devastações epizoóticas. Os preços se elevaram, multiplicando o número e a aflição dos pobres, sem que a alta do setor ainda limitado dos salários pudesse compensar a elevação dos preços. A organização insuficiente das monarquias e das cidades, as deficiências dos transportes de víveres e de armazenagem agravaram, ou, em todo caso, não permitiram lutar eficazmente contra as consequências da grande fome. Uma Europa da solidariedade rural e alimentar não podia nascer ainda.

Philippe Contamine descreveu de maneira notável o novo complexo militar que se instalou na Europa do começo do século XIV ao fim do século XV. A promoção e as transformações da ciência militar, assim como apareciam em tratados de agricultura em economia, levaram à redação e à difusão de tratados didáticos dedicados à arte da guerra, à disciplina militar e à organização de exércitos. Foi traduzido para o latim, depois, no final do século XIV para o francês, pelo duque de Borgonha Filipe o Ousado, o tratado composto por volta de 1327 por Teodoro Paleólogo, segundo filho do imperador bizantino Andrônico II. O beneditino Honorato Bovet compôs, a partir do *De bello* do jurista italiano João de Legnano, *A árvore das batalhas*, dedicada ao jovem rei da França Carlos VI. A italiana Christine de Pisan, que viveu na corte de Carlos VI, redigiu em 1410 o *Livro dos feitos de armas e de cavalaria*. O italiano Mariano di Jacopo Taccola compôs, em 1449, um *De machinis* dedicado às máquinas de guerra. As ordenanças militares multiplicaram-se e difundiram-se em toda a Europa. Assim as de Florença em 1369, a grande ordenança de Carlos V da França em 1374, os estatutos e ordenanças de Ricardo II da Inglaterra em 1385, as de Henrique V da Inglaterra em 1419, as ordenanças militares de Carlos o Temerário, principalmente em 1473, e o conjunto de regulamentos de campanha relativos às forças militares postas em ação pelos cantões suíços.

A arqueologia nos legou uma abundante documentação que enriqueceu a documentação escrita. Philippe Contamine lembra a descoberta em Aljubarrota, Portugal, de buracos dispostos em linha ou em tabuleiro, sem dúvida feitos em 1385 pelos arqueiros ingleses de Gand, para plantar aí estacas e parar as cargas da cavalaria castelhana. A escavação de valas onde foram jogados os mortos da Batalha de Visby, na Ilha de Gotland, em 1361, permitiu um estudo científico completo do armamento defensivo. Pôde-se estudar as muralhas de cidades, de castelos, de igrejas fortificadas, de casas fortes construídas ou refeitas no final da Idade Média: muralhas de Avignon, de York, de Rothenburg, de Nördlingen, de castelos de Vincennes, de Fougères, de Salses, de Karlsteyn, de Tarascon. Um conjunto de museus europeus permite tomar conhecimento da Europa militar dos séculos XIV e XV: Tower Armory e Wallace Collection em Londres, museu da porta de Hal em Bruxelas, museu do Exército em Paris, Castelo Santo Ângelo em Roma, museu Stibbert em Florença, Armeria Reale em Turim, Real Armeria em Madri, coleção do castelo de Ambras, no Tirol, etc.

Philippe Contamine lembrou também que os dois últimos séculos da Idade Média viram o desencadeamento, em toda a Europa, de guerreiros regulares ou irregulares: grandes companhias na França e na Espanha, companhias de aventura na Itália, Écorcheurs [esfoladores] na França e no oeste do mundo germânico, Guerra dos Cem Anos, guerras de sucessão da Bretanha, guerras da constituição e do esfacelamento do Estado borgonhês, guerras hispânicas, expedições militares da Igreja para reconquistar o Estado pontifício, guerras marítimas entre Gênova e Veneza, entre a Hansa germânica, a Dinamarca e a Inglaterra, guerras contra os tchecos hussitas, conflitos entre a Ordem Teutônica e seus vizinhos, Guerra das Duas Rosas na Inglaterra, fim do reino de Granada na Espanha, avanço dos turcos nos Bálcãs.

A iconografia e a arqueologia mostram também que chegou definitivamente o tempo de uma Europa do cavalo, que agora é mais um cavalo de batalha que um cavalo de caça. O período viu também transformar-se a infantaria que perdeu uma parte de sua importância quantitativa e qualitativa entre meados do século XIV e meados do século XV; mas, desde meados do século XV, o papel e o prestígio da infantaria renasceram, essencialmente a partir dos mercenários germânicos, os lansquenetes e os suíços. Mais impressionante ainda foi o aparecimento da artilharia. A pólvora para canhão, e o próprio canhão, chegaram à Itália e de lá ao conjunto da Europa, a partir da China, através do mundo muçulmano, em vinte anos, entre 1325 e 1345. "Esse instrumento bélico ou diabólico que se chama vulgarmente canhão", como diz ainda John Mirfield por volta de 1390, só revolucionou lentamente a arte militar, essencialmente de duas maneiras, pelo seu papel no campo de batalha, por um lado, por sua eficácia contra os muros dos castelos e das cidades, por outro. A corrida pela grossura dos canhões revelou tanto um desejo de prestígio e de pavor como um desejo de eficácia. No final do século XIV nascera a Europa da bombarda. O orçamento da artilharia não cessa de aumentar nas cidades e nos estados da segunda metade do século XV. No fim do século, a indústria metalúrgica militar conhecera um grande progresso, particularmente em Milão e na Itália do Norte, ao passo que a artilharia francesa, tal como se mostraria durante as guerras da Itália, era por sua importância e sua qualidade a primeira do mundo.

A militarização da Europa foi completada pela profunda evolução do serviço militar. O serviço feudal desapareceu na Inglaterra no século XIV para dar lugar ao recrutamento de milícias nacionais e de voluntários. No reino de França, o recurso ao contrato de engajamento se torna corrente após meado do século XIV. No século XV, cada comunidade e cada paróquia devia fornecer, a pedido da monarquia, arqueiros e besteiros. A Itália, cujas classes dirigentes urbanas se desviaram da função militar, recorreu essencialmente a mercenários. Foi o sistema da *condotta*. No entanto, o papel da nobreza, que fornecia o essencial à cavalaria militar, subsistiu quase por toda parte na Europa. A Europa da nobreza continuava a apoiar-se em suas tradições guerreiras.

Enfim, todos os poderes políticos europeus desenvolveram mais ou menos, no século XV, exércitos permanentes. A guerra feudal era uma guerra intermitente fundada no recrutamento ocasional, em geral na primavera, e a limitação do tempo de alistamento dos guerreiros. O ano guerreiro da Europa Feudal estava aberto. O tecido militar da Europa moderna começava a ser de uma só peça. Até os italianos sentiram a necessidade de exércitos permanentes ao seu serviço direto. O Senado de Veneza declarava, já em 1421: "Nossa política sempre é ter homens de valor em tempo de paz como em tempo de guerra".

Essa Europa de violências guerreiras generalizadas não tinha, entretanto, esquecido a aspiração à paz que fora o ideal profundo da sociedade, da Igreja e dos poderes na Idade Média.

O beneditino Honorato Bovet, autor da *Árvore das batalhas*, constata, desolado: "Vejo toda a santa Cristandade tão sobrecarregada de guerras e de ódio, de pilhagens e de dissensões, que se tem grande dificuldade de poder citar uma pequena região, seja ducado, seja condado, que esteja em boa paz". No século XV, Jorge Podiebrad, rei da Boêmia, compôs em latim um *Tratado da paz para fazer em toda a Cristandade*. Na esperança de que "tais guerras, rapinas, desordens, incêndios e assassinatos, que assim como nós o relatamos, infelizmente, com tristeza assaltaram a Cristandade de todos os lados e pelos quais os campos são devastados, as cidades pilhadas, as províncias dilaceradas, os reinos e os principados abatidos por inumeráveis misérias, cessem enfim e sejam completamente extintas e que se volte a um estado conveniente de caridade mútua e de fraternidade por meio de uma união louvável".

Esse rei do século XV, sem dúvida, ofereceu o mais belo projeto, a mais bela justificação para a união europeia que busca dificilmente fazer-se seis séculos mais tarde. Uma Europa da paz.

A Peste Negra

Em meados do século XIV ocorreu um dos acontecimentos mais catastróficos da Europa Medieval. A Peste Negra. Foi assim chamada por causa das duas formas sob as quais se apresentou, a forma respiratória e a forma inguinal; foi esta última que, quantitativamente, dominou muito mais. Ela se caracterizou pelo aparecimento de gânglios, chamados bubões, com as virilhas cheias de um sangue negro, cuja cor definiu a doença e a epidemia. A peste bubônica já tinha devastado o Oriente e o Ocidente no século VI, na época de Justiniano. Depois ela desapareceu completamente do Ocidente. Ficou em estado endêmico na Ásia Central e, provavelmente, no chifre oriental da África; reanimou-se e voltou a agredir a Europa em 1347-1348. A origem pode ser fixada e datada. A colônia genovesa de Caffa, na Crimeia, foi cercada por asiáticos, que utilizaram como armas contra os sitiados cadáveres de pestíferos jogados por cima das muralhas. O bacilo veiculado pelas pulgas dos ratos ou, como se crê mais hoje em dia, pelo contato humano, entrou no Ocidente a bordo de barcos originários de Caffa. Durante o ano de 1348, a peste difundiu-se praticamente por toda a Europa. A Peste Negra começou a ser um fenômeno catastrófico que durou no Ocidente até 1720, data da última grande peste, a de Marselha, sempre com uma origem oriental. A epidemia tornou- se catastrófica, antes de tudo, pelo caráter fulminante da doença. Os homens e as mulheres contaminados pelo bacilo eram derrubados depois de uma curta incubação por um acesso que, depois de 24 a 36 horas, levava na maioria das vezes à morte. A segunda razão desse pânico frente à peste foi a revelação aos ocidentais da potência do contágio. Sem dúvida se julgava que a lepra podia ser contagiosa – o que é falso –, mas com a peste o contágio verificou-se irrefutável. Enfim, a peste era acompanhada de fenômenos fisiológicos e sociais terríveis. Os pestíferos mostravam perturbações nervosas impressionantes, e a incapacidade para as famílias, as comunidades, os poderes públicos em combater o mal lhe dava um caráter diabólico. As consequências da epidemia eram particularmente espetaculares por causa do contágio nos grupos humanos que viviam em comunidade, e era essa estrutura em grupos, a base da estrutura social da Europa, que foi corroída e, muitas vezes, destruída pela epidemia. As famílias, as linhagens, os conventos, as paróquias não foram mais capazes de garantir funerais individuais decentes aos mortos. Muitos destes não puderam beneficiar-se com o sacramento da extrema-unção, nem mesmo com orações e bênçãos por ocasião dos sepultamentos em valas comuns. Não possuímos documentos que permitem avaliar de maneira bastante precisa a mortalidade da epidemia. A mortalidade varia segundo as regiões. É provável que em nenhuma região tenha sido inferior a um terço da população, e a avaliação mais verossímil vai da metade a dois terços da população da Cristandade. A queda demográfica foi de 70% para a Inglaterra, que passou de cerca de 7 milhões para 2 milhões de habitantes em 1400. Os efeitos catastróficos da peste foram aumentados pelo retorno mais ou menos regular e mais ou menos severo das epidemias. Houve uma epidemia, em 1360-1362, que atacou particularmente as crianças. Em 1366-1369, 1374-1375, 1400, 1407, 1414-1417, 1424, 1427, 1432-1435, 1438-1439, 1445, 1464... Por outro lado, a combinação entre a peste e outras doenças como a difteria, sarampo, caxumba, febre escarlatina, febre tifoide, varíola, gripe e coqueluche, bem como a aproximação feita pelas pessoas da época entre pestes, guerras e fome, trio, como se viu, vindo do Apocalipse, geraram um sentimento de terror.

Os médicos do século XIV eram incapazes de encontrar as causas naturais da epidemia; embora a certeza, que havia, de que o fenômeno a combater era sobretudo o contágio contrabalançasse a explicação pela ira divina, esta foi, apesar de tudo, a interpretação mais frequente e a mais forte. Na ausência de um saber médico apropriado, houve, todavia, observações precisas e eficazes. Por exemplo, a proibição de reuniões à cabeceira dos doentes e dos mortos, reuniões para funerais, a utilização de roupas dos pestilentos e, de maneira geral, a luta contra o contágio. A medida mais eficaz foi a fuga diante do cataclismo; o refúgio, longe das cidades populosas, na zona rural com população dispersa. Uma obra célebre evoca esse movimento; é a Introdução do *Decamerão* de Boccaccio, que descreve a fuga dos ricos florentinos para suas casas de campo. Esta forma de luta contra a peste evidentemente só estava ao alcance das elites. A peste agravou os conflitos sociais, a infelicidade dos pobres, e foi um dos atores de uma violência social da qual voltaremos a falar.

Os poderes públicos, em particular as cidades, em primeiro lugar as cidades italianas, tomaram também um conjunto de medidas, entre as quais a limpeza, a higiene, que assim fizeram progressos notáveis. Lutaram também contra o luxo ostentatório dos ricos apresentado como uma provocação que chamara a ira e a punição divina. A peste levou também a novas formas de devoção cristã, e em particular à promoção de santos especializados que se tornaram grandes santos em toda a Europa como São Sebastião, cujas flechas, que o atingiram, foram interpretadas como os flagelos do século XIV e, na Europa Ocidental e Meridional, São Roque.

A morte, o cadáver, a dança macabra

A peste alimentou também uma nova sensibilidade e uma nova religiosidade. Até então, diante da morte, os homens e as mulheres temiam, essencialmente, o risco do inferno; agora, uma primeira fase absorveu esse medo, que foi a própria morte, cujos horrores visíveis com a peste não tinham nada a invejar dos tormentos do inferno. Certamente, como a iconografia testemunha, o medo do inferno prosseguiu além de meados do século XIV; mesmo se, como bem mostrou Jean Delumeau, houve tendência a equilibrar os horrores do inferno pelas delícias do paraíso.

No entanto, o principal beneficiário, se podemos falar assim, da nova sensibilidade em relação à morte, foi o cadáver.

O cara a cara com o cadáver foi objeto, em meados do século XIV, de um tema iconográfico de sucesso. Trata-se do encontro de três vivos e de três mortos. Aí se veem três jovens bonitos, alegres, despreocupados, encontrarem-se diante de três cadáveres, em geral em esquifes no cemitério. Um tema que fora muito vivo em toda a Europa cristã toma então uma importância excepcional. Foi o *Memento mori*, "lembra-te de que morrerás", que se torna o fundamento da devoção e de um estilo de vida e de reflexão. Suscitou a redação de tratados ilustres sobre a arte de morrer, as *artes moriendi*, muito bem estudadas por Alberto Tenenti. Essa reflexão conduzirá, no século XVI, ao preceito de Montaigne, "filosofar é aprender a morrer". Assim se difundiu em toda a Europa um tema iconográfico que foi também um sentimento e uma filosofia, o macabro. Uma de suas manifestações mais espetaculares foi a representação, sobre os túmulos de grandes personagens, de seu cadáver, que o francês chama de *transi*. Na França, o mais célebre foi, por volta de 1400, o do cardeal de Lagrange. São conhecidos 75 na Europa do século XV.

A Itália do século XIV privilegiara um outro tema iconográfico, o do triunfo da morte, espetacularmente representado no Campo Santo de Pisa em 1350, dois anos após o aparecimento da peste negra. Dois outros temas conheceram um sucesso ainda maior, um foi o da vaidade, representação de um crânio morto, que desenvolveu o seu sucesso ao longo da Renascença até na arte barroca; o outro, a dança macabra, característica da arte e da sensibilidade do século XV.

A dança macabra é notável pelo conjunto de personagens que estão envolvidos e pela forma de sua manifestação. Se, de fato, o cadáver é essencialmente uma imagem individual da morte, a dança macabra é uma representação do conjunto da sociedade, de todas as categorias sociais e políticas que a compõem. Conduzida pelo papa e pelo imperador, ela faz toda a humanidade dançar, do rei ao nobre, ao burguês, ao camponês. Nem as mulheres escapam. O outro aspecto notável é o da dança. A Igreja condenara firmemente as danças, consideradas como frívolas ou até pagãs e inconvenientes. Ela teve de ceder diante das danças da corte, que só triunfaram nos séculos XVI-XVII, mas refreara as danças pagãs.

A dança macabra reuniu a cultura leiga e a visão clerical. Ela manifesta que a dança é uma diversão perniciosa, e que a sociedade caminha para a sua perdição ao dançar, sem mesmo precisar de satanás como mestre de baile. A Europa do macabro é uma Europa do desvario. Assim se introduziu na longa história da Europa o fio vermelho dos anos loucos.

A dança macabra cobriu os muros da Europa cristã no século XV. Sua primeira grande obra-prima foi representada no muro do cemitério dos Santos Inocentes em Paris, em 1425. Já em 1440 houve uma réplica do afresco de Santos Inocentes no muro do cemitério de São Paulo, em Londres, e o grande pintor Konrad Witz representou-a no cemitério dos dominicanos de Basileia, enquanto outra foi pintada em Ulm, e uma grande tela representou uma dança macabra na Marienkirche de Lübeck, antes de outra ser realizada em 1470 na Chaise-Dieu. O mais admirável é que se encontram danças macabras em pequenas igrejas de cidades pequenas e até de aldeias. Por exemplo, as de Kernescleden (Bretanha) no transepto (na segunda metade do século XV), São Nicolau de Talinn (fim do século XV), Beram (Ístria, 1474), Norre Alslev (Dinamarca, década de 1480), Santa Maria in Silvis de Pisogne, perto de Ferrara (1490), Hrastovlje (Eslovênia, 1490), Kermaria (Bretanha, 1490), Meslay-le-Grenet (Eure-et-Loir, fim do século XV-começo do século XVI).

A Europa da violência

Além das violências maiores devidas à peste, à fome e à guerra, outros acontecimentos, outras evoluções fizeram nascer na Europa dos séculos XIV e XV conflitos e violências que contribuem também para essa imagem de crises e de lutas que caracteriza o fim da Idade Média, e parece terem feito pesar uma ameaça sobre a constituição da Europa.

A interpretação desses fenômenos deu lugar a diversas hipóteses. O historiador tcheco Frantisek Graus, ao estudar os pogroms que, nos anos 1320, acompanharam as acusações de envenenamento de poços feitas aos judeus e aqueles que, em grande escala, marcaram, sobretudo, a Europa Central, a peste de 1348, adiantou duas explicações globais. Uma – que não é própria dele – é a hostilidade em relação aos judeus como bodes expiatórios; mas Graus recoloca, sobretudo, esses pogroms numa análise global segundo sua expressão do "século XIV como época de crise". Ao fazer isso, ele valoriza os perigos estruturais da economia europeia, sempre ameaçada pela crise, por conflitos estruturais entre camponeses e senhores, artesãos e mercadores, que podem dar um esclarecimento de longa duração para os riscos internos que a Europa ainda corre. Ademais, a relativa fraqueza dos poderes políticos, a monarquia minada pelos conflitos dinásticos, ameaçada pelas revoltas populares, incapaz de garantir para si recursos fiscais suficientes, aponta também para uma fraqueza dos aparelhos políticos, que talvez não tenham desaparecido da Europa de hoje. No belo livro *"De graça especial". Crime, Estado e sociedade na França no final da Idade Média*, Claude Gauvard adiantou, para a França dos séculos XIV e XV, outra explicação da violência. Esta veria o aparecimento de um novo tipo de comportamento delituoso, o *crime*, diferente das violências feudais, em ligação com o desenvolvimento de uma polícia monárquica e, de maneira geral, sendo explicado como uma reação à construção do Estado moderno, ao mesmo tempo em que a repressão da criminalidade multiplica os documentos, os arquivos, que nos permitem descobrir essas violências e podem dar-nos a impressão de que elas aumentaram, ao passo que é a repressão e a documentação que fizeram progressos. Ainda não existem os elementos de uma interpretação possível das violências da Europa de hoje? O que continua propriamente específico da sociedade medieval, e que Claude Gauvard analisa de maneira notável, é que o principal valor dos componentes sociais dessas populações medievais é o sentimento de *honra*. O mais importante, sem dúvida, dos fenômenos de longa duração, sempre em ação na Europa de hoje, é que o poder político, a monarquia ontem, o Estado hoje, se têm a função de punir, devem também se manifestar pelo perdão. Nos séculos XIV e XV, esse perdão se manifesta na França pela entrega a certos condenados de "cartas de remissão"; é a manifestação da graça, forma suprema de um poder político ao qual foram conferidas certas características do poder divino. É uma Europa da repressão e da graça que se perfila.

Essas explicações, e, em particular, a dos pogroms como punição do bode expiatório, foram postas em dúvida pelo medievista americano David Nirenberg no seu estudo da violência na Espanha da primeira metade do século XIV, e mais particularmente na região da coroa de Aragão. Nirenberg estuda aí as perseguições e, principalmente, as violências de que são vítimas as minorias. Judeus e muçulmanos sobretudo, mas também mulheres. Para ele, "a violência é um aspecto central e sistêmico da coexistência entre maioria e minoria". Seria então a coexistência entre maioria e minoria, na Península Ibérica, e também numa grande parte do resto da Europa, que estaria na fonte dessa violência que parece ter posto em perigo a coesão da Europa no final da Idade Média. Em todo caso, podem ser feitas duas observações sobre essa coesão no final do século XV. A primeira constatação é que falar de tolerância ou de intolerância nessa Europa não tem ainda nenhum sentido, e assim estamos aquém de uma Europa da tolerância que fez progressos, mas que ainda está por nascer hoje. A outra constatação é que os judeus foram expulsos da Europa Ocidental e Meridional, foram expulsos da Inglaterra desde o final do século XIII, da França no final do século XIV e, finalmente, da Península Ibérica em 1492. O mais grave é que, neste último caso, o argumento não é religioso, não é o antijudaísmo que é apresentado, mas o argumento é racista, a *limpieza del sangre* (limpeza do sangue). No centro e no leste da Europa, duas outras soluções foram adotadas, ou a tolerância, ainda que não diga seu nome, o que fará, por exemplo, em relação aos judeus como bruxos da Polônia do século XVI "um Estado sem fogueiras", ou o confinamento acompanhado de proteção, o gueto, na Itália e numa grande parte da Alemanha. Mas a Europa do final da Idade Média é uma Europa que expulsa seus judeus.

Perseguição da bruxaria – Outra forma de violência se desenvolveu a partir do século XIV e, sobretudo, do século XV; foi a repressão da bruxaria. A Igreja sempre combatera as crenças e as práticas mágicas, e as pessoas que se dedicavam a elas, as bruxas. Mas esse combate tornou-se secundário diante da heresia. A Inquisição, fundada no começo do século XIII, como já vimos, visou essencialmente à heresia. No entanto, a bruxaria se torna um dos alvos privilegiados e, com o adormecimento das heresias valdenses e cátaras, a bruxaria passou para o primeiro lugar da representação inquisitorial. Vê-se isso nos manuais do século XIV destinados aos inquisidores. Já é visível no manual do inquisidor dominicano do Languedoc, Bernard Gui; é ainda mais verdadeiro no *Diretório dos inquisidores*, do dominicano catalão Nicolau Eymeric, redigido por volta de 1376 e que foi muito difundido. No século XV, como Norman Cohn mostrou muito bem, a bruxa substituiu o herege como caça privilegiada da Inquisição. Michelet, graças à sua intuição, percebeu a feminização da bruxaria no século XIV, embora se tenha baseado num texto que se revelou apócrifo. É, portanto, a bruxaria que vem ao proscênio europeu, onde ficará até o século XVII e será vítima de numerosas fogueiras. A obra que orquestraria essa perseguição das bruxas foi o *Malleus Malificarum*, isto é, *O martelo das feiticeiras*, de dois inquisidores dominicanos do vale do Reno e da Alsácia, Jacó Sprenger e Henrique Istitoris. A obra apareceu impressa em 1486. Os dois autores situam o combate contra as feiticeiras numa visão dramática e apaixonada de sua época. Eles as veem tomadas de desordens de todo tipo, em particular de desordens sexuais, e em posse de um diabo desacorrentado. *O martelo das bruxas* é um produto e um instrumento do que Jean Delumeau chamou de "cristianismo do medo". No interior dessa nova intolerância, a crença aterrorizada numa alucinante prática de bruxarias, o Sabat, introduziu uma nota tão mais espetacular porque inspirava facilmente a iconografia. Uma Europa da perseguição às bruxas, uma Europa do Sabat tinha nascido.

Movimentos camponeses – Entre as violências desse fim de Idade Média se distinguiram as revoltas dos trabalhadores, camponeses, operários e artesãos das cidades. Robert Fossier pôde falar de uma "acuidade nova dos conflitos de classe", e interpretações de inspiração marxista como as do historiador britânico Rodney Hilton puderam parecer justificadas. A evolução econômica acarretou o empobrecimento de um número crescente de camponeses, mas, ao mesmo tempo, enriqueceu outros. As revoltas camponesas receberam o nome de "jacquerie", do termo popular dado na França ao camponês, o "jacques", e não foram, em sua maioria, manifestações de camponeses pobres, mas, ao contrário, de camponeses abastados, privilegiados, ameaçados em seus privilégios. As revoltas se manifestaram nas terras lodosas e prósperas do Beauvaisis e do Valois, do condado de Londres e do Sussex, e os focos principais foram grandes burgos tais como os de Catalunha ou de Flandre, ao longo das zonas de intensa circulação do Reno e do Elba. A principal revolta camponesa francesa foi a que estourou em maio de 1358 em Beauvaisis e que ganhou rapidamente o Soissonnais, o Valois e a Brie. Esse movimento, que se manifestou essencialmente pela pilhagem e pelo incêndio de castelos, não encontrou eco nas cidades, nem produziu chefes com grande ascendência, nem exprimiu nenhuma doutrina clara. Foi reprimido pelos senhores com atrocidade.

Em 1378, o empobrecimento geral do Languedoc e o aparecimento de tropas de salteadores produziram também uma revolta endêmica, chamada jacquerie dos *Tuchins*, velha palavra que designava os salteadores ou saqueadores que se escondiam nas florestas, que foi igualmente reprimida. É preciso notar que os movimentos de revoltas camponesas foram muito fracos na Itália. A dominação das cidades sobre a zona rural fizera aí um peso sem possibilidade de resistência. De maneira geral, não houve uma "questão camponesa" na Europa dos séculos XIV e XV. O grande movimento camponês organizado ocorreu na Alemanha no começo do século XVI. Foi a Guerra dos Camponeses.

Revoltas urbanas – Em compensação, houve uma questão urbana. O extraordinário progresso urbano se enfraqueceu e entrou em crise após 1260. O desemprego, as flutuações dos salários, a multiplicação dos pobres e dos marginais produziram acessos quase incessantes de motins e revoltas. A violência das categorias urbanas inferiores, quando ela não se desviava para os judeus, tomava cada vez mais por alvo os representantes do poder real, cuja avidez fiscal e repressão policial eram cada vez mais malsuportadas. A concentração artesanal e a dominação dos mestres das corporações atiçaram as revoltas dos artesãos e dos pobres. Houve tentativas de organização. O jurista francês Beaumanoir escreveu em 1285: "há aliança contra o proveito comum quando certas pessoas se engajam ou resolvem não mais trabalhar com tarifa tão baixa como antes". Já em 1255, em Figeac, artesãos formaram uma *collegatio*, que é preciso traduzir por sindicato. Essas revoltas urbanas definem reivindicações e projetos. Reclamam a diminuição da jornada de trabalho. Em 1337, em Gand, os pisoeiros se revoltam aos gritos de "trabalho e liberdade". Contrariamente ao que se passa na zona rural, as revoltas das cidades encontram chefes; Robert Fossier recordou alguns: Berenguer Oller em Barcelona, João Cabos em Caen, Pedro Deconinck em Bruges, Miguel de Lando em Florença, Simão Caboche em Paris, Honorato Cotquin em Amiens, Bernardo Porquier em Béziers. Um único desses líderes parece ter tido uma envergadura excepcional, que foi Henrique de Dinant, de Liège, que foi senhor da cidade durante quatro anos, de 1353 a 1356, e que sonhou com uma sociedade sem classes.

Além de Liège, três cidades foram, no século XIV e começo do século XV, o teatro de revoltas urbanas com caráter propriamente revolucionário: Paris, Londres e Florença.

Em Paris, a consequência da derrota do rei de França João II o Bom em Poitiers e as intrigas de Carlos o Mau, conde de Evreux e rei de Navarra, fizeram uma grande parte da população parisiense sublevar-se, que encontrou um chefe na pessoa de um grande burguês, Estêvão Marcel, presidente dos mercadores, que não era revolucionário, mas desejava limitar os poderes de uma monarquia que se mostrava cada vez mais absoluta. Após diversas peripécias e, particularmente, uma tentativa de Estêvão Marcel para buscar apoio entre os "jacques", o presidente foi assassinado em 31 de julho de 1358, e a revolta parisiense foi suprimida.

Um movimento de rebelião efêmero, mas violento, ocorreu em 1382, quando a monarquia restabeleceu os impostos imprudentemente abolidos por Carlos V em seu leito de morte. Os amotinados se apossaram de armas[*] guardadas na sede da prefeitura em previsão de um ataque inglês e as usaram ofensivamente. Ficou conhecida como a revolta dos "Maillotins".

Uma nova onda ocorreu no contexto da luta entre os Armanhaques e os Borguinhões, que disputavam entre si o poder em torno do rei louco Carlos VI. Os Borguinhões apoiaram um grupo de amotinados conduzidos pelo açougueiro Caboche e fizeram aprovar uma legislação de reforma em maio de 1413. A volta dos Armanhaques acabou com essa tentativa. Assim, na França, mas também alhures, aparecia uma Europa das reformas abortadas e das revoltas urbanas, que durará até a Revolução Francesa.

Em Londres, o movimento da grande revolta começou com a sublevação de trabalhadores enfurecidos contra a entrada em vigor do estatuto repressivo dos trabalhadores e pela instituição de um novo imposto, a

---

* O autor diz que os revoltosos se apossaram de "maillets", que são uma espécie de marreta. Daí o nome do movimento [N.T.].

poll-tax. O caráter excepcional desses movimentos está na conjunção entre uma revolta de artesãos e de trabalhadores urbanos e um levante camponês. A revolta tinha chefes: Wat Tyler, que reclamava a ab-rogação do estatuto e liberdade para os camponeses; e um "pobre padre", John Ball, que encontrou a fórmula de repercussão: "Quando Adão capinava e quando Eva fiava, onde estava o fidalgo?" Os amotinados tomaram Londres por um curto período, mas foram finalmente vencidos, e lá também a repressão se instalou.

Os acontecimentos tiveram outro caráter em Florença. A cidade era dominada pela possante indústria têxtil e pela dominação extrema dos mestres das ricas corporações, tecelões e mercadores. Foram os operários do setor têxtil que conduziram a revolta contra as famílias ricas. Os *Ciompi* controlaram a cidade durante mais de três anos, de 1378 a 1382. E o movimento estendeu-se também fora de Florença, por exemplo, em Siena. A volta das famílias ricas garantiu por longo tempo o seu poder: o século XV foi o século dos Médicis.

Outros movimentos, em geral liderados por desempregados e marginais nas cidades onde se formavam bairros "perigosos", ocorreram quase por toda parte. Já tinham ocorrido primícias durante o período 1280-1310 em Douai, Ypres, Bruges, Tournai, Saint-Omer, Amiens, Liège, e também no Languedoc, Béziers e Tolosa; na Champagne, Reims; na Normandia, Caen; em Paris e na Itália do Norte. Em Bolonha, na Lombardia em 1289, em Viterbo e na Toscana, em Florença. Um segundo período se estende de 1360 a 1410. Vê-se aparecer uma forma "moderna" de revoltas operárias: a quebra de máquinas. As cidades mais atingidas são as do Noroeste da Europa e do Império: Vale do Reno (Estrasburgo, Colônia, Frankfurt), depois a Alemanha Média (Basileia, Nuremberg, Ratisbona). Um último período mais curto e menos violento ocorreu entre 1440 e 1460. Na Alemanha (Viena, Colônia, Nuremberg), em Flandre (Gand), e sempre em Paris, em 1455. Pierre Monnet mostrou bem o caráter particular dos conflitos que sacudiram umas 250 vezes mais de uma centena de cidades alemãs entre 1300 e 1350. Os conflitos não desembocaram nem na instauração de tiranias à moda italiana, nem numa democratização dos ofícios. A volta à paz permaneceu um assunto de elites que tinham conseguido salvaguardar o seu poder.

Conflitos na Europa do Norte – Na Europa Escandinava, os conflitos sociais se complicaram com lutas entre mercadores hanseáticos, artesãos e camponeses escandinavos e com a rivalidade entre as monarquias nórdicas. Os três reinos da Dinamarca, da Noruega e da Suécia declararam, em 1397, uma união dinástica perpétua em Kalmar. Mas a partir de 1434, nobres e camponeses suecos sublevaram-se. Como exemplo se pode citar as violências urbanas desse setor provocadas pela sublevação da população de Bergen em 1455, por instigação da Hansa, contra o juiz real, o bispo e cerca de sessenta pessoas, que foram mortas. O mundo escandinavo, dividido e profundamente hostil aos mercadores alemães e holandeses da Hansa, apresentou-se como uma parte da Europa particularmente instável. Por outro lado, o grande príncipe de Moscóvia tomou, em 1478, Novgorod, de onde o comércio hanseático desapareceu em 1494. O aparecimento da futura potência russa questionava componentes que tinham até então unido a Rússia à Europa.

A ruptura da unidade da Igreja: o Grande Cisma

Um outro acontecimento contribuiu para fortalecer o desconcerto dos cristãos da Europa do século XIV. Está relacionado com o papado. O ponto de partida foram os incessantes conflitos que, após o jubileu de 1300, agitaram a população romana. Para fugir dessa agitação, o papa francês Clemente V, arcebispo de Bordéus, eleito em 1305 e coroado em Lyon, não se mudou para Roma. Convocou em Vienne[*] um concílio para 1312 e em 1309 se estabeleceu em Avignon na espera de uma pacificação que lhe permitisse ganhar Roma. Os sucessores de Clemente V não deixaram Avignon. Tinham construído aí um soberbo palácio pontifício e desenvolvido uma eficaz administração da Cristandade graças a instituições financiadas por um temível fisco. Câmara apostólica, tesouraria, chancelaria, audiências diversas, penitenciária fizeram do papado de Avignon o governo monárquico de maior êxito da Europa do século XIV. A localização de Avignon, mais ou menos no centro da Cristandade,

---

[*] Trata-se da cidade francesa Vienne às margens do Ródano. Viena, capital da Áustria, fica às margens do Danúbio.

favorecera fortemente esses sucessos pontifícios; todavia, o que predominava na sensibilidade dos europeus da época era a ligação com a cidade simbólica que era Roma. A Europa reencontra sempre, inclusive hoje, esse prestígio dos lugares, das lembranças e dos significados simbólicos. A maior parte da opinião pública, que começava a se manifestar não somente na Igreja, mas também entre os leigos, reclama constantemente, durante o século XIV, a volta do papado a Roma. Urbano V, escutando essas solicitações, deixou Avignon e foi para Roma em 1367, mas a situação romana o fez voltar a Avignon em 1370. O seu sucessor, Gregório XI, realizou finalmente a volta definitiva do papado a Roma em 1378.

Durante o funcionamento do papado em Avignon, os conflitos romanos internos redobraram, mantidos pela rivalidade das grandes famílias aristocráticas e pela existência de um populacho sempre pronto a se deixar levar por líderes.

A situação romana conheceu um episódio excepcional com Cola di Rienzo. Homem modesto, mas muito instruído, alimentado pela literatura antiga, Cola di Rienzo foi uma espécie de tribuno iluminado que se apossou da municipalidade de Roma, o Capitólio, em 1347, com a ajuda de uma multidão entusiasmada por sua eloquência que combinava as citações antigas com os sonhos proféticos em voga. A hostilidade conjunta das grandes famílias romanas e do papa, que tinha enviado tropas comandadas pelo Cardeal Albornoz, forçou Cola di Rienzo a se exilar. Tendo voltado a Roma, não conseguiu restabelecer o seu poder e foi assassinado em 1354. Mas o episódio tinha sacudido fortemente não somente Roma, mas toda a Cristandade, e tinha contribuído para preparar os espíritos para uma renascença do pensamento latino antigo. A volta de Gregório XI a Roma, longe de restabelecer a paz na Igreja, esteve na origem de uma nova crise ainda muito mais grave. A morte prematura desse papa provocou a realização de um conclave que virou motim. O novo papa, Urbano VI, eleito nessas condições, provocou imediatamente muita hostilidade, e a maioria do conclave anulou a sua eleição e elegeu em seu lugar Clemente VII. Mas Urbano VI se manteve e houve, assim, simultaneamente, dois papas, o italiano Urbano VI em Roma e o genovês Clemente VII em Avignon. Cada um deles reunia uma parte da Cristandade, que estava dividida entre duas obediências. Na obediência de Avignon estavam a França, Castela, Aragão e a Escócia. Na obediência a Roma, a Itália, a Inglaterra, o imperador germânico e os reinos periféricos do Leste e do Norte da Europa. Cada um dos papas tinha seus cardeais, que, com a morte do papa, formavam conclaves parciais. Urbano VI foi sucedido por Bonifácio IX (1389-1404), Inocêncio VII (1404-1406) e Gregório XII (1406-1409). Clemente foi sucedido por Bento XIII em 1394. É digno de nota que, como isso acontecerá no século XVI, no contexto da Reforma, as igrejas nacionais seguiram as decisões dos monarcas e dos chefes políticos. Numerosos cristãos, na Igreja e entre os leigos, estavam traumatizados e escandalizados por essa situação. A França propôs, a partir de 1395, uma solução pelo procedimento de cessão, quer dizer, de retirada simultânea dos dois papas. Bento XIII se recusou. Todavia, um concílio em 1409, composto por cardeais dos dois campos, depôs os dois papas e nomeou no lugar deles Alexandre V, que foi sucedido, em 1410, por João XXIII, que a tradição não considera papa verdadeiro e que não consta na lista oficial de papas. Mas Bento XIII e Gregório XII se mantiveram e, assim, houve não somente dois papas rivais e simultâneos, mas três. João XXIII foi expulso de Roma e deposto pelo Concílio de Constança em 1415. Gregório XII abdicou, Bento XIII, isolado, foi de novo deposto, e o concílio elegeu finalmente um papa unitário, papa da reconciliação, Martinho V, em 11 de novembro de 1417. Houve uma volta menos longa e menos séria do cisma de 1439 a 1449. O Concílio de Florença e o Papa Eugênio IV puseram definitivamente fim ao cisma e tentaram realizar *in extremis* uma reconciliação entre as igrejas latina romana e a grega ortodoxa, à qual a tomada de Constantinopla pelos turcos em 1453 poria fim.

O Grande Cisma foi para a Europa cristã uma grave provação. A sua unidade tinha se desfeito durante longos anos. Se o apego afetivo à Igreja romana não se tivesse manifestado, o poder unificador dessa Igreja teria sido fortemente abalado. As igrejas nacionais tinham tomado distância de Roma, e as monarquias se preparavam para fazer tratados bilaterais com o papado. A Europa das concordatas se anunciava.

Os novos hereges: wyclifitas e hussitas

Os séculos XIV e XV viram sumir grandes heresias do período precedente. Os cátaros desapareceram aos poucos; os valdenses não sobreviveram senão isolando-se, particularmente nos vales alpinos e em certas regiões isoladas da Itália do Norte. Mas outras heresias, consideradas como heresias "modernas" e diretamente anunciadoras da reforma protestante do século XVI, se declararam. As duas principais foram a de Wyclif e dos lolardos, na Inglaterra do século XIV; e a de João Huss e dos hussitas, na Boêmia do começo do século XV. João Wyclif (cerca de 1328-1384) era professor de Teologia em Oxford. Wyclif retomou a velha ideia de que a validade dos sacramentos não dependia da função dos que os administravam, mas do fato de estarem em estado de graça. Daí a não validade dos sacramentos administrados por padres indignos. Por outro lado, considerava válidos apenas os componentes da religião cristã mencionados na Bíblia. Negava assim a validade de todas as decisões da Igreja tomadas numa tradição que não encontrava sua origem e sua caução nas Escrituras. Assim, desacreditava a utilização de imagens, a prática de peregrinações, as indulgências pelos mortos. No final de sua vida, pôs-se a pregar ideias radicais sobre a Eucaristia que visavam à transubstanciação e a atacar as ordens religiosas, que ele considerava como religiões "privadas".

As ideias de Wyclif sobre a Eucaristia foram condenadas em Oxford em 1380 e em Londres em 1382. Difundiu-se o boato de que ele inspirara, senão sustentara abertamente, a revolta dos trabalhadores de 1381. Sua principal influência em longo prazo foi, sem dúvida, a sua tradução da Bíblia para o inglês. Suas ideias continuaram a ser difundidas, sobretudo em Oxford, após a sua morte. Elas foram objeto de controvérsias no começo do século XV e subsistiram, mais ou menos, até à Reforma protestante do século XVI, onde se encontrarão em parte.

Desde o final do século XIV, elas tinham inspirado discípulos, os lolardos, qualificados por uma palavra sinônima de mendicantes, *beghards*, e designavam pejorativamente religiosos marginais; o nome foi dado aos discípulos de Wyclif, pregadores vindos de Oxford, aos quais se juntaram "pobres padres". Influentes nas altas esferas políticas e sociais, onde encontravam protetores, difundiram a Bíblia traduzida para o inglês por Wyclif e inspiraram projetos radicais. Por exemplo, um projeto de secularização dos bens do clero em que o Parlamento previa, em 1410, a confiscação de bens episcopais e monásticos. Violentamente perseguidos, particularmente por condenação à fogueira na primeira metade do século

XV, os lolardos ainda tinham influência no século XVI, quando várias de suas ideias foram reencontradas na Reforma protestante.

Outro grande movimento para-herético, depois decididamente herege, foi o lançado por João Huss (1370-1415) na Boêmia. Estudando na recente Universidade de Praga, João Huss envolveu-se nos conflitos cada vez mais violentos que opuseram, no plano profissional e no plano étnico, tchecos e alemães. Torna-se reitor de 1409-1410. Seu ensinamento difundira ideias que revelavam a influência de Wyclif e, ao passo que a teologia nominalista reinava entre os alemães, ele professou um realismo radical ao afirmar a existência de universais na inteligência divina, sendo as ideias realidades transcendentes. Ademais, a sua influência difundiu-se amplamente fora do meio universitário porque, a partir de 1402, ele pregava em tcheco na capela de Belém em Praga. Ele reclamava uma reforma moral da Igreja e uma obediência estrita à palavra de Deus. Entrou em conflito com a hierarquia eclesiástica. Com seus colegas tchecos, ele obteve do rei da Boêmia o decreto de Kutna Hora (1409), que obrigava mestres e estudantes alemães a deixar a Universidade de Praga. Estes fundaram a Universidade de Leipzig. As obras de Wyclif foram queimadas em público e João Huss foi excomungado em 1410. Huss se exilou de Praga e dedicou-se à pregação e à redação de obras polêmicas. Assim, no *De ecclesia*, definiu a Igreja como assembleia dos predestinados e rejeitou o primado pontifício. Cedeu ao convite de desculpar-se, em 1414, no Concílio de Constança. Apesar de suas negações em sessão pública, foi preso, condenado e queimado na fogueira aos 6 de julho de 1415, e suas cinzas foram espalhadas no Reno.

A maioria dos tchecos rejeitaram sua condenação e retomaram suas ideias. Assim nasceu a primeira divisão confessional que a Cristandade conheceu. Praga caiu nas mãos dos hussitas e revoltou-se contra o imperador, rei da Boêmia. A insurreição se agravou ao adotar as ideias do grupo mais radical dos hussitas, os taboritas. Do ponto de vista religioso, os tchecos se separaram da Igreja romana e estenderam aos leigos a comunhão sob as duas espécies. Do ponto de vista nacional, o movimento afirmou os seus sentimentos pela língua e os valores tchecos contra as culturas estrangeiras, particularmente alemãs. Do ponto de vista social, o movimento colocou em primeiro plano os camponeses e apagou as estruturas feudais. A Igreja e os eleitores alemães fizeram quatro Cruzadas contra os hussitas, de 1423 a 1431. Os combatentes hussitas, camponeses lutando a pé atrás de seus carros, animados por sua fé religiosa, fizeram a cavalaria inimiga recuar e levaram a devastação e o terror, em 1428-1429, na Lusácia, na Saxônia e na Francônia. O movimento hussita foi o primeiro grande movimento revolucionário europeu e deixou a Europa estupefata. O Imperador Sigismundo teve de resignar-se a um compromisso com os hussitas moderados. Estes puseram como chefe Jorge Podiebrad, que foi durante muito tempo vencedor. Rei da Boêmia de 1458 a 1471, destruiu a grande casa dos príncipes de Luxemburgo e as posições alemãs na Boêmia.

A devotio moderna

Esta evocação de problemas suscitados pela religião, que abalaram a Europa do século XIV e da primeira metade do século XV, problemas que desembocaram em conflitos mais ou menos violentos, deve ser completada pela consideração de uma evolução pacífica da devoção cristã que teve, sem dúvida, ainda mais influência, em profundidade, sobre a sensibilidade europeia. Trata-se da *devotio moderna*. Essa corrente espiritual nasceu da experiência do filho de um mercador de tecido nos Países Baixos, Geraldo Groote, que era padre e abandonou seus benefícios em 1374, retirando-se para a cartuxa de Monnikhuizen, depois se dedicou à pregação organizando comunidades religiosas associando padres, clérigos, irmãos leigos, os Irmãos da Vida Comum; ao lado desses, ele funda um ramo feminino. Groote e seus discípulos pregam a reforma dos costumes, combatem a simonia, o acúmulo dos benefícios, o concubinato dos padres, a falta de respeito pelo voto de pobreza. A *devotio moderna* não teve a profundidade da inspiração mística que se desenvolveu na Europa do século XIII e, sobretudo, da primeira metade do século XIV, mas trata dos problemas concretos, cotidianos, propõe uma devoção simples e prática, cujo modelo é a humanidade de Cristo. Desse meio saiu uma obra-prima, a *Imitação de Cristo*, atribuída a Tomás de Kempis, falecido em 1471, que se torna, por séculos, o breviário, o livro de leitura de pessoas piedosas dos dois sexos na Europa. Se a *devotio moderna* não inspirou senão marginalmente os movimentos mais radicais da Reforma protestante, forneceu a Inácio de Loyola uma parte do conteúdo da devoção jesuíta.

Nascimento de sentimentos nacionais

Um fenômeno de ordem psicológica teria, segundo certos historiadores, alimentado os conflitos que se manifestaram na Europa do século XIV e XV, o sentimento nacional. Outros historiadores puseram em dúvida a existência desse sentimento nessa época. Bernard Guenée acha que a questão está malcolocada. E que ela deveria ser a seguinte: "O que um europeu, no final da Idade Média, entendia por 'nação' em determinado estado, os habitantes concebiam-se como nação, qual era a composição e a intensidade do 'sentimento nacional' que os animava, que força e que coesão esse Estado tirava desse sentimento nacional?" Guenée responde que a palavra "nação" só toma o seu sentido moderno no século XVIII. No final da Idade Média, raça, país, reino são sinônimos de nação. A nação, no fim da Idade Média, foi ligada pela consciência nacional moderna a realidades com as quais ela não tinha relações profundas. Assim na Alemanha, com a ideia de império, que não se confundia com a ideia de Alemanha, nem mesmo de germânico. Na França, ligou-se estreitamente o nascimento do sentimento nacional com a Guerra dos Cem Anos. Mas Bernard Guenée afirma que a origem distante desse sentimento remonta ao século XIII. Talvez tenha sido na Inglaterra que se afirma mais cedo, particularmente na historiografia, um fenômeno que se parece mais com o que chamamos de "sentimento nacional". Num belo estudo, Olivier de Laborderie mostrou como as genealogias reais ilustradas no fim do século XIII e início do XV não eram compreendidas senão na perspectiva de um sentimento nacional inglês que remontava ao século XII. Teria sido decisivo o sucesso da *Historia regum Britanniae* (por volta de 1136) de Godofredo de Monmouth, que populariza *Brut* (o Rei Brutus, ancestral lendário [troiano] dos reis bretões) e o semi-histórico *Artur*. A Guerra dos Cem Anos, se não esteve na origem de um verdadeiro sentimento nacional, trouxe aos ingleses uma mudança capital que alimentaria o desenvolvimento do sentimento nacional. Foi o abandono do francês como língua oficial, que se tornou a língua do inimigo; o francês foi substituído pela língua do povo, o inglês. Assim a coerência linguística, embora não esteja sempre ligada ao sentimento nacional, na Inglaterra fortalece o desenvolvimento desse sentimento. Shakespeare, que muitas vezes é colocado no começo do século XVII como ponto de chegada da formação desse sentimento nacional, deu, no célebre monólogo de Ricardo II, uma magnífica expressão precoce do nacionalismo inglês. Nesta perspectiva, também é preciso sublinhar a referência à França nas obras compostas na abadia de Saint-Denis e intituladas, a partir de 1274, de *Grandes crônicas de França*. Em todo caso, veem-se os laços entre "sentimento nacional" e monarquia; encontra-se essa ligação entre país e monarquia no caso de Joana d'Arc. Neste caso se trata de uma atitude "popular", parece que a evolução rumo a um sentimento nacional era o fato de uma elite minoritária e estava longe de ter um conteúdo tão rico como terá mais tarde. Talvez seja preciso falar mais de espírito "patriótico". Ernst Kantorowicz mostrou a difusão, no fim da Idade Média, do adágio *Pro patria mori* (Morrer pela pátria). Em todo caso, é preciso ser muito prudente na concepção dos sentimentos nacionais na Europa dos séculos XIV e XV, e as primeiras fases de formação de uma nação devem ser situadas num domínio mais amplo que o do sentimento e da psicologia.

Em contrapartida, trata-se de empregos que tiveram o seu papel na elaboração do sentido moderno de nação; no século XV se falava de nação em assembleias específicas: as universidades e os concílios. As nações agruparam, para o bom funcionamento da instituição, numerosos estudantes de diversas origens que povoavam as universidades. As nações apareceram em 1180 em Bolonha e organizaram a universidade em dois conjuntos. Segundo a origem geográfica dos estudantes em relação aos Alpes estavam, de um lado, os cismontanos, que estavam divididos em três subnações (lombardos, toscanos, sicilianos), e os ultramontanos em 13, que correspondiam mais ou menos aos diversos reinos e conjuntos políticos da Cristandade. Em Paris, o sistema de nações apareceu em 1222 e limitou-se à faculdade de artes, dividida em quatro nações: Normandia, Picardia, França e Anglo-Alemanha. Por este exemplo se vê que não se pode absolutamente identificar uma nação universitária medieval por uma origem nacional comum de seus membros. Em Paris, a nação francesa englobava os professores e estudantes dos países mediterrâneos. E a nação anglo-alemã, muito importante no século XV, nos parece um verdadeiro híbrido, porque, segundo as normas medievais, funcionava muito bem. Por outro lado, viu-se que em Praga a nação tcheca e a nação alemã tiveram uma composição étnica muito nítida, o que provocou um violento conflito que terminou com a eliminação da nação alemã.

Os grandes concílios do começo do século XV, particularmente o de Constança, utilizaram e difundiram a divisão em nações, e cada nação conciliar agrupou vários países, mais ou menos aparentados pela geografia, pela história ou pela língua. A nação, na sua acepção antiga, foi, pois, uma forma original de organização do espaço e da sociedade europeias. Do mesmo modo, no contexto da expansão europeia fora da Europa, os mercadores europeus no estrangeiro, nos balcões ou ainda nas feiras, agruparam em nações os mercadores de uma mesma cidade ou de uma mesma região e desempenharam junto deles o papel de representação e assistência.

A *profecia política*

Um fenômeno próximo do sentimento nacional e que se exprimiu com uma força muito grande nos séculos XIV e XV foi a profecia política. A leitura e a meditação do Antigo Testamento tinham habituado os clérigos da Idade Média a dar grande importância aos profetas e aos aspectos políticos de suas profecias. Colette Beaune acha que "o século XIV foi decisivo" na difusão desse interesse. A maioria das nações europeias e das grandes cidades italianas fabricaram um profetismo próprio para elas. Na França, a profecia quer que um Rei Carlos, filho de Carlos, tome o poder aos treze anos, seja vencedor de revoltas, depois dos ingleses, e receba as duas coroas imperiais em Roma e em Jerusalém antes de reconquistar a Terra Santa e de morrer em Jerusalém. Na Espanha, Fernando de Aragão foi o herói de profecias que anunciavam a sua vitória definitiva sobre os mouros e a fundação de um novo mundo. "No fim do século XV – escreve Colette Beaune – a profecia está por toda parte. Ela justifica as guerras da Itália e lança Cristóvão Colombo nas rotas oceânicas. Num mundo medieval que tem dificuldade de conceber a ideia de progresso, a profecia é um dos raros meios de pensar um futuro já escrito". A Europa da profecia evoca uma Europa vitoriosa e dominadora, a Europa dos tempos modernos. Não compartilho da opinião de historiadores que, como Mikhail Bakhtin, opõem uma pretensa renascença à Idade Média como o carnaval se opõe à Quaresma e o riso ao choro. Período da descida dos valores do céu à terra, a Idade Média soube oferecer aos homens e às mulheres prazeres desta terra. A soberba obra coletiva *Le Moyen Âge en lumière*[1] mostrou isso muito bem.

A *imprensa*

No entanto, ao mesmo tempo em que a Europa do século XV sonhava com um futuro glorioso, ela se abria a uma civilização mais feliz, e primeiro aqui embaixo. Uma ampliação considerável da leitura, um triunfo da escrita e do livro, resultaria da descoberta da imprensa. As primeiras formas de imprimir do mundo ocidental são provavelmente placas de madeira gravadas em relevo, empregadas desde 1400 para reproduzir sobre o papel textos chamados xilográficos. A xilografia foi apenas uma atividade medíocre, inferior à transcrição manual de manuscritos, que era realizada no começo do século XV nas oficinas especializadas em que várias dezenas de copistas trabalhavam sob a direção de um mestre. O emprego do papel oferecia uma primeira possibilidade; a invenção definitiva foi o emprego sistemático, por volta de 1450, de caracteres móveis metálicos. O inventor, ou simplesmente o aperfeiçoador e difusor da imprensa, foi o alemão Gutenberg, que lançou a imprensa em Mogúncia. Foi nessa cidade que, desde 1454, uma oficina produzia livros utilizando exclusivamente caracteres móveis metálicos obtidos com a ajuda de moldes equipados de matrizes vazadas em cobre. A partir de 1457, a oficina de Mogúncia produziu um saltério em cores, que compreendia um vermelho e um azul além do preto. No final do século XV, a imprensa se difundira por quase toda a Europa. A ela foi dedicada uma cadeira desde 1466 na Universidade de Paris, e a primeira imprensa apareceu em Paris em 1470. Duas cidades se tornaram rapidamente os faróis da imprensa: Antuérpia, que, aliás, se tornara o primeiro centro econômico europeu, e Veneza, onde se distinguiu o impressor artista Aldo Manunzzio (cerca de 1450-1515). Os franceses o fizeram Aldo Manucce. Qualquer livro impresso antes de 1500 recebe o nome de

---

1. Sob a direção de Jacques Dalarun. Paris: Fayard, 2002.

incunábulo[2]. A revolução da imprensa levou tempo para fazer-se sentir. Mesmo quando não eram de luxo, os livros impressos custavam caro e houve até um período de certa regressão da leitura no final do século XV. Por outro lado, a imprensa só trouxe tardiamente, durante o século XVI, uma renovação do conteúdo do livro. Durante longos anos, imprimiram-se sobretudo Bíblias e obras religiosas medievais. Durante muito tempo os livros impressos foram ornados de miniaturas de caráter medieval. Mas o livro impresso revolucionaria não somente o saber, mas também a própria prática da leitura. Uma Europa de novos leitores se preparava.

A *economia-mundo*

O século XV foi também um período de grande abertura da economia europeia. O seu grande historiador é Fernand Braudel, que a definiu, para descrevê-la e explicá-la, a expressão "economia-mundo". A economia-mundo é a constituição de um espaço no qual ocorrem trocas econômicas regulares dirigidas por uma cidade ou uma região central. Foi pelo estabelecimento de relações regulares entre a Europa do Norte, a Flandre e o mundo asiático, e os grandes portos italianos (Gênova, Veneza), no século XIV, que se teria constituído uma economia-mundo europeia cujo centro teria sido, no século XV, Antuérpia. Essa organização teria sido, após a mundialização romana da Antiguidade, limitada ao mundo mediterrâneo, a primeira grande mundialização ou globalização moderna. Como todas as mundializações, esta teria, no conjunto, enriquecido as cidades, as regiões, os grupos sociais, as famílias que participaram dela. Mas esse enriquecimento teria tido por corolário o empobrecimento de vítimas dessas trocas. Muitas cidades teriam assim visto crescer a pauperização e a marginalização de uma parte importante de sua população. Fernand Braudel sublinhou que uma tal mundialização não se limita à ordem econômica, mas é encontrada também na ordem política e cultural. Em política, a economia-mundo teria tido como réplica o que se

---

2. Termo que vem do latim *incunabula* e significa berço, começo; há no termo interferência do francês *incunable*. Existem os incunábulos *xilográficos* e os *tipográficos* [N.T.].

chamaria de equilíbrio europeu. Uma Europa de globalização de trocas econômicas, mas também de agravação das desigualdades sociais e políticas, tinha nascido.

Uma Europa que se abre e desabrocha

Essa evolução da Europa marcada pelo crescimento e pela abertura desabrocha no que se chamou tradicionalmente de Renascença e que se manifesta com brilho desde os séculos XIV e XV. No meu livro *Idade Média em imagens*, tentei mostrar a expressão iconográfica dessa abertura. Repito-a aqui sem me demorar. Em primeiro lugar, está a afirmação do *filho* sacrificado não na vida cotidiana onde ele é o objeto do amor eterno dos pais, mas como valor, assim como tinha visto muito bem Philippe Ariès até o século XIII. Apresentado, certamente, pelo Menino Jesus, afetuosamente pesquisado nos evangelhos apócrifos da infância, que se multiplicam, e sustentado pelo novo culto do Menino Jesus, menino bonito e atraente, que mostra com prazer e travessura seus brinquedos, menino que invade o mundo angélico sob a forma de bebês rechonchudos, os *putti*. Com a criança, é a mulher que se afirma, e se o culto mariano, as imagens de Maria, como pietà ou como Virgem de Misericórdia, encontram-se por toda parte, Eva, relegada como mulher perigosa ao pano de fundo, volta ao primeiro plano e afirma a sedução carnal da mulher terrestre; e a beleza de seu rosto rivaliza com a beleza da face da Virgem.

Uma novidade chamada a um extraordinário sucesso aparece no começo do século XIV, o *retrato*. É um produto da afirmação do indivíduo e desse novo código de representação que se chama de realismo. Ele é encontrado entre os vivos e entre os mortos. O rosto dos que jazem deixa de ser convencional para se tornar "real". Os retratos mais antigos impõem a figura dos poderosos: papas, reis, senhores e ricos burgueses; depois o retrato se democratiza. A invenção, no século XV, da pintura a óleo e o desenvolvimento da pintura de cavalete serve para o retrato, que continua, no entanto, honrado nos afrescos. Nasceu uma Europa do retrato, que durará até que, no século XIX, a fotografia o substitua parcialmente. Essa Europa do desabrochamento é também a Europa da *gastronomia*, que vem renovar o luxo alimentar, e os banquetes se multiplicam; o do Faisão, organizado em Lille em 1454 pelo duque de Borgonha, Filipe o Bom, ficou como o exemplo mítico. O *jogo* invadiu toda a prática social, além do mundo aristocrático; ao jogo de dados juntou-se, a partir do começo do século XV, o jogo de cartas; nasceu uma Europa do jogo de cartas e alimenta uma explosão da prática da aposta, principalmente na Inglaterra. Essa Europa que parece querer conjurar as pestes por uma grande volta aos sonhos cavalheirescos, o que, num livro célebre (*O outono da Idade Média*, 1919) o holandês Johan Huizinga chamou de "o sabor amargo da vida", "a aspiração para uma vida mais bela", "o sonho de heroísmo e de amor", "o sonho de vida idílica", é uma Europa que não dança apenas nas danças macabras, mas também nas danças festivas que se multiplicam ao som de uma música que, renovada no século XIV pela *ars nova*, alcançou expressões rítmicas de grande sutileza e uma exploração de todos os recursos da voz e dos instrumentos de música. É um momento de afirmação para a Europa que dança, canta e toca música.

Florença, a flor da Europa?

A expressão mais brilhante desse desabrochamento encontra-se na Florença do século XV. Aí já existe aquilo que se chamará de Renascença. No século XV, Florença se torna o exemplo mais ilustre da evolução da cidade-estado italiana em direção a uma tirania esclarecida. É obra das grandes famílias de mercadores-banqueiros, em primeiro lugar a dos Médicis. Essa evolução não vai no sentido do futuro político da Europa. O futuro está prometido aos Estados como a Inglaterra, a França ou a Castela. Mas os regimes urbanos e despóticos são os benfeitores do desenvolvimento da arte nova. As grandes famílias que governam essas cidades e essas cidades-estado, sobretudo na Itália, são grandes mecenas.

Antes de chegar a Lourenço o Magnífico, que ao mecenato acrescenta o seu gênio próprio de poeta, um papel essencial é desempenhado por seu avô Cosme, senhor de Florença de 1434 a 1464. Cosme coleciona as estátuas antigas, as pedras, as moedas, as medalhas, e funda bibliotecas, das quais a sua tem 400 volumes, que ele mandou comprar ou copiar em toda a Europa e no Oriente. Cosme descobre e sustenta Marcílio Ficino, filho de seu médico pessoal, paga os estudos dele e o acolhe na sua vila de Careggi, que se torna o foco da academia platônica criada por Ficino. Cosme é também o benfeitor do professor de retórica Cristoforo Landino, a quem se atribui a conversão dos humanistas do emprego do latim para o das línguas vulgares. Ele manda restaurar o convento dos dominicanos reformados de San Marco, a Igreja de São Lourenço por Brunelleschi, manda o seu arquiteto favorito, Michelozzo, construir o seu palácio, sem contar suas vilas nos arredores, a abadia de Fiesole, palácios em Milão, o colégio dos italianos em Paris, um hospital em Jerusalém. Financia o genial escultor Donatello, que será enterrado perto dele, e Frei Giovanni de Fiesole, dito Fra Angélico, a quem confia os afrescos de San Marco, e várias outras grandes pinturas e artistas de sua época.

Florença é o teatro de grandes realizações da arte nova. São elas as portas do batistério, onde se tornam ilustres os maiores escultores do começo do século XV, depois, os afrescos revolucionários que fazem uso genial de novas concepções da perspectiva de Masaccio em Santa Maria Del Carmine. Enfim, a realização mais espetacular foi a da cúpula da catedral por Brunelleschi. Este não é o lugar para descrever a história da arte em Florença no Quatrocento. Recordarei alguns criadores e algumas criações de primeiro plano. A isso acrescento, favorecido, como se viu, pelos Médicis e alimentado pelo refúgio na Europa dos intelectuais gregos que fugiam dos turcos após a tomada de Constantinopla, o movimento neoplatônico em torno particularmente de Marsílio Ficino, que foi uma das grandes novidades desse momento entre a Idade Média e a Renascença. De fato, ele prolonga uma atitude intelectual característica da Idade Média: a habilidade antiga de pensamentos novos. É a grande tradição europeia das renascenças que nasceu na época carolíngia e que continuou até o fim do século XVIII, levando o poeta francês André Chénier a dizer: "Sobre pensadores novos / façamos versos antigos".

Do fervilhamento das ideias e das obras que marca esse século XV agitado, atormentado, mas apaixonado, gostaria de esclarecer dois personagens que não têm, na historiografia, a importância que merecem.

Dois espíritos abertos: Nicolau de Cusa...

O primeiro é um filósofo, Nicolau de Cusa (1401-1464). Nicolau nasceu em Cusa, pequena aldeia à margem do Mosela, e estudou as artes liberais em Heidelberg, direito canônico em Pádua e teologia em Colônia. Participou do Concílio de Basileia a partir de 1432 e desempenhou um papel de grande importância junto de vários papas, primeiro Eugênio IV e, sobretudo, Pio II, seu amigo Aeneas Silvius Piccolomini, papa de 1458 a 1464. Mas a atividade política e administrativa deste cardeal são secundárias em relação às suas ideias e suas obras. Nicolau de Cusa é, primeiro, um grande erudito da literatura teológica e mística, antiga e medieval, e seu pensamento se alimenta dela. Ele julga, como disse Jean-Michel Counet, que "a verdadeira teologia só começa quando se supera o aristotelismo e sua lógica da não contradição, que convém para o finito, mas é totalmente insuficiente para o estudo de Deus". Nicolau de Cusa defende uma *douta ignorância* (o título de seu tratado), que sublinha a impotência do homem em conhecer inteiramente a Deus, mas ao mesmo tempo a necessidade do saber. Para ele, a douta ignorância não permite somente a abordagem intelectual de Deus, ela desemboca numa nova concepção do mundo. Ele rejeita a imobilidade da terra no centro do mundo, como pensavam Aristóteles e Ptolomeu. Sem ser um precursor de Copérnico, ele propõe "um universo infinito cujo centro está em toda parte e a circunferência em nenhuma [futura definição pascaliana] e que é fundamento cosmológico da subjetividade". Ao mesmo tempo, cultivava de maneira aprofundada a matemática, que, particularmente, pode chegar a resolver esse problema por estudos sobre a quadratura do círculo. Nicolau estima que a matemática que ele procura desenvolver ao completar a matemática racional pela matemática superior, intelectual, anuncia o cálculo infinitesimal de Leibniz e de Newton. Como seu amigo Pio II, Nicolau ficou muito perturbado pela conquista turca. Quer trabalhar na realização da "paz na fé". Segundo ele, é preciso ultrapassar os limites intrínsecos de cada crença e considerar que na base de cada uma estão os mesmos pressupostos. Para Nicolau, as divergências doutrinais entre islã, judaísmo, zoroastrismo e até paganismo e filosofia são apenas divergências no plano dos ritos. A fé comum à qual todas essas religiões se unem profundamente é o cristianismo. Embora Nicolau de Cusa conserve e até reforce a primazia do cristianismo, o seu esforço para pensar a multiplicidade das religiões é um dos mais vigorosos e dos mais novos que foram feitos. Nicolau de Cusa não anuncia apenas o ecumenismo, dá as bases para a tolerância que a Idade Média ignorara.

...Pawel Wlodkowic

O outro personagem não é um dos grandes espíritos do século XV, mas o autor de uma obra frequentemente ignorada pela historiografia, e que me parece notável na evolução do pensamento político europeu. Trata-se do tratado apresentado ao Concílio de Constança pelo reitor da Universidade de Cracóvia, Pawel Wlodkowic. Esse tratado situa-se na linha do conflito entre os poloneses e os monges cavaleiros teutônicos, que acabavam de ser esmagados na Batalha de Grunwald (Tannenberg, 1410). Wlodkowic, examinando o comportamento dos teutônicos em relação aos pagãos prussianos e lituanos, propõe uma atitude geral em relação aos pagãos. Fruto de seus estudos em Pádua, ele destaca a existência de leis naturais entre os pagãos, a imoralidade das guerras que lhes são declaradas, e lhes concede direitos civis e políticos. Isso lhe permite, sem dúvida, louvar, por oposição aos cavaleiros teutônicos, a atitude dos reis da Polônia, mas, sobretudo, Wlodkowic lançou as bases de um aspecto "moderno" do direito internacional. A Europa, na sua concepção, deve esforçar-se para integrar os pagãos e cismáticos no seu conjunto. A Europa que ele sugere não se confunde mais exatamente com a Cristandade.

Desaparecimento do Império?

Não seria preciso imaginar que o Império desaparecerá das realidades territoriais e políticas e do imaginário dos europeus nos séculos XIV e XV. Mas não se pôde falar de decadência e até de desaparecimento do Império e, em todo caso, de fragmentação desse Império que, apesar da afirmação das monarquias nacionais, sobretudo inglesa e francesa, e das cidades alemãs e italianas, em primeiro lugar, permanecera como a expressão mais que simbólica de uma unidade europeia. O Imperador Carlos IV (imperador de 1347 a 1378) tinha, pela Bula de Ouro de 25 de dezembro de 1356, reformado a estrutura e o funcionamento da Assembleia de Eleitores do Imperador. A lista parou em 7: os arcebispos de Mogúncia, de Colônia e de Tréveris, o rei da Boêmia, o margrave de Brandemburgo, o duque de Saxônia-Wittenberg e o conde palatino do Reno. O imperador era assistido por uma Dieta do Império que, desde o começo do século XIV, se tornou a assembleia só de "estados", ou seja, de príncipes leigos e eclesiásticos e das cidades do Império. Carlos IV se esforçou também para que reinasse sobre todo o território do Império uma paz imperial (*Reichslandfriede*), mas só houve eventualmente paz regional (*Landfrieden*). Do mesmo modo, os príncipes dirigiram os negócios eclesiásticos em suas terras, e desde o século XV houve apenas Igreja de Império. O que, sem dúvida, mais mudou o aspecto europeu da Alemanha foi a divisão do Império. No século XV, a Alemanha estava dividida em 350 territórios (*Landschaften*) cujos chefes eram, de fato, soberanos em matéria de clero, de leis, de justiça, de exército e de fisco. Essas potências soberanas tinham, evidentemente, um peso desigual na vida da Alemanha.

Ao lado dos eleitores, três novas potências se afirmam durante o século XV, ao leste da Alemanha: Brandemburgo, Saxônia e Áustria. Os marqueses de Brandemburgo, os Hohenzollern, submeteram as cidades, particularmente Berlim (1442), retomaram a nova marcha sobre os teutônicos, reorganizaram a justiça e as finanças, cresceram na Lusácia, venceram a coalizão de seus vizinhos e instituíram a sucessão dinástica por direito de primogenitura em 1473. O pequeno ducado eleitorado de Saxônia-Wittenberg ainda era modesto no final do século XV, apesar de sua atribuição pelo Imperador Sigismundo no começo do século à potente Casa de Wettin.

O sucesso máximo foi o da Áustria. Depois de numerosas peripécias, o filho do Imperador Frederico III (1438-1493), que não foi visto na Alemanha durante quase vinte e sete anos – absorvido pelos problemas austríacos –, Maximiliano da Áustria criou a potência austríaca. Por seu casamento com a herdeira do duque de Borgonha, Carlos o Temerário, possuía os Países Baixos. Ele fez eleger-se rei dos romanos desde 1486. Retomou Viena após a morte do rei da Hungria Mathias Corvin (1490) e herdou o governo do Tirol. Fez reconhecer seus direitos sobre a Boêmia e a Hungria pelo Tratado de Presburgo em 1491 e, com a morte de seu pai em 1493, era o único senhor de um imenso domínio que ia de Trieste a Amsterdã. A Casa da Áustria, casa imperial, se afirmava no primeiro grupo das grandes potências europeias na véspera dos tempos modernos, que seriam territorial e politicamente marcados pela busca de um equilíbrio entre as grandes potências.

206

Simplificação do mapa europeu

Fora dessa divisão do Império, o mapa político da Europa se remodela no século XV e, ao contrário do que se passa na Alemanha, caminha mais no sentido da simplificação.

Primeiro é preciso acentuar que, embora as pessoas do século XV não tivessem consciência, o longo conflito que opôs desde o século XII as duas principais monarquias europeias, a Inglaterra e a França, e que punha em risco uma parte importante do território francês, acaba com a conclusão em favor da França da Guerra dos Cem Anos.

Carlos VII reconquistara o seu reino desde 1435 (tomada de Paris em 1436, reconquista da Normandia em 1449, recuperação de Bayonne em 1451). A vitória francesa foi consagrada pelas vitórias de Formigny (15 de abril de 1450) e de Castrillon (12 de julho de 1453), onde os canhões desempenharam um papel essencial. O tratado de Étaples, em 1492, que confirmava, após o fracasso de uma descida do rei da Inglaterra Henrique VII a Bolonha, o abandono pela Inglaterra de todos os seus territórios continentais, exceto Calais, pôs fim definitivamente à Guerra dos Cem Anos.

A monarquia francesa, por outro lado, escapara da ameaça da criação, no lado oriental, de um reino de Borgonha, que compreendia uma parte de seus territórios ao leste. Após a morte de Carlos o Temerário (1477), e apesar do semifracasso francês com o casamento de Maria, filha do Temerário e herdeira da Casa de Borgonha, que acabou casando-se com Maximiliano de Habsburgo, a França, deixando os Países Baixos a Maximiliano, obteve, pelo tratado de Arras (1482), a Picardia, o Boulonnais, o ducado de Borgonha, o Artois e o Franche-Comté (Franco-Condado). A monarquia francesa beneficiou-se, finalmente, com a extinção da Casa de Anjou. O Rei Renato, sem herdeiro direto, abandonou Anjou ao rei da França em 1475 e deixou a um outro sobrinho o Maine e a Provence, que foram reunidos à coroa com a morte do último Angevina em 1481. Tendo sido a delimitação da fronteira meridional regulamentada com Navarra e Aragão, restava fora da monarquia francesa apenas o ducado da Bretanha. O casamento da única herdeira, Ana, com o rei da França Carlos VIII em 1491 e seu recasamento com seu sucessor Luís XII (1499) garantiram a integração da Bretanha no reino da França.

Outra simplificação ocorreu na Península Ibérica. Após muitas peripécias, Portugal conservou a sua independência e renunciou a Castela no tratado de Alcáçovas (1479). A Catalunha voltou ao seio de Aragão, e o rei de Aragão, Fernando, esposou a rainha de Castela Isabel em 1469 em Valladolid. Foram os "Reis Católicos", e uma promessa de unificação para a Espanha.

Enfim, e sobretudo, os reis católicos atacaram, numa atmosfera de nova cruzada, o último reino muçulmano da Espanha, o de Granada. Tomaram Málaga em 1487; Baza e Almeria em 1489; finalmente, Granada, após um cerco muito longo, aos 2 de janeiro de 1492. Hoje não se pode deixar de mencionar que, nesse mesmo ano de 1492, os judeus foram expulsos de Castela e Cristóvão Colombo descobria para os reis da Espanha uma terra que se tornaria a América.

Assim chegou ao fim a longa implantação dos muçulmanos na Europa desde o século VIII. Mas no momento em que a dominação muçulmana terminava no sudoeste, outra ameaça muçulmana aparecia no sudeste: a ameaça turca.

A ameaça turca

Desde meados do século XIV, a ameaça dos turcos otomanos sobre a Europa balcânica não cessara de se mostrar. Haviam tomado Galípoli e a Trácia do Sul de 1353 a 1356, Salônica em 1387 e impuseram em Kosovo (1389) uma sangrenta derrota aos sérvios, que guardam até hoje a sua lembrança cruel em sua memória coletiva. A pedido do Imperador Sigismundo, organizou-se uma Cruzada em que se destacava o que se chamou de "flor da cavalaria europeia", que foi massacrada em 1396 na Ásia Menor, em Nicópolis. Essa foi a última Cruzada. O congresso de príncipes europeus cristãos convocado por Pio II em Mântua, em 1459, foi um fracasso completo. Os turcos tinham tomado Constantinopla em 1453, causando um grande choque no Ocidente, sem suscitar uma forte resistência cristã europeia. Os turcos se apoderaram da Bósnia de 1463 a 1466, atacaram Friuli e a Estíria em 1478-1479, e tomaram Otranto em 1480. Gênova perdeu o seu império colonial com a queda de Caffa, na Crimeia, em 1475. Lembro que o Papa Pio II escreveu o único tratado da Idade Média que tinha "Europa" no título, sendo intitulado por esse nome. Após a tomada de Constantinopla, em 21 de julho de 1453, Pio II escreveu a Nicolau de Cusa. Ele lembrava a ameaça em particular que os turcos faziam pesar sobre a costa italiana, europeia, do Adriático. Previa um enfraquecimento de Veneza, desastroso para a Cristandade. Concluía: "A espada turca está doravante suspensa acima de nossas cabeças e, enquanto isso, nós nos entregamos a guerras intestinas, perseguimos nossos próprios irmãos, deixamos os inimigos da cruz se desencadearem contra nós". Mais precisamente ainda, numa carta de 25 de setembro desse mesmo ano de 1453, a Leonardo Benvoglienti, embaixador de Siena em Veneza, traçava um quadro catastrófico das divisões da Cristandade diante das ameaças turcas, e empregava, num contexto ao mesmo tempo excepcional e exemplar, a palavra "Europa". Escrevia: "Tal é o rosto da Europa, tal é a situação da religião cristã".

O projeto europeu de Jorge Podiebrad

Mais ou menos no mesmo tempo, o rei da Boêmia, hussita moderado, Jorge Podiebrad, propôs, para conter, senão rechaçar, os turcos, a criação de uma assembleia que, sem ter o nome de europeia e apresentando essencialmente a fé católica comum, foi, de fato, o primeiro projeto de assembleia de uma Europa unida. Esse texto, na versão latina da *Universitas* de 1464, foi chamado, por seu tradutor Konstantin Gelinek, de *Tractatus* para a Europa e foi editado em 1992 por Jean-Pierre Faye em sua obra *L'Europe une*. Aí o rei da Boêmia declara explicitamente como meta e meio dessa união a renúncia à guerra entre os Estados europeus. Era, há cinco séculos, o apelo a uma Europa da paz e a designação da paz como principal bem de uma união europeia. Prevê, no caso de conflitos entre membros da assembleia a intervenção de uma força comum europeia de arbitragem. Reclama um lugar próprio como sede da assembleia. Deseja que a assembleia original possa receber novos membros cristãos. Propõe a criação de impostos e de meios financeiros especiais para subvencionar os custos da assembleia. Propõe que assembleias se realizem de cinco em cinco anos sucessivamente nas diversas cidades europeias, a começar por Basileia, e em seguida por uma cidade na França, depois por uma outra na Itália. Apela ainda para a instituição de um brasão comum, de um selo, de um tesouro, de arquivos, de um síndico, de um procurador fiscal e de funcionários. Propõe que se atribua voz [direito a voto] a cada "nação" (França, Alemanha, Itália, eventualmente Espanha etc.). As decisões serão tomadas por maioria de votos e, em caso de empate, "são os votos dos delegados representantes dos senhores mais altamente colocados em título e em mérito que prevalecerão"; as outras nações signatárias desse pacto escolherão entre as duas partes. Este é o texto admirável que, infelizmente, sequer começou a se realizar. A Europa unida era muito prematura em meados do século XV. Mas é notável que um príncipe, talvez se possa dizer atípico, tenha tido uma ideia impressionante por sua modernidade.

A Itália, farol e presa da Europa

No conjunto europeu, a Itália particularmente atraiu os olhares de numerosos contemporâneos e, depois, dos historiadores. Apesar de sua impotência em constituir uma nação, ela continua a inspirar a numerosos intelectuais humanistas, Maquiavel entre eles, sentimentos patrióticos. No entanto, a realidade é uma Itália fragmentada. A sua posição no século XV é um paradoxo, ou antes, um esquartejamento. Por um lado, ela é a pátria já brilhante não somente do humanismo, mas da grande Renascença, e vimos como ela desabrocha no caso exemplar de Florença. A Itália atrai numerosos europeus que às suas motivações em geral religiosas juntam o que chamaríamos hoje de motivações turísticas. A religião, aliás, lhes oferece a ocasião de combinar as duas. Por isso os numerosos europeus, que vão a Veneza para embarcar na peregrinação para a Terra Santa, chegam aí em geral um mês antes da partida do seu navio para poder visitar as numerosas e soberbas igrejas e aí venerar as inumeráveis relíquias que elas encerram. A divisão italiana simplifica-se um pouco no século XV. Florença unifica mais ou menos a Toscana, particularmente ao se apoderar de Pisa e de Livorno, chegando assim à categoria de potência marítima. Veneza expande também o seu domínio sobre o nordeste da península, a *terra ferma*, pondo sob o seu domínio Bérgamo e Bréscia em 1428. Filipe Maria Visconti refaz a unidade do ducado de Milão e se apossa de Gênova em 1421. O Rei Renato de Anjou, que tomou Nápoles em 1438, deve cedê-la definitivamente em 1443 a Afonso de Aragão, que refaz por longo tempo a unidade das duas Sicílias (Nápoles, Sardenha e Sicília) sob dominação aragonesa. Esses Estados, e os senhores que os dirigem, como Francesco Sforza, sucessor dos Visconti em Milão, e Cosme de Médicis em Florença, travam intermináveis combates para os quais apelam ao rei de França. Finalmente, Veneza adere em 9 de abril de 1454 a uma "Liga muito santa" concluída para vinte e cinco anos sob o patrocínio do papa, a Paz de Lodi, que estabeleceu entre as potências italianas um equilíbrio que, além das reviravoltas passageiras da época napoleônica, durará mais ou menos até 1860. Essa Itália, brilhante e dividida contra ela mesma, exerce uma atração potente sobre uma grande parte da Europa, mas essa atração é tanto cobiça quanto admiração. A Itália farol será também, mais do que nunca, uma Itália presa, como bem mostrou Girolamo Arnaldi em seu excelente ensaio *L'Italia e suoi invasori* (*A Itália e seus invasores*). Os seus agressores são: Aragão, em breve império, mas também e sobretudo a França. Carlos VIII é solicitado tanto pelo Papa Inocêncio VIII em 1489 para intervir no reino napolitano como por Ludovico o Mouro, novo senhor de Milão, para o condado de Milão. Aos 29 de agosto de 1494, o rei da França Carlos VIII deixa Lyon com a miragem de uma cruzada na qual nunca se engajará para reclamar de Nápoles os direitos que dizia ter sobre a Casa de Anjou. É o começo das guerras na Itália.

O europeu Commynes

Entretanto, essa Europa que se estruturava numa combinação de ideologia unitária cristã e de realidades nacionais determinadas se impunha, cada vez mais, aos seus intelectuais, a seus historiadores e a seus homens de Estado como uma entidade. Philippe de Commynes, o grande historiador europeu do período, após uma rápida análise do mundo cristão em sua época, concluiu: "Falei somente da Europa, porque não tenho informação segura das duas outras partes, a Ásia e a África". Ele se contenta em dizer que esses continentes, segundo o que pôde observar, têm também uma das principais características infelizes da Europa, as "guerras e divisões". Para a África ele ainda acrescenta a infelicidade de se venderem uns aos outros aos cristãos e que os portugueses começaram um tráfico cotidiano de negros. Uma nova fase da Europa se anuncia, a

Europa que descobre a África e vai descobrir a América, e que começa a mostrar-se vergonhosamente ao alimentar o Novo Mundo com escravos tomados no continente africano.

A Europa de encontro ao mundo exterior

Com a profundidade histórica, a evolução marcante da Europa no fim do século XV foi o fato de ela estender e acelerar a sua expansão extraeuropeia. Embora Michel Mollat du Jourdin tenha podido dedicar um belo livro aos exploradores da Idade Média, nem o termo nem o papel de explorador existiram nessa época. As raras expedições de cristãos romanos fora da Europa foram seja expedições missionárias, como as do franciscano João de Plan Carpin, no século XIII, que além de suas missões nos países recentemente convertidos, na Escandinávia, na Boêmia, na Polônia e na Hungria, levou cartas do Papa Inocêncio IV aos príncipes russos e aos cãs mongóis Batu e Guyuk, convidados sem sucesso a um entendimento entre as religiões e a Igreja Romana[3]; seja expedições de mercadores, como os irmãos venezianos Polo e seu sobrinho Marco, que foram fazer negócios no Ceilão, depois se colocar ao serviço dos mongóis, indo provavelmente até à China.

Fora dos efêmeros estados latinos da Palestina, as únicas expansões europeias medievais foram a constituição de um verdadeiro império comercial e às vezes territorial no Império Bizantino e no Oriente Próximo pelos grandes portos mercadores italianos, sobretudo Gênova e Veneza. O que atraía os europeus no Mediterrâneo oriental era, antes de tudo, entre uma grande variedade de produtos, a compra de especiarias. Segundo o tratado do florentino Pegolotti – *La pratica della mercatura* – por volta de 1340, as especiarias conhecidas chegavam a 286, mas de fato eram 193, pois havia repetições. Essas especiarias eram, primeiro, utilizadas na farmacopeia medieval, mas também em tintura e perfumaria e, enfim, na culinária. O gosto dos homens e das mulheres medievais parece

---

3. De volta a Lyon, em 1247, João de Plan Carpin contou sua viagem e o que ficara sabendo a São Luís, que na véspera de partir para a cruzada sonhava com um possível acordo com os mongóis para pegar os muçulmanos pela retaguarda.

ter sido forte pelos pratos com especiarias. Entre as especiaria, na Idade Média, estavam os cítricos e o açúcar de cana. Mais de um quarto desses produtos era proveniente da Índia, da China e do Extremo Oriente. Eram muito caros, pois eram comprados dos indianos pelos árabes, e os europeus cristãos os compravam dos árabes na região de contato que o Oriente Próximo constituía. Os principais portos de venda e de carregamento dessas especiarias eram Acre, Beirute e, sobretudo, Alexandria, que eram também o ponto-final da velha rota da seda.

Os mercadores europeus de especiarias no fim da Idade Média eram, em primeiro lugar, os venezianos, que faziam nesse comércio investimentos anuais de 400.000 ducados e enviavam de três a cinco galeras por ano, o que era considerável, tendo em conta o fato de que, para um preço muito elevado, as especiarias ocupavam fracos volumes. Depois dos venezianos, com uma ou duas galeras por ano, distinguiam-se os genoveses, os catalães e os anconenses.

Homens de negócios e ricos consumidores europeus, no final do século XV, preocupavam-se por encontrar novas fontes de especiarias, de açúcar, ao que deve acrescentar – para responder às suas crescentes necessidades monetárias – o ouro e os metais preciosos.

Rumo ao Atlântico e à África

Os europeus se desviaram assim um pouco do horizonte mediterrâneo, tanto mais porque este estava perturbado pela conquista turca. A Europa do fim do século XV olha cada vez mais para o Atlântico. Esse interesse pelo Atlântico foi, primeiro, dirigido para a África Ocidental. A imagem da África entre os europeus cristãos era má, desde a Antiguidade, e a Idade Média acentuou mais o caráter negativo dessa imagem. Os africanos, muitas vezes chamados de "etíopes", eram exemplos de feiura devido à cor de sua pele, e a África estava povoada de serpentes e de animais monstruosos, ao passo que o Oriente tinha, ao lado de monstros, numerosas maravilhas. Em 1245, Goussuin de Metz, em seu *Imagem do mundo*, definiu "Etiópia", quer dizer, a África, como uma região habitada por gente "mais negra que o pixe", onde o calor é tanto "que parece que a terra queima", e, além de uma faixa setentrional, não contém senão desertos cheios "de vermes e de animais selvagens". As únicas relações frutíferas, mas limitadas a uma minoria de mercadores especializados, era a compra, pelo sistema de troca, do ouro do Sudão, particularmente em Sijilmassa.

No século XIV, a imagem da África para os europeus modificou-se notavelmente. A África se torna um objeto de cobiça. Tentativas precedentes tinham fracassado. Em 1291, os irmãos Ugolino e Vanino Vivaldi, mercadores genoveses, foram além do Estreito de Gibraltar em direção ao sul e desapareceram para sempre. A expedição de Jaime Ferrer, em 1346, foi igualmente um fracasso. No começo do século XV, as Ilhas Canárias, exploradas pelo normando João de Béthencourt (1402-1406), foram pouco a pouco colonizadas pelos castelhanos. O movimento acelerou-se quando os portugueses se interessaram por elas. Em 20 de agosto de 1415, Ceuta, que controlava o Estreito de Gibraltar e era a passagem essencial do ouro do Saara, foi tomada pelos portugueses. Foi o começo da expansão portuguesa. Houve, no entanto, conflitos, que anunciavam o que acontecerá mais tarde no tempo da grande colonização europeia, entre os portugueses que queriam essencialmente instalar-se no Marrocos e explorá-lo, e aqueles que, ao contrário, desejavam explorar o mais longe possível ao sul da costa ocidental da África e das ilhas ao largo. Essa empresa portuguesa teve um maestro de orquestra que planejou e dirigiu essa exploração e essa expansão desde suas residências portuguesas, em particular de Sagres, no Algarve. Esse maestro foi o infante português Henrique o Navegador (1394-1460), filho do Rei João I. Os portugueses se estabeleceram na Madeira e nos Açores de 1418 a 1433. Gil Eanes foi além do Cabo Bojador em 1435. Dinis Dias chegou ao Cabo Verde em 1444 e penetrou na embocadura do Senegal descoberto por Nunes Tristão. Em 1461, Diogo Afonso explora o arquipélago do Cabo Verde. João de Santarém e Pero Escobar atingem o Equador em 1471. Bartolomeu Dias, em 1487, ultrapassou o Cabo das Tormentas, que Vasco da Gama transporá em 1497-1498 para chegar à Índia, e fará dele o Cabo da Boa Esperança. Entretanto, Castela acabara a conquista das Canárias entre 1470 e 1483. O rei de Portugal, Afonso V, aderiu ao primeiro programa político, interessando-se apenas por Marrocos, onde tomou Tanger, em 1471, e pela aventura castelhana, que fracassou.

É preciso recolocar essa expansão espanhola e, sobretudo, portuguesa nas costas da África num movimento mais vasto que, no século XV, fez o olhar dos europeus se voltar do Mediterrâneo para o Atlântico. A atividade econômica e os projetos que misturavam cobiça econômica, ideias missionárias e espírito de aventura tinham feito aparecer no proscênio europeu Portugal e o oeste da Andaluzia. Lisboa e Sevilha se tornaram centros potentes de negócios não somente voltados para o Atlântico, mas também para a Europa.

Progresso e arcaísmo dos navios e da navegação

O interesse pela fachada atlântica da Europa e pelo que havia por trás dela foi possível por causa dos progressos da navegação e, primeiro, dos navios. Os progressos decisivos situam-se no século XIII com a adoção do leme de popa, que substitui o leme lateral e garantiu ao navio uma maior maneabilidade e uma maior estabilidade. E a adoção da vela quadrada na verga, cuja superfície se aumenta e diminui graças ao cordame, as velas pequenas e aos cabos. Porém, a exploração sistemática desses progressos só se faz a partir do século XIV e do XV. A Europa tinha-se lançado na busca de uma melhor produtividade do transporte marítimo. Como mostrou Jean-Claude Hocquet, a cada trinta ou quarenta anos ocorreram modificações do tipo de navios utilizados e da composição das frotas que melhoraram o seu desempenho e possibilidades. Um progresso essencial consistiu em justapor velame quadrado e velame latino nos mastros do navio, o que permite navegar em todos os ventos sem ser condenado à invernagem. O navio campeão desses progressos que deixou na memória europeia uma lembrança mítica é a *caravela*. A caravela tinha três mastros em vez de um; o rebordo dos lados era liso e não superposto. Podia transportar de quarenta a sessenta toneladas. Sua principal qualidade era a rapidez. Dos três navios que Cristóvão Colombo levou consigo para a descoberta do que seria a América, dois eram caravelas: a *Nina* e a *Pinta*. Essa emergência mundial de Estados capazes de se voltarem do Mediterrâneo para o Atlântico, Espanha e Portugal, foi coroada pelo papado. O Papa Alexandre VI Bórgia decidiu, em 1493, pela bula *Inter caetera*, que as terras ainda não possuídas por príncipes cristãos europeus seriam atribuídas à Espanha e Portugal, ao leste e ao oeste de uma linha que passava ao oeste das Ilhas de Açores. No ano seguinte (1494), o Tratado de Tordesilhas, entre espanhóis e portugueses, deslocou mais para o oeste, no Oceano Atlântico, a linha de demarcação traçada por Alexandre VI. Assim começava a divisão do mundo entre os europeus, que pode ser considerada como o fim da Idade Média e o começo dos tempos modernos. No entanto, não se deve esquecer que as mentalidades e as atitudes que presidem a essa apropriação do mundo pelos europeus estão impregnadas de preconceitos e de ignorâncias medievais. Imagina-se que no fim do Atlântico e no fim da África não há terras novas, mas, ao contrário, terras antigas, produto da imaginação medieval. Além do Cabo da Boa Esperança está o país do Preste João, personagem mirabolante, soberano de um mundo de maravilhas. Além do Atlântico, se procurará o velho Oriente, a China. Sobretudo numa época em que, apesar de alguns progressos, a cartografia permanece muito errônea na Europa e, por outro lado, ainda embaraçada nos mitos e nas fábulas, esses objetivos de explorações e de descobertas são considerados de alcance fraco. Cristóvão Colombo, em suas anotações da *Imago mundi* muito pouco precisa de Pierre d'Ailly, no começo do século XV, escreve: "a extremidade da Espanha e o começo da Índia não estão muito distantes, mas próximos, e é evidente que esse mar é navegável em poucos dias com vento favorável".

Cristóvão Colombo é o exemplo mais belo dessas mentalidades cheias de imaginário medieval e desses erros que talvez foram um poderoso estímulo para as descobertas. Colombo pensava que das Canárias à China a distância não era superior a 5.000 milhas marítimas, ao passo que é, na realidade, 11.766 milhas. A Europa da aventura atlântica e das grandes descobertas é uma Europa profundamente medieval.

Conclusão

Vista desde o século XXI, a Europa do final do século XV (não esqueçamos que empregamos aqui um conceito, "o século", que só será inventado no final do século XVI) aparece como que esquartejada por uma nova tensão. A tensão que existe entre as rupturas interiores para as quais a Europa se prepara (guerras da Itália, guerra dos camponeses na Alemanha, Reforma de Lutero e de Calvino) e, por outro lado, a miragem de horizontes distantes que abrem suas perspectivas promissoras na África, no Oceano Índico e naquilo que sabemos que é um Novo Mundo, que em alguns anos será batizado de América. O momento apresenta suficientemente novidades, rupturas, para que seja legítimo pensar que se vai passar de um longo período da humanidade europeia a um outro, e que é preciso considerar que a Idade Média terminou?

Visto com a distância histórica, o século XV pode ser considerado de fato como o começo de um outro longo período que pode ser chamado de Tempos Modernos. Mas antes de encerrar a reflexão, é preciso fazer a pergunta que dá o título a este livro, ou seja, se trata-se do fim da Idade Média e se podem ser avaliadas as relações entre essa Idade Média e a elaboração da Europa. Propus recentemente que uma "longa Idade Média" estaria mais perto da realidade histórica. Certamente, segundo a excelente expressão do grande historiador polonês Witold Kula, cada período apresenta "uma coexistência de assincronismos"; e uso o menos frequentemente possível o termo crise, que muitíssimas vezes mascara a ausência de esforço de análise das mudanças de uma sociedade. Creio, porém, que há mudanças e viradas. Há uma delas no final do século XV? É então que intervém a palavra, na minha opinião infeliz, proposta pelo historiador suíço Burckhardt no final do século XIX e que fez sucesso: Renascença. Lembremos, primeiro, que se pode qualificar, e foram qualificados, de renascença outros momentos da Idade Média, principalmente na época carolíngia e no século XII.

Vejamos, em seguida, o que caracteriza essa Renascença. Ela foi vista, com razão, essencialmente no âmbito da arte e do pensamento.

Mas, pelo menos na Itália, a arte não "renasceu" desde o século XIII, e o humanismo característico da Renascença não começou no século XIV?

Nos domínios fundamentais da história da sociedade e da civilização europeia, os fenômenos de fundo não saltam esse final do século XV? A peste negra apareceu na Europa entre 1347-1348 e fez estragos até 1720. Marc Bloch estudou um rito inerente ao poder real na Idade Média, o do toque real dos "reis taumaturgos". Tendo aparecido no século XI, continuou na França e na Inglaterra desde o século XIII, dura na Inglaterra até começo do século XVIII e, na França, até 1825, embora o rito seja então percebido, em geral, como anacrônico.

Tomemos, porém, alguns exemplos mais massivos. Viu-se a importância do crescimento urbano no período medieval e seu significado europeu. Bernard Chevalier estudou as principais cidades, na França, ligadas à realeza e que eram chamadas de "bonnes Villes" [cidades boas]. Ele mostra que o termo e a rede urbana que define aparecem no século XIII e não tem muito sentido a partir do começo do século XVII. O esforço de periodização mais célebre da história europeia no passado foi a proposta por Marx. A Idade Média, assimilada ao feudalismo, nessa perspectiva, existiu entre o fim do Império Romano, caracterizado pelo modo de produção escravista, e a Revolução Industrial. Essa Idade Média é também o tempo em que aparece o esquema trifuncional indo-europeu definido por Georges Dumézil. Pode ser descoberto na Inglaterra, no século IX, triunfa no século XI com a fórmula *oratores, bellatores, laboratores* (os que oram, os que lutam, os que trabalham), sacerdotes, guerreiros e camponeses, que dura até os três estados da Revolução Francesa, ao passo que após a Revolução Industrial aparece uma trifuncionalidade totalmente diferente, a das atividades primárias, secundárias e terciárias definidas pelos economistas e pelos sociólogos. No âmbito do ensino, desde o século XII, é o surgimento das universidades que permanecerão praticamente imutáveis até à Revolução Francesa e, no estágio primário e secundário, o começo de uma lenta alfabetização que durará até a escolarização geral do século XIX.

Essa longa Idade Média é também o tempo em que a cultura popular, folclórica, que apareceu na Idade Média, num contexto folclórico europeu, dura até a renovação folclórica do século XIX. Como o conto sobre o tema do Anjo e do Eremita é transmitido de um conto do século XII ao *Zadig* de Voltaire e aos contadores bretões do século XIX. Viu-se que a Idade Média era um período dominado pelo cristianismo e pela Igreja. Uma grande virada se produzirá no século XVI com a divisão do cristianismo entre catolicismo e protestantismo. E o lugar e o papel da religião não permanecerão até hoje exatamente os mesmos nos diversos países europeus. Pode-se, porém, dizer que a Europa, frente à religião, seguirá *grosso modo* a mesma evolução cujas raízes se descobrem na Idade Média. Uma separação mais ou menos clara entre a Igreja e o Estado, dando o cristão a César o que lhe pertence, isto é, a rejeição, contrariamente ao Islã ou ao cristianismo bizantino, de uma teocracia; a promoção das crianças, das mulheres e dos leigos, o equilíbrio entre a fé e a razão. Mas essas características serão mais ou menos ocultadas até a Revolução Francesa pelo poder e a influência da Igreja Romana. E de maneira geral da religião tão bem reformada como a católica. Em tudo o que se viu, o corte da Renascença não existe. Proponho, pois, a meus leitores que vejam o fim do século XV como uma parada importante na história medieval da Europa, o que não deslegitima o título deste ensaio.

Até agora vimos a construção e o desenvolvimento de uma Idade Média europeia. É legítimo parar neste fim do século XV para traçar as coordenadas e ver se pode-se dar uma resposta à pergunta que é o título deste livro.

Parece-me que nas relações entre a Europa e a história há dois aspectos fundamentais. O primeiro é o do território. A história é feita sempre num espaço, e uma civilização sempre se elabora e se difunde num território. O século XV completa o essencial da criação medieval de um espaço europeu começado com as "grandes invasões" da Alta Idade Média. No século XV não há mais pagãos e não haveria mais muçulmanos se não tivesse começado a conquista turca. Essa conquista tem um duplo efeito contraditório. Por um lado, faz pesar uma ameaça sobre a Europa; mas, por outro lado, mesmo se a resistência europeia não é tão forte como um Pio II desejaria, uma identidade coletiva que se construía em geral tanto sobre as oposições ao outro como sobre convergências internas, a ameaça turca será um dos alicerces da Europa. Doravante as universidades difundem o mesmo tipo de saber do Mediterrâneo ao Báltico. O humanismo, mesmo quando abandona o latim pelas línguas vernáculas, penetra a cultura europeia da Suécia à Sicília. Antuérpia é o centro de uma economia-mundo que, como mostrou Fernand Braudel, é ainda por muito tempo europeia, antes de tomar o mundo inteiro em suas redes.

Resta uma incerteza, embora a questão seja melhor colocada no fim do século XV. Onde está a fronteira continental da Europa no Leste? Primeiro, é preciso dar-se conta de que, se a tomada de Constantinopla em 1453 é fortemente sentida pelos europeus, sobretudo pelas elites, não é somente, como o desejaria a história tradicional, o fim catastrófico de um mundo, o bizantino, mas é também, em longo prazo, o fim de uma desvantagem para a unidade europeia; porque, se a religião ortodoxa se mantém até hoje, no leste da Europa, não está ligada a esse duplo centro de poder político e religioso que era o Império Bizantino. É um obstáculo eventual para uma futura Europa unida que é paradoxalmente levantado em 1453.

Por outro lado, os estados eslavos estabelecem políticas territoriais que modificarão os problemas da fronteira europeia no Leste. A Polônia, Estado plenamente europeu por sua conversão e, unida à Lituânia pela dinastia polono-lituana dos Jagellon, no final do século XIV, desenvolve uma política de expansão territorial ao norte (Prússia), ao leste e ao sudeste (Volínia e Podolie). No século XV, ela se estende do Báltico ao Mar Negro.

Por outro lado, a Rússia, que se desvencilha do jugo mongol, evolui para um Estado centralizado em torno da Moscóvia. Ivã III (1462-1505) prossegue a reunião das terras russas pela submissão de Novgorod (1478) e de Tver (1485). Organiza um Estado poderoso e centralizado regido por um sistema administrativo e judiciário sólido, em particular com o Código de 1497.

Por isso a pergunta é, no final do século XV, se parecem triunfar aos olhos do historiador as ameaças sobre as conquistas europeias da Idade Média anterior ou as promessas para a Europa da longa Idade Média que eu proponho. Invocarei, evidentemente, o aleatório da história, a importância do acaso, mas creio que se podem esboçar as chances da Europa no final do século XV. As ameaças não me parecem vir nem da emergência de nações, nem de dissensões religiosas que correm o risco de evoluir para cisma. Espero que este livro tenha mostrado que a Europa começou a ser elaborada na Idade Média a partir, ao mesmo tempo, de noções e de realidades de unidade e de "nação", embora o desenvolvimento do conceito de soberania a partir do século XIII e de suas aplicações tenha introduzido um problema para o seu futuro. Por outro lado, o fim do monopólio da Igreja Católica não é o fim da cultura cristã comum, nem de uma civilização e de valores em que a laicidade será tanto a herdeira e a continuadora de valores cristãos como adversária que teve de ser durante os ásperos conflitos ainda por vir no fim do século XV. A ameaça vem mais dos confrontos armados entre as nações e do caráter guerreiro dos europeus, que Hipócrates, desde a Antiguidade descobrira e definira. Ela depende também, sem nenhuma dúvida, da maneira como evoluirão a expansão e as colonizações esboçadas no século XV e a relação entre a Europa e suas possessões no mundo.

Frente ao progresso, a Idade Média manifestou a mais profunda de suas tensões – a ponto de nos oferecer uma imagem paradoxal. A ideologia dominante e, talvez, as mentalidades condenaram como erro e pecado o novo, o progressista, o inaudito e, no entanto, quer se tratasse do universo material ou do mundo intelectual e espiritual, a Idade Média foi um período de criatividade, de inovações, de avanço extraordinário. Creio que é preciso sublinhar como uma experiência adquirida para a Europa inteira, para sua tomada de consciência, para sua realização, são as capacidades de progredir que se afirmaram durante a Idade Média e foram reforçadas no século XV. O termo pode surpreender. Sabe-se que a consciência do progresso, a promoção do progresso como ideal, data apenas do fim do século XVII e sobretudo do século XVIII. É um florão da Idade das Luzes. No entanto, creio que esse progresso desponta na Idade Média. O que a Europa Medieval elaborou e começou a mostrar estará em contraste profundo com o que acontecerá no mundo muçulmano e, sobretudo, na China. No século XV, a China é o país mais poderoso do mundo, mais rico, mais avançado em todos os campos. Ora, a China ficará fechada nela mesma, se estiolará e deixará aos europeus a dominação do mundo, inclusive no Oriente. Apesar da constituição do potente Império Otomano e da difusão do Islã na África e na Ásia, o mundo muçulmano, com exceção dos turcos, não tem mais o dinamismo do período medieval. A Europa cristã, em contrapartida, adquire as ideias e as práticas que vão garantir sua incomparável expansão a partir do século XV e fazer dessa expansão, apesar das rivalidades no interior e, no exterior, as injustiças e até os crimes, o grande instrumento da tomada de consciência e da afirmação europeia. Peter Biller[1] mostrou como a Europa do século XIV dá valor à população; e toma consciência do papel dessa população para a condução dos negócios humanos; ainda que o século XIV seja, por causa da crise agrícola e das pestes, um período de dura regressão demográfica, a Europa do fim da Idade Média põe-se a considerar o número de pessoas, sua maneira de viver junto e de se reproduzir, como um fator de potência. Uma reflexão coletiva recente estudou as noções e os aspectos de "progresso, reação, decadência" no Ocidente medieval[2]. Ao mesmo tempo em que compartilha da ideia tradicional que "os quadros mentais [da Idade Média] são pouco compatíveis com a ideia de progresso", essa obra acentua que o cristianismo dá um sentido à história (eu destaquei o lado "progressista" das utopias de Joaquim de Fiore) e que ele liquidou o mito antigo do eterno retorno e a concepção cíclica da história. Num livro clássico, *A teologia do século XII*, o Padre Chenu mostrara como o pensamento medieval tinha feito a história dar um novo arranque no século XII. A busca da salvação é vista como um progresso, moral sem dúvida, mas globalmente benéfico. O desprezo do mundo, apesar de seus teóricos e seus êmulos, não conduz a uma renúncia do progresso material. A dinâmica da Idade Média provém da interação de oposições, de tensões, que produzem progressos sem chamá-los assim. Essa obra coletiva destaca os pares progresso-reação, progresso-decadência, passado-presente, antigo-moderno, que animam a dinâmica medieval. Como seu viu, as ordens mendicantes, no século XIII, ousam afirmar-se de maneira provocativa como novas, quer dizer, melhores, ao passo que seus adversários, formados pela mentalidade monástica, veem nessa novidade um pecado e um mal. A civilização e as mentalidades medievais não desprezaram as técnicas e se dedicaram a uma produtividade, a um crescimento, desde o domínio econômico. Desde a Alta Idade Média, propõe-se aos cam-

---

1. BILLER, Peter. *The Measure of Multitude. Population in Medieval Thought*. Oxford: Oxford University Press, 2000.

2. *Progrès, Réaction, Décadence dans l'Occident médiéval*. Estudos recolhidos por Emmanuelle Baumgartner e Laurence Harf-Lancher. Paris/Genève: Droz--Champion, 2003.

poneses livres "contratos *ad meliorandum*", quer dizer, que obrigam o beneficiário a melhorar o rendimento dos campos.

Viu-se que no século XIV o interesse pelo progresso agrícola leva ao reaparecimento de tratados de agricultura. De maneira geral, em torno do moinho e de suas aplicações, em torno do sistema de transmissão em crista, que transforma um movimento contínuo em movimento alternativo, a Idade Média, apesar de sua lenda negra, é um tempo de invenções, e Marc Bloch escreveu páginas notáveis sobre as invenções medievais. Na Idade Média, todos se banham no religioso. Um religioso tão onipresente que não há palavra para distingui-lo. Toda a civilização, a começar pela civilização material, está, segundo a expressão do grande economista Karl Polanyi, "incorporada" (*embedded*) no religioso. Mas à medida que, como sugeri, os valores descem do céu à terra, a desvantagem para o progresso que essa ganga religiosa poderia significar se transforma cada vez mais em trampolim para o progresso. O jogo entre providência e acaso se faz cada vez menos por meio de uma roda ligada ao tempo circular que pelos esforços da virtude individual e coletiva dos europeus. Não há domínio onde a criatividade dos europeus marcou tanto progresso, na Idade Média, como o do tempo. De um lado, o passado, por falta de um estudo racional, que só aparecerá no século XVIII, não se torna o objeto de uma verdadeira ciência histórica, mas é utilizado pelo desenvolvimento de uma memória que toma as dimensões de uma cultura. A Europa Medieval apoia-se no passado para ir mais longe e melhor. Do mesmo modo, o domínio da medida do tempo forneceu-lhe instrumentos de progresso. Se o calendário continua sendo o calendário Juliano, o de César, uma inovação vinda do Antigo Testamento e do judaísmo, introduz um ritmo que se impôs até nossos dias, o da semana, acarretando uma relação entre o tempo do trabalho e o tempo do repouso, que, não somente organiza o tempo religioso do domingo, mas garante sem dúvida o melhor uso possível das forças humanas. O calendário cristão medieval introduz também na Europa as duas grandes festas do Natal e da Páscoa. Natal que, ao contrário do *Halloween* pagão, festa da morte, é a festa do nascimento e da vida, e Páscoa, festa da ressurreição. Sem contar Pentecostes, que abrange os costumes festivos feudais (dia de investidura), festa do Espírito.

No século XV, o grande arquiteto e humanista italiano Leon Battista Alberti faz um de seus heróis dizer:

> *Gianozzo*: Há três coisas que o homem pode dizer que lhe pertencem propriamente: a fortuna, o corpo...
> *Lionardo*: E qual será a terceira?
> *Gianozzo*: Ah, uma coisa extremamente preciosa. Estas mãos e estes olhos não são tão meus.
> *Lionardo*: Maravilha! O que é?
> *Gianozzo*: O tempo, meu caro Lionardo, o tempo, meus filhos.

O valor do tempo que o texto louva é sem dúvida um valor econômico (o tempo é dinheiro), mas é também um valor cultural e existencial. A Europa do fim do século XV é uma Europa do tempo precioso, do tempo apropriado pelos indivíduos e pelas coletividades constitutivas da Europa eventual.

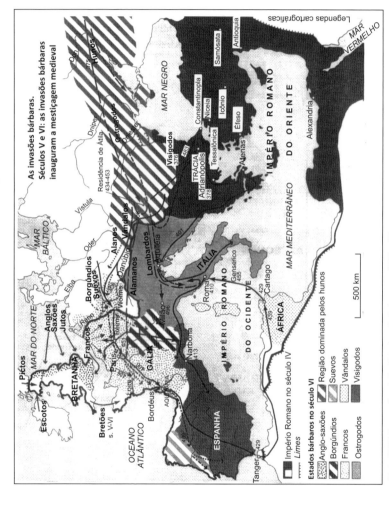

Fonte: DUBY, Georges. Grand atlas historique. Paris: Larrousse, 1995, p. 30.

225

A Europa no mundo entre a Idade Média e os Tempos Modernos
1400 a 1500 Zheng He, Colombo, Gutenberg, a Renascença

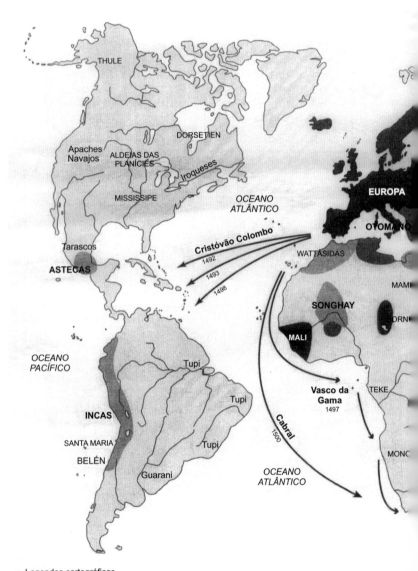

Legendas cartográficas

Entre a América de tribos de índios reunidas, dos impérios Inca e Asteca, e o Extremo Oriente dos Ming chineses, a pequena Europa descobre a África e a América, ao passo que as embaixadas do chinês Zheng He no Oriente Próximo e na África não terão futuro. O Império Otomano e o Estado moscovita barram a Europa ao Leste.

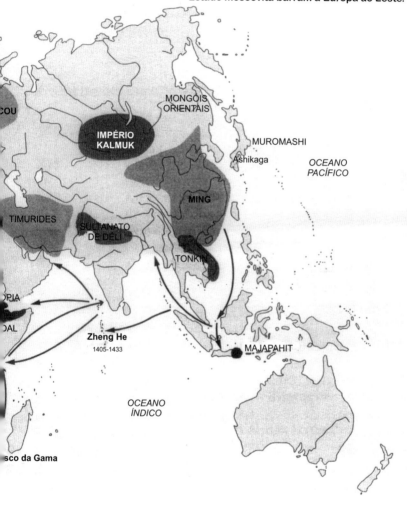

Fonte: Bertin, Jacques. Atlas historique universel. Genebra: Minerva, 1997.

Cronologia

Acontecimentos europeus

276	Primeira grande onda de invasões germânicas no Império Romano.
313	O Edito de Milão concede a liberdade de culto aos cristãos.
325	No Concílio de Niceia, Constantino se torna o defensor da ortodoxia cristã contra o arianismo.
330	Constantino estabelece a nova capital do Império em Constantinopla.
379-395	Teodósio I reconhece o cristianismo como religião de Estado e divide, na sua morte, o Império Romano em Império do Ocidente e Império do Oriente.
407-429	Nova onda de invasões germânicas.
410	Os visigodos de Alarico tomam e saqueiam Roma.
415	Os visigodos se instalam na Espanha.
432-461	São Patrício evangeliza a Irlanda.
Cerca de 440	Os povos germânicos – anglos, jutos e saxões – se instalam na Grã-Bretanha; os bretões refluem sobre o continente.
451	O general romano Aécio detém os hunos de Átila nos Campos Catalúnicos.
476	O hérulo Odoacro depôs o Imperador Rômulo Augústulo e enviou a Constantinopla as insígnias do Império do Ocidente.
488-526	Reinado do ostrogodo Teodorico em Ravena.
Entre 496 e 511	Batismo do chefe franco Clóvis.
27-565	O imperador bizantino Justiniano inicia uma reconquista parcial e temporária do Ocidente (Itália do Sul, Andaluzia). A peste dita "de Justiniano", vinda do Oriente, devasta a Europa, ao sul dos Alpes e da região do Loire.

Cerca de 529	Bento de Núrsia funda a Abadia do Monte Cassino e dá uma *Regra* aos seus monges, que se tornarão a ordem beneditina.
Cerca de 555	Os visigodos, que tomaram a Andaluzia, estabelecem a sua capital em Toledo.
Cerca de 570-636	Isidoro de Sevilha, pai do enciclopedismo cristão medieval.
590-604	Pontificado de Gregório Magno.
Cerca de 590-615	O monge irlandês São Columbano vai fundar novos mosteiros na Gália (Luxeuil), na Germânia do Sul (Constança) e na Itália do Norte (Bobbio).
568-572	Os lombardos conquistaram o Norte e uma parte do centro da Itália; fundam um reino que tem Pavia por capital.
711-719	Os berberes muçulmanos conquistaram a Espanha até o Ebro.
726	Início da questão iconoclasta no Império Bizantino.
732	Carlos Martelo, chefe do palácio franco, detém os muçulmanos perto de Poitiers.
757	Pepino o Breve, chefe de palácio, é sagrado rei dos francos pelo Papa Estêvão II, a quem ele apoia na Itália, onde fora criado um Estado pontifício chamado "Patrimônio de São Pedro".
759	Os muçulmanos perdem Narbonne, seu último lugar na Gália.
771	Carlos Magno único rei dos francos.
774	Carlos Magno rei dos lombardos.
778	A retaguarda franca, comandada por Rolando, sobrinho de Carlos Magno, é surpreendida pelos bascos no colo de Roncesvalles.
787	Segundo Concílio de Niceia. Carlos Magno autoriza as imagens na arte cristã.
788	Carlos Magno anexa a Baviera.
793-810	Primeiros ataques dos normandos na Grã-Bretanha e na Gália.
796	Carlos Magno vencedor de Avars.
796-893	Carlos Magno manda construir o palácio e a capela de Aix-la-Chapelle.

800	Carlos Magno coroado imperador em Roma.
827	Início da conquista da Sicília pelos sarracenos.
Cerca de 830	Encontrado o corpo de São Tiago na Galícia.
842	Juramento de Estrasburgo em língua vernácula franca e germânica.
843	Tratado de Verdun no Nascimento da Alemanha e da França.
2ª metade do século IX	O termo *miles* (soldado, cavaleiro) começa a designar o vassalo.
881	Primeira aparição da palavra feudo (*feudum*).
885-886	Os normandos sitiam Paris.
895	Os húngaros se estabelecem na planície danubiana.
910	Fundação da Abadia de Cluny.
911	Carlos o Simples concede a foz do Sena aos normandos de Rollon pelo Tratado de Saint-Clair-sur-Epte.
929	Criação do califado de Córdoba.
948	Fundação do arcebispado de Hamburgo, metrópole religiosa para a conversão dos países escandinavos.
Cerca de 950	Início dos grandes arroteamentos. Utilização da charrua ao norte do Loire.
955	Vitória de Oto I sobre os húngaros em Lechfeld.
960	Construção da Mesquita de Córdoba.
962	Oto I, o Grande, é coroado imperador em Roma, fundando o Sacro Império Romano Germânico.
967	Batismo do duque polonês Miezko.
972	Fundação do bispado de Praga.
985	Batismo do chefe húngaro Vaik (Santo Estêvão).
987	Início da dinastia capetíngia na Gália (Hugo Capeto).
989	Batismo do Príncipe Vladimir de Kiev pelos ortodoxos bizantinos.
1000	A dupla Silvestre II (Gerbert d'Aurillac, papa de 999 a 1003) e Oto III (imperador de 983 a 1002) domina a Cristandade latina. Começo da construção de um "branco manto de igrejas" (segundo o monge clunisiano Raul Glaber). Criação do arcebispado de Gniezno, metrópole religiosa polonesa.

1001	Santo Estêvão é coroado rei da Hungria.
1005-1006	Grande fome na Europa Ocidental.
1015-1028	Olav II Haraldsson o Santo tenta impor o cristianismo pela força na Noruega.
1019-1035	Canuto Grande, rei da Dinamarca e da Inglaterra.
1020	Avicebron (Salomon Ibn Gabirol), filósofo judeu (Málaga cerca de 1020-Valença cerca 1058). Dintel de SaintGenès-des-Fontaines (Catalunha), a mais antiga escultura romana datada da França.
Cerca de 1020	Gui d'Arezzo inventa a notação musical nova.
1023	Roberto o Piedoso manda, a pedido da Igreja, queimar hereges maniqueus em Orleãs.
1028	Canuto, rei da Dinamarca, conquista a Noruega e termina a conquista da Inglaterra.
Entre 1028 e 1072	Miniaturas do Apocalipse de Saint-Sever.
1029	Primeiro principado normando na Itália do Sul (Averso).
Cerca de 1030	Início do movimento comunal na Itália (Cremona).
1031	Fim do califado omíada de Córdoba.
1032-1033	Fome no Ocidente.
Cerca de 1035	Construção de uma ponte em pedra em Albi.
1037	O Imperador Conrado II institui a hereditariedade dos feudos na Itália do Norte.
1054	Cisma definitivo entre a Igreja Romana Latina e a Igreja Grega Ortodoxa.
1060-1091	Os normandos conquistaram a Sicília.
1066	Conquista da Inglaterra pelos normandos de Guilherme o Conquistador.
1069	Manifestação "comunal" no Mans.
1071	Relíquias de São Nicolau trazidas do Oriente a Bari.
1072	Aparece o contrato de *colleganza* em Veneza.
1073-1085	Pontificado de Gregório VII. Reforma gregoriana.
1077	O Imperador Henrique IV se humilha diante do Papa Gregório VII em Canossa.
Cerca de 1080	Guilda de Santo Amaro.
1081	"Cônsules" burgueses em Pisa.
1085	Tomada de Toledo por Afonso VI de Castela.

1086	Primeira menção de um moinho para pisoar na Normandia (Sain-Wandrille).
Final do séc. XI	Na França do Norte, o cavalo substitui o boi de trabalho.
Após 1088	Irnério ensina o Direito Romano em Bolonha.
1093	Início da construção da Catedral de Durham: primeira ogiva.
1095	Urbano II prega a Cruzada em Clermont.
1098	Onda antissemita: pogroms de cruzadas populares em marcha para a Palestina. Fundação da Ordem Cisterciense por Roberto de Molesmes.
1099	Formação da *compagna* pelos mercadores de Gênova.
Cerca de 1100	Começa-se a secar os pântanos de Flandre: região fértil.
1108	Fundação em Paris da Abadia de São Víctor, foco da pré-escolástica.
1112	Revolução comunal em Laon. O conde-bispo é morto.
1120-1150	Primeiros estatutos de ofício no Ocidente.
1126-1198	Averróis, filósofo árabe, comentador de Aristóteles, morre em Marraquech.
1127	As cidades flamengas obtêm cartas de franquia.
1132-1144	Reconstrução de Saint-Denis por Suger: começo do gótico.
1135-1204	Maimônides, teólogo e filósofo judeu de Córdoba, que escreve em árabe, morre no Cairo.
1140	Formação do reino de Portugal.
Cerca de 1140	*Decreto de Graciano*, fundamento do corpo de direito canônico.
1141	Pedro o Venerável, abade de Cluny, manda traduzir o Alcorão para o latim.
1143	Fundação de Lübeck.
1154	Frederico Barba Ruiva concede privilégios aos professores e estudantes de Bolonha.
1154-1224	Império Anglo-francês dos Plantagenetas.
1165	Canonização de Carlos Magno.
1170	Construção do minarete de La Giralda em Sevilha.
Após 1175	Aparece o contrato de *encomenda* em Gênova.

1180	Morte de João de Salisbury, bispo e patrono da Escola de Chartres.
1183	Paz de Constança. Frederico Barba Ruiva reconhece a liberdade das cidades lombardas.
1200	Fundação de Riga.
1202	Morre Joaquim de Fiore, teórico do milenarismo.
1204	Tomada e saque de Constantinopla pelos cruzados da quarta cruzada. Fundação do Império Latino de Constantinopla (1204-1260).
1207	Missão de São Domingos entre os cátaros albigenses.
1209	Primeira comunidade franciscana.
1209-1229	Cruzada dos albigenses.
1212	Vitória dos cristãos da Espanha sobre os muçulmanos em Las Navas de Tolosa.
1214	Primeiros privilégios concedidos à Universidade de Oxford.
1215	Estatutos de Robert de Courson para a Universidade de Paris. IV Concílio do Latrão: regulamentação do matrimônio e da confissão, medidas antissemíticas e antirréticas. A Magna Carta inglesa.
1215-1218	Guilherme de Morbeke, tradutor de Aristóteles para o latim.
1216	Fundação dos Irmãos Pregadores (dominicanos).
1223	O papado aceita a regra franciscana remanejada.
1229-1231	Greve da Universidade de Paris.
1231	Gregório IX organiza a Inquisição.
Após 1232	Construção da Alhambra pelos muçulmanos em Granada.
1238	Tomada de Valência pelos aragoneses.
1241	Incursões dos mongóis na Silésia, Polônia e Hungria.
1242	Primeira representação do leme de popa (selo de Elbing).
1248	Tomada de Sevilha pelos castelhanos.
1252	Cunhagem de moeda de ouro em Gênova e Florença (florins).
1252-1259	Tomás de Aquino ensina na Universidade de Paris.

1253	Fundação de um colégio para estudantes de teologia pobres pelo cônego Roberto de Sorbon na Universidade de Paris (a futura Sorbonne).
1254	O Papa Urbano IV institui a Festa de Corpus Christi.
1261	Queda do Império Latino de Constantinopla.
1266	Batalha de Benevento. Carlos de Anjou Rei da Sicília.
1268	Primeiros moinhos para papel em Fabriano.
1270	Primeira menção de um mapa marítimo no Mediterrâneo.
1276	Raimundo Lulo funda um colégio para ensinar o árabe aos missionários cristãos.
1280	Onda de greves e motins urbanos (Bruges, Douai, Tournai, Provins, Rouen, Caen, Orleãs, Béziers).
1281	Fusão das hansas de Colônia, de Hamburgo e de Lübeck.
1282	As Vésperas Sicilianas: os franceses devem ceder a Sicília aos aragoneses.
1283	Os Cavaleiros Teutônicos terminam a conquista da Prússia.
1284	Cunhagem do ducado de ouro em Veneza. Desabamento das cúpulas da Catedral de Beauvais (48 metros).
1290	Expulsão dos judeus da Inglaterra.
1298	Começo da ligação regular por mar entre Gênova, Inglaterra e Flandre.
1300	Primeira menção segura de óculos.
Começo séc. XIV	Difusão da letra de câmbio na Itália.
1306	Expulsão dos judeus da França.
Cerca de 1306	*Ruralia commoda* de Piero de Crescenzi, suma da ciência agrícola medieval.
1309	O papado se instala em Avignon.
1310	Primeira representação da Paixão no átrio da Catedral de Rouen.
1313	Henrique VII morre em Pisa: fim do sonho imperial.
Cerca de 1313	Dante termina a *Divina Commedia*.
1315	Batalha de Morgarten: vitória da infantaria suíça sobre os Habsburgo.

1315-1317	Grande fome na Europa, aparece a "crise" do século XIV.
1321	Massacres de leprosos e de judeus acusados de envenenar poços.
1337	Começa a Guerra dos Cem Anos entre a Inglaterra e a França.
1341	Coroação de Petrarca em Roma, estouro do humanismo.
1347	Fracasso de Cola di Rienzo para uma restauração à moda antiga do governo de Roma.
1347-1348	Começo de grandes epidemias de Peste Negra (até 1720).
1348	Pogroms desencadeados pela Peste Negra.
1353	Fundação em Gallipoli do primeiro estabelecimento turco na Europa.
1355	*Tratado sobre a moeda* de Nicolau Oresme.
1358	Revolta de Paris contra o regente real. Assassinato de Estêvão Marcel. Revolta camponesa no nordeste da França.
1368	Casamento de Jagellon, príncipe da Lituânia, com Edviges da Polônia, filha e herdeira de Casimiro o Grande.
1378	Começo do Grande Cisma. Revolta dos Ciompi em Florença. O Papa Urbano VI volta a Roma.
1379	Revolta de Filipe Van Artevelde em Gand.
1381	Revolta camponesa de Wat Tyler na Inglaterra.
1382	Condenação de Wyclif por heresia.
1389	Os turcos são vencedores sobre os sérvios em Kosovo.
1394	Os judeus são definitivamente expulsos da França.
1397	Os três países escandinavos realizam a união de Kalmar.
1409	Os alemães deixam a Universidade de Praga após o decreto de Kutna Hora que favorece os tchecos, sob influência de Jan Hus.
1410	Derrota dos Cavaleiros Teutônicos pelos poloneses em Tannenberg (Grünwald).
1414-1418	Concílio de Constança. Condenação por heresia e execução de Jan Hus.

1420-1436	Brunelleschi constrói a cúpula do Domo de Florença.
1431	Morte de Joana d'Arc, queimada em Rouen.
1431-1437	Concílio de Basileia.
1434	Cosme de Médicis, senhor de Florença.
1439-1443	Os concílios de Florença e de Roma põem fim ao Grande Cisma.
1450	Gutenberg põe a funcionar a imprensa em Mogúncia.
1453	Tomada de Constantinopla pelos turcos.
1456	*Institutiones Platonicae* de Marsile Ficin.
1458-1464	Pontificado de Pio II (Aeneas Silvius Piccolomini), partidário da Europa.
1458-1471	Georges Podiebrad, rei hussita da Boêmia. Projeto de união europeia.
1458-1490	Matias Corvin, rei da Hungria.
1462-1505	Reinado de Ivã III, grão-duque de Moscou.
1464	Morte de Nicolau de Cusa, teólogo "moderno", apóstolo da tolerância religiosa.
1468	Morte do albanês Skanderbeg, grande resistente aos turcos.
1469	Casamento dos reis católicos na Espanha.
1475	Tratado de Picquigny. Fim da Guerra dos Cem Anos.
1476	Casamento de Maximiliano da Áustria e de Maria de Borgonha.
1477	Botticelli pinta *A primavera*.
1483	O dominicano Torquemada é nomeado inquisidor geral para a Espanha.
1492	Tomada de Granada pelos reis católicos. Fim da presença muçulmana na Península Ibérica.
1494	Pelo Tratado de Tordesilhas, a Espanha e Portugal dividem entre si o mundo sob a supervisão do Papa Alexandre VI Bórgia.
1495	O Rei da França Carlos VIII conquista (por pouco tempo) o Reino de Nápoles. Começo das guerras da Itália.

Acontecimentos extraeuropeus

América

700-800	Apogeu da civilização maia na América Central.
800-925	Ruína da civilização maia.
1000-1200	Apogeu da cultura tolteca no México.
Século XII	Origens semilendárias da dinastia dos incas no Peru.
1370	Os astecas fundam Teotihuacan no México.
Século XV	Sucessão de confederações astecas no México.
1492	Cristóvão Colombo "descobre a América".

África

Séc. VI-VIII	Apogeu do reino zulu do Zimbábue. Os árabes conquistam o Egito e fundam Fustat (O Cairo), que se torna a capital dos fatímidas xiitas (969-1171).
709	Os árabes completam a conquista da África do Norte.
Cerca de 800	Fundação do Reino do Kanem na região do Lago do Chade.
1057	Os árabes hilálios destroem Kairuan, capital dos arlábidas.
1062	Fundação de Marraquexe pela dinastia berbere dos almorávidas, que conquista a Espanha muçulmana – que foi sucedida pelas dinastias berberes dos almóadas (final do século XII) e dos marínidas (1269). Malogro de um Estado muçulmano que englobava a Argélia.
1171	O curdo Saladino restabelece o sunismo no Egito e funda a Dinastia dos Aiúbidas (1171-1250).
Início séc. XIII	Lalibela, rei do reino cristão da Etiópia, sob a pressão do Islã, transfere sua capital de Aksum para Roha [hoje Lalibela].
1250	Os mamelucos tomam o poder no Egito.
Século XIV	Fundação ao oeste do Lago Chade do Reino de Bornu, que absorve o Kanem.
1312-1337	Apogeu do reino muçulmano do Máli sob Kuta Mussa, que absorve o Reino de Gana.
1402	O normando João de Béthencourt conquista as Canárias.
1415	Os portugueses conquistam Ceuta.

1418	Os portugueses se instalam na Madeira.
1456	Os portugueses chegam ao Golfo de Guiné.
1477	As Canárias passam para a dominação espanhola.
1488	Bartolomeu Dias descobre o Cabo da Boa Esperança.

Ásia: Extremo Oriente

320-480	Reinado da dinastia dos Gupta no norte da Índia.
Séc. III-IX	Dominação da dinastia dos Pallava a partir de Madras.
581-618	Yang Kien restabelece a unidade da China com uma nova capital, Chang'an (Xi-an). Construção de canais e de grandes muralhas.
618-907	Dinastia dos Tang. Fortalecimento da administração central. Vitórias na Coreia. Reconhecimento da independência do Tibet. Difusão do budismo.
710	Nara se torna capital imperial do Japão.
Meados séc. VIII-824	Os soberanos Sailendra mandam construir, no centro de Java, a estupa búdica de Barabudur.
777	O budismo se torna religião da corte japonesa.
794	Heian (Kyoto) é a nova capital imperial japonesa.
858	Início da dominação dos Fujiwara no Japão.
907	A dinastia dos Chola suplanta a dos Pallava na Índia e se estende ao Ceilão e Malásia até o século XIII.
907-960	Anarquia das "Cinco Dinastias" na China.
960-1279	Dinastia dos Song. Mandarinato. Construção do Grande Canal.
1024	Primeira impressão de papel-moeda na China.
1086	A mais antiga menção de caracteres móveis para a imprensa na China.
1181-1218	Apogeu do império Khmer sob Jayavarman VII, que construiu Angkor-Vat.
1185-1192	Estabelecimento do shogunato de Kamakura.
1192	Muhammad Ghori vencedor do rajput Prithvi Raj. Os muçulmanos dominam a Índia do Norte.
1206-1526	Sultanatos muçulmanos de Déli, na Índia.
1206-1279	Formação do Império Mongol.
1260-1269	Primeira viagem de Niccolo e Matteo Polo à China

1271-1292	Viagem dos irmãos Polo e Marco, filho de Niccolo, à china e Sudeste da Ásia.
1279-1368	Dinastia Mongol dos Yuan na China. Pequim (Khanbalik) capital desde 1264.
1314-1330	Viagem do franciscano Odorico de Pordenone à Índia e China.
1371	As viagens ultramar são proibidas aos chineses.
1392	Shogunato de Muromachi no Japão. Difusão da cultura zen. Criação do teatro Nô.
1400-1700	Dinastia chinesa dos Ming.
1470-1480	Construção de grandes muralhas na China do Norte.

Próximo Oriente muçulmano

622	Maomé sai de Meca para Medina: a Hégira.
630	O imperador bizantino Heráclio, vencedor dos persas, reconduz a "Verdadeira Cruz" a Jerusalém.
632	Morte de Maomé.
634	Os muçulmanos saem da Arábia. Início da conquista muçulmana da África do Norte (terminada em 709) em Tachkent (712).
636-724	Califado omíada de Damasco.
638	Tomada de Jerusalém pelos árabes.
661	Assassinato de Ali, genro de Maomé.
680	Hussein, filho de Ali, é massacrado em Kartala. Início do xiísmo.
762	Califado abássida de Bagdá.
786-809	Califado de Harun al-Rachid.
1009	O califa Hakem destrói o Santo Sepulcro de Jerusalém.
1055	Os turcos seldjúcidas entram em Bagdá e restabelecem o sunismo.
1071	Vitória dos turcos seldjúcidas sobre os bizantinos em Mantzikert.
1099	Tomada de Jerusalém pelos cruzados.
1148	Malogro da segunda cruzada.
1187	O turco Saladino, que venceu os cristãos em Hattsin, toma Jerusalém.

1191	Malogro da terceira cruzada – exceto a instalação dos cristãos em Chipre.
1250-1254	Estadia de São Luís na Terra Santa. Fracasso das Cruzadas de São Luís (Egito 1250, Túnis 1270).
1291	Os mamelucos tomam São João de Acre, último lugar cristão na Palestina.
1354-1403	O sultão otomano Bayazid I conquista e unifica os emirados turcos da Anatólia.

Seleção bibliográfica temática

Esta bibliografia não é uma bibliografia da história medieval. É uma lista, por temas, das obras (e de alguns artigos) que ajudaram a minha reflexão e a redação desta obra. São visões de conjunto ou pontos de vista sugestivos.

André Segal quer acabar com o problema tratado aqui rejeitando toda periodização no seu artigo niilista "Périodisation et didactique: le 'moyen âge' comme obstacle à l'intelligence des origines de l'Occident". In: *Périodes de la construction du temps historique*. Paris: EHESS, 1991, p. 105-114 [Actes du Colloque d'Histoire au présent, Paris, 1989].

Segundo minha experiência, não pode haver ciência histórica sem periodização, mesmo se o caráter artificial e submetido à evolução histórica deva ser reconhecido. Para criticar a noção tradicional de Idade Média, prefiro minha hipótese de uma Idade Média longa (ver o presente livro, *in fine*).

Abreviaturas

Le Goff-Schmitt. *Dictionnaire Raisonné de l'Occident Médiéval*. Paris: Fayard, 1999.

Gauvard-de Libera-Zink. *Dictionnaire du Moyen Âge*. Paris: PUF, 2002.

Vauchez. *Dictionnaire Encyclopédique du Moyen Âge*. 2 vol. Paris: Cerf, 1997 [Ed. inglesa e italiana].

Linehan-Nelson. *The Medieval World*. Londres-New York: Routledge, 2001.

Estudos sobre a Europa (e a ideia de Europa) particularmente no período medieval

BLOCH, Marc. Projet d'un enseignement d'histoire comparée des sociétés européennes, 16 p. In: *Dernières Nouvelles de Strasbourg*, 1934 [Retomado em BLOCH, Étienne & BLOCH, Marc (orgs.)]. *Histoire et Historiens*. Paris: Armand Colin, 1995.

_____. "Problèmes d'Europe". *Annales HES,* VII, 1935, p. 471-479.

BRAUDEL, Fernand. *L'Europe* – L'espace, le temps, les hommes. Paris: Arts et métiers graphiques, 1987.

CARPENTIER, Jean; Lebrun, François (dir.). *Histoire de l'Europe.* Paris: Seuil, 1990.

CHABOD, Federico. *Storia dell'idea d'Europa.* Bari: Laterza, 1961.

ELIAS, Norbert. *La Dynamique de l'Occident.* Paris: Calmann-Lévy, 1975 [Tradução da 2ª parte de *Über den Prozess der Zivilisation,* 1939].

FEBVRE, Lucien. *L'Europe* – Genèse d'une civilisation. Paris: Perrin, 1999 [Curso proferido no Colégio de França em 1944-1945 – prefácio de Marc Ferro].

LE GOFF, Jacques. *La Vieille Europe et la nôtre.* Paris: Seuil, 1994.

PAGDEN, Anthony (org.). *The Idea of Europe* – From Antiquity to the European Union. [s.l.]: The Johns Hopkins University/Woodrow Wilson Center Press, 2002.

VILLALIN-GANDOSSI, Christiane (org.). *L'Europe à la recherche de son identité.* Paris: Éditions du Comité des travaux historiques et scientifiques, 2002 [Particularmente Robert Fossier, "L'Europe au Moyen Âge", p. 35-40].

Europa e Idade Média

BARRACLOUGH, Geoffrey (org.). *Eastern and Western Europe in the Middle Ages.* Londres: Thames and Hudson, 1970.

BARTLETT, Robert. *The Making of Europe* – Conquest, Colonization and Cultural Change, 950-1350. Londres: Allen Lane, 1993.

BOSL, Karl. *Europa im Mittelalter.* Vienne-Heidelberg: Carl Uebersenter, 1970.

COMPAGNON, Antoine & SEEBACHER, Jacques. *L'Esprit de l'Europe.* 3 vol. Paris: Flammarion, 1993.

DUROSELLE, Jean-Baptiste. *L'Idée d'Europe dans l'histoire.* Paris: Denoël, 1965.

EDSON, Evelyn. *Mapping Time and Space* – How Medieval Mapmakers Viewed their World. Vol. 1. [s.l.]: The British Library Studies in Map History, 1998.

244

GEREMEK, Bronislav. *The Common Roots of Europe*. Cambridge: Polity Press, 1991.

HAY, Denys. *The Emergence of an Idea*: Europa. [s.l.]: Edinburgh University Press, 1957[1], 1968[2].

HERESANT, Yves & DURAND-BOGAERT, Fabienne. *Europes: De l'Antiquité au XXe siècle* – Anthologie critique et commentée. Paris: Robert Laffont, "Bouquins", 2000.

LE GOFF, Jacques. *L'Europe racontée aux jeunes*. Paris: Seuil, 1996.

MACKAY, Angus & DITCHBURN, David. *Atlas of Medieval Europe*. Routledge, 1996.

MENESTÒ, Enrico (org.). *Le radici medievali della civiltà europea*. Spoleto: Centro italiano di studi sull'alto medioevo, 2000 [Congresso de Ascoli Piceno, 2000].

MITTERAUER, Michael. *Warum Europa?* – Mittelalterliche Grundlagen eines Sonderwegs. Munique: Beck, 2003.

Past and Present. Número especial, novembro/1992 [Em particular Karl Leyser. "Concept of Europe in the Early and High Middle Ages", p. 25-47].

PASTOUREAU, Michel & SCHMITT, Jean-Claude. *Europe*: mémoire et Emblèmes. Paris: Les Éditions de l'Epargne, 1990.

Storia d'Europa. 3. *Il Medioevo, secoli V-XV*. Turim: Einaudi, 1994.

Idade Média. Generalidades

BORST, Arno. *Lebensformen im Mittelalter*. Frankfurt/Berlim: Ullstein, 1973.

DALARUN, Jacques (dir.). *Le Moyen Âge en lumière*. Paris: Fayard, 2002.

DELORT, Robert. *Le Moyen Âge* – Histoire illustrée de la vie qotidienne. Lausanne: Edita, 1972 [Reed. *La Vie au Moyen Âge*. Paris: Seuil, 1971].

GATTO, Ludovico. *Viaggio intorno al concetto di Medioevo*. Roma: Bulzoni, 1992.

GOUREVITCH, Aaron J. *Les Catégories de la culture médiévale* [1972]. Paris: Gallimard, 1983 [Traduzido do russo].

HEER, Friedrich. *L'Univers du Moyen Âge* [1961]. Paris: Fayard, 1970 [Trad. do alemão].

KAHL, Hubert D. "Was bedeutet 'Mitttelalter'?" *Seculum*, 40, 1989, p. 15-38.

LE GOFF, Jacques (dir.). *L'Homme médiéval*. [Ed. italiana, Bari: Laterza, 1987]. Versão francesa, Paris: Seuil, 1989, 1994.

LE GOFF, Jacques. "Pour un long Moyen Âge". In: *L'Imaginaire médiéval*. Paris: Gallimard, 1985, p. 7-13.

_____. *La civilization de l'Occident médiéval*. Paris: Arthaud, 1964.

LINEHAN, Peter & NELSON, Janet L. (orgs.). *The Medieval World*. Londres/ Nova York: Routledge, 2001.

LOPEZ, Robert. *Naissance de l'Europe*. Paris: Armand Colin, 1962.

Monde medieval (Le) – Paris: Du Rocher, 2002 [Sob a direção de Robert Bartlett, 2000 – trad. do inglês].

MÉHU, Didier. *Gratia Dei, les chemins du Moyen Âge*. Quebec: Fides, 2003.

PIRENNE, Henri. *Histoire de l'Europe des invasions au XVIᵉ siècle*. Paris/Bruxelas, 1936.

SERGI, Guiseppe. *L'Idée de Moyen Âge* – Entre sens commun et pratique historique [1998]. Paris: Flammarion, 2000 [Trad. do italiano].

SOUTHERN, Richard W. *The Making of the Middle Ages*. Londres, 1953.

TABACCO, Giovanni & MERLO, Grado Giovanni. *La civiltà europea nella storia mondiale* – Medioevo, V/XV secolo. Bolonha: Il Mulino, 1981.

A Idade Média depois da Idade Média

AMALVI, Christian. Artigo "Moyen Âge". In: Le Goff-Schmitt.

_____. *Le Goût du Moyen Âge*. Paris: Plon, 1996.

Apprendre le Moyen Âge aujourd'hui. Número especial de *Médiévales*, n. 13, outono/1987.

BOUREAU, Alain. Artigo "Moyen Âge". In: Gauvard-de Libera-Zink.

BRANCA, Vittore (org.). *Concetto, storia, miti e immagini del medioevo*. Florença: Sansoni, 1973.

CAPITANI, Ovídio. *Medioevo passato prossimo* – Appunti storiografici, tra due guerre e molte crisi. Bolonha: Il Mulino, 1979.

ECO, Umberto. "Dieci modi di sognare il medioevo". In: *Sugli specchi e altri saggi*. Milão: Bompiani, 1985, p. 78-89.

_____. "Le nouveau Moyen Âge". In: *La guerre du faux*. Paris: Grasset, 1985, p. 87-116.

Europe. Número especial: *Le Moyen Âge maintenant*, outubro/1983.

FUHRMANN, Horst. *Überall ist Mittelalter* – Von der Gegenwart einer vergangenen Zeit. Munique: Beck, 1996.

GOETZ, Hans-Werner (dir.). *Die Aktualität des Mittelalters*. Bochum: D. Winckler, 2000.

GUERREAU, Alain. *L'Avenir d'un passé incertain* – Quelle histoire du Moyen Âge au XXᵉ siècle? Paris: Seuil, 2001.

HEINZLE, Joachim. *Modernes Mittelalter* – Neue Bilder einer populären Epoche. Frankfurt/Leipzig: Insel, 1994.

LE GOFF, Jacques & LOBRICHON, Gui (dir.). *Le Moyen Âge aujourd'hui* – Trois regards contemporains sur le Moyen Âge: histoire, théologie, cinéma. Paris: Cahiers du Léopard d'Or, 1998 [Atas do colóquio de Cerisy-la-Salle, julho/1991].

Lire le Moyen Âge. Número especial da revista *Équinoxe*, n. 16, outono/1996 [sob a direção de Alain Corbellari e Chrisopher Lucken].

Moyen Âge, mode d'emploi. Número especial de *Médiévales*, n. 7, outono/1984.

A Idade Média e o cinema

AIRLIE, Stuart. "Strange Eventful Histories: The Middle Ages in the Cinema". In: LINEHAN, Peter & NELSON, Janet L. *The Medieval World*. Londres/Nova York: Routledge, 2001, p. 163-183.

LA BRETÈQUE, François de. "Le regard du cinema sur le Moyen Âge". In: LE GOFF, Jacques & LOBRICHON, Guy (orgs.). *Le Moyen Âge aujourd'hui* – Trois regards contemporains sur le Moyen Âge: histoire, théologie, cinema. Paris: Cahiers du Léopard d'Or, 1998, p. 283-326 [Atas do colóquio de Cerisy-la-Salle, julho/1991].

Moyen Âge au cinéma (Le). Número especial dos *Cahiers de la Cinémathèque*, n. 42-43, 1985.

Alta Idade Média

BANNIARD, Michel. *Genèse culturelle de l'Europe, V^e-VIIe siècle*. Paris: Seuil, 1989.

BROWN, Peter. *L'Essor du christianisme occidental* – Triomphe et diversité [1996]. Paris: Seuil, 1997 [Trad. do inglês].

HERRIN, Judith. *The Formation of Christendom*. Princeton: Princeton University Press, 1987.

HILLGARTH, J.N. (org.). *The Conversion of Western Europe, 350-750*. Englewood Cliffs: Prentice Hall, 1969.

LEGUAY, Jean-Pierre. *L'Europe des États barbares (V^e-VIIe siècle)*. Paris: Berlim, 2003.

POHL, Walter & DIESENBERGER, Maximilien (orgs.). *Integration und* Herrschaft – Ethnische Identitäten und soziale Organisation im Frühmittelalter. Viena: Verlag der Österreichischen Akademie der Wissenschaften, 2002.

POHL, Walter. *Die Völkerwanderung* – Eroberung und Integration. Stuttgart/Berlim/Colônia: Kohlhammer, 2002.

Carlos Magno e civilização carolíngia

BARBERO, Alessandro. *Carlo Magno*: un padre dell'Europa. Roma/Bari: Laterza, 2000.

BRAUNFELS, Wolfgang (dir.). *Karl der Grosse* – Lebenswerk und Nachleben. 5 vol. Düsseldorf, 1965-1968.

EHLERS, Joachim. *Charlemagne l'Européen entre la France et l'Allemagne*. Stuttgart: Thorbecke, 2001.

FAVIER, Jean. *Charlemagne*. Paris: Fayard, 1999.

FICHTENAU, Heinrich. *L'Empire carolingien*. Paris, 1958.

Intellectuels et Artistes dans l'Europe carolingienne, IXe-XIe siècle. Auxerre: Abadia de Saint-Germain, 1990.

MCKITTERICK, Rosamond (org.). *Carolingian Culture*: Emulation and Innovation. Cambridge: Cambridge University Press, 1994.

MCKITTERICK, Rosamond. *The Carolingians and the Written World*. Cambridge: Cambridge University Press, 1989.

MORISSEY, Robert. *L'Empereur à la barbe fleurie* – Charlemagne dans la mythologie et l'histoire. Paris: Gallimard, 1997.

NELSON, Janet L. "Charlemagne: 'Father of Europe'?" – *Quaestiones Medii Aevi Novae*, vol. 7, 2002, p. 3-20.

PIRENNE, Henri. *Mahomet et Charlemagne*. Paris/Bruxelas, 1937.

RICHÉ, Pierre. *Les Carolingiens* – Une famille qui fit l'Europe. Paris: Hachette, 1983.

WERNER, Karl-Ferdinand. *Karl der Grosse oder Charlemagne?* – Von der Aktualität einer überholten Fragestellung. Munique: Verlag der bayerischen Akademie der Wissenschaften, 1995.

Ano 1000

BOURIN, Monique & PARISSE, Michel. *L'Europe de l'an mil*. Paris: Livre de Poche, 1999.

DUBY, Gerorges & FRUGONI, Chiara. *Mille e non più mille* – Viaggio tra le paure di fine millennio. Milão: Rizzoli, 1999.

DUBY, Georges. *L'An mil*. Paris: Gallimard, "Folio", 1967.

Gerbert l'Européen. Aurillac: Gerbert, 1997 [Atas do colóquio de Aurillac].

GIEYSZTOR, Aleksander. *L'Europe nouvelle autour de l'an mil* – La papauté, l'Empire et les "nouveaux venus". Roma: Unione Internazionale Degli Instituti di Archeologia Stòrica/Istoria Dell'arte, 1997.

GUYOTJEANNIN, Olivier & POULLE, Emmanuel (dir.). *Autour de Gerbert d'Aurillac, le pape de l'an mil*. Paris: École des Chartres, 1996.

RICHÉ, Pierre (dir.). *L'Europe de l'an mil*. Saint-Léger/Vauban: Zodiaque, 2001.

Renascença do século XII

BENSON, R.L. & CONSTABLE, Giles (orgs.). *Renaissance and Renewal in the XIIth Century*. Oxford: Clarendon Press, 1982.

HASKINS, C.H. *The Renaissance of the XIIth Century*. Harvard University Press, 1927.

LE GOFF, Jacques. "What Does the XIIth Century Renaissance Mean?" In: LINEHAN-NELSON, p. 635-647.

MOORE, Robert I. *The First European Revolution (c. 970-1215)*. Oxford: Blackwell, 2000 [Versões alemã, francesa, italiana, espanhola].

MOOS, Peter von. "Das 12. Jahrhundert: eine 'Renaissance' oder ein 'Aufklärungszeitalter'?" *Mittelaterliches Jahrbuch* 23, 1988, p. 1-10.

RIBÉMONT, Bernard. *La Renaissance du XIIe siècle et l'Encyclopédisme*. Paris: Honoré Champion, 2002.

Século XIII

GÉNICOT, Léopold. *Le XXe Siècle européen*. Paris: PUF, 1968.

LE GOFF, Jacques. "Du ciel sur la terre: la mutation des valeurs du XIIe au XIIIe dans l'Occident médiéval". *Odysseus*, 1990 (em russo), foi publicado em "Quarto". *Le roi, le saint*. Paris: Gallimard, 2003.

_____. *L'Apogée de la chrétienté v. 1180-v. 1330*. Paris: Bordas, 1982.

MUNDY, J.-H. *Europa in the High Middle Ages*. Londres: Longman, 1973[1], 1991[2].

Século XIV-XV: mudanças, conflitos, violência

ABEL, Wilhelm. *Die Wüstungen des ausgehenden Mittelalters*. 2 ed. Stuttgart, 1955.

GAUVARD, Claude. *"De Grace especial"* – Crime, État et société en France à la fin du Moyen Âge. 2 vol. Paris: Publications de la Sorbonne, 1991.

GRAUS, Frantisek. *Pest, Geiszler, Judenmorde* – Das 14. Jahrhundert als Krisenzeit. 2 ed. Göttingen: Vandenhoeck & Ruprechte, 1988.

HILTON, Rodney H. & ASTON, T.H. *The English Rising of 1381*. Cambridge: Past and Present Publications, 1984.

HILTON, Rodney H. *Bond Men Made Free*: Medieval Peasant Movement and the English Rising of 1381. Londres: Methuen, 1973.

JORDAN, William Chester. *The Great Famine. Northern Europe in the Early Fourteenth Century*. Princeton: Princeton University Press, 1996.

LEFF, Gordon. *The Dissolution of the Medieval Outlook* – An Essay on Intellectual and Spiritual Change in the XIVth Century. Nova York: Harper and Row, 1976.

MALOWIST, Marian. *Croissance et Répression en Europe, XIVe-XVIIe siècle*. Paris: Armand Colin, 1972.

MARTINES, Lauro (org.). *Violence and Civil Disorder in Italian Cities* – 1200-1500. Berkeley/Los Angeles: University of California Press, 1972.

MOLLAT, Michel & WOLFF, Philippe. *Ongles bleus, Jacques et Ciompi* – Les révolutions populaires en Europe aux XIVe e XVe siècles. Paris: Calmann-Lévy, 1970.

STELLA, Alessandro. *La Revolte des Ciompi* – Les hommes, les lieux, le travail. Paris: Ehess, 1993.

VALDEÓN BARUQUE, Julio. *Los conflictos sociales en el reino de Castilla en los siglos XIV y XV*. Madri: Siglo Veintiuno, 1995.

Villages desertes et Histoire économique, XVe-XVIIIe siècle. Paris: Sevpen, 1965 [Prefácio de Fernand Braudel].

WOLFF, Philippe. *Automne du Moyen Âge ou Printemps des temps nouveaux?* – L'économie européenne aux XIVe et XVe siècles. Paris: Aubier, 1986.

Gênese do Estado moderno

COULET, Noël & GENET, Jean-Pierre (orgs.). *L'État moderne*: territoire, droit, système politique. Paris: CNRS, 1990.

Culture et Idéologie dans la genèse de l'État moderne. École Française de Rome, 1985 [Mesa-redonda de Roma, 1984].

GENET, Jean-Pierre (org.). *L'État moderne* – Genèse: Bilans et perspectives. Paris: CNRS, 1990.

GUENÉE, Bernard. *L'Occident aux XIVe et XVe siècles* – Les États. Paris: PUF, 1971[1], 1991[4].

STRAYER, Joseph R. *On the Medieval Origins of the Modern State*. Princeton, 1970.

WILKS, M.J. *The Problem of Sovereignty in the Later Middle Ages*. Cambridge, 1963.

O fim da Idade Média no século XV?

BROWN, Elizabeth A.R. "On 1500". In: LINEHAN-NELSON, p. 691-710.

CARDINI, Franco. *Europa 1492* – Ritratto di un continente cinquecento anni fa. Milão: Rizzoli, 1989.

VINCENT, Bernard. *1492, l'année admirable*. Paris: Aubier, 1991.

Aldeia

Archéologie du village déserté. 2 vol. Paris: Ehess, 1970.

BOURIN, Monique & DURAND, Robert. *Vivre au village au Moyen Âge* – Les solidarités paysannes du Xᵉ au XIIIᵉ siècle. Presses Universitaires de Rennes, 2000.

CHAPELOT, Jean & FOSSIER, Robert. *Le Village et la Maison au Moyen Âge.* Paris: Hachette, 1980.

HOMANS, G.C. *English Villages of the XIIIth Century.* Cambridge, Mass.: Harvard University Press, 1941.

Village au temps de Charlemagne (Un). Paris: Réunion des Musées Nationaux, 1988 [Catálogo da exposição do Museu das Artes e Tradições Populares].

***

Amor cortês

BEZZOLA, Reto R. *Les Origines et la Formation de la littérature courtoise en Occident.* 5 vol. Paris: 1944-1963.

CAZENAVE, Michel; POIRION, Daniel; STRUBEL, Armand & ZINK, Michel. *L'Art d'aimer au Moyen Âge.* Paris: Philippe Lebaud, 1997.

DUBY, Georges. *Mâle Moyen Âge* – De l'amour et autres essais. Paris: Flammarion, 1988.

HUCHET, Jean-Charles. *L'amour discourtois* – La "fin'amor" chez les premiers troubadours. Toulouse: Privat, 1987.

KÖHLER, Erich. *L'Aventure chevaleresque* – Ideal et réalité dans le roman courtois [1956]. Paris: Gallimard, 1974 [trad. do alemão].

RÉGNIER-BOHLER, Danielle. Artigo "Amour courtois". In: Le Goff-Schmitt, p. 32-41.

REY-FLAUD, Henri. *La Neurose courtoise.* Paris: Navarin, 1983.

ROUGEMONT, Denis de. *L'Amour et l'Occident.* Paris: Plon, 1994 [nova ed.].

Animal

BERLIOZ, Jacques & POLO DE BEAULIEU, Marie-Anne. *L'Animal exemplaire au Moyen Âge* – Bestiaires du Moyen Âge. Paris: Stock, "Plus", 1980 [Trad. G. Bianciotto].

DELORT, Robert. Artigo "Animaux". In: Le Goff-Schmitt, p. 55-66.

_____. *Les animaux ont une histoire*. Paris: Seuil, 1984.

GUERREAU, Alain. Artigo "Chasse". In: Le Goff-Schmitt, p. 166-178.

Il Mondo animale, Micrologus VIII, 2000, 2 vol.

ORTALLI, Gherardo. *Lupi gente culture* – Uomo e ambiente nel medioevo. Turim: Einaudi, 1997.

VOISENET, Jacques. *Bestiaire chrétien* – L'imagerie animale des auteurs du haut Moyen Âge (siècle V-XI). Toulouse: Presses Universitaires du Mirail, 1994.

Arte, estética

BARAL I ALTET, Xavier. *L'Art medieval*. Paris: PUF, "Que sais-je?", 1991.

CAILLET, Jean-Pierre (dir.). *L'Art du Moyen Âge*. Paris: Réunion des Musées Nationaux/Gallimard, 1995.

CASTELNUOVO, Enrico & SERGI, Giuseppe (orgs.). *Arti e storia nel Medioevo* – Vol. I: Tempi, spazi, istituzioni. Turim: Einaudi, 2002.

CASTELNUOVO, Enrico & "Uartiste". In: LE GOFF, Jacques (dir.). *L'Homme médiéval* [Ed. italiana, Bari: Laterza, 1987; versão francesa, Paris: Seuil, 1989, p. 233-266].

DE BRUYNE, Edgar. *L'Esthétique du Moyen* Âge. Louvain, 1947.

_____. *Études d'esthétique médiéval*. 3 vol. Bruges, 1946.

DUBY, Georges. *L'Art et la société* – Moyen Âge-XXe siècle. Paris: Gallimard, "Quarto", 2002.

ECO, Umberto. *Art et beaute dans l'esthétique médiéval* [1987]. Paris: Grassei, 1997 [Trad. do italiano].

_____. *Le probleme esthétique chez Thomas d'Aquin* [1970]. Paris: PUF, 1993 [Nova trad.].

LADNER, G.B. *Ad imaginem Dei* – The Image of Man in Medieval Art. Latrobe, 1965.

PANOFSKY, Erwin. *Architecture gothique et Pensée* scolastique. Paris: Minuit, 1967 [Com um texto de Pierre Bourdieu].

RECHT, Roland. *Le Croire et le Voir* – L'art des cathédrales, XII-XV siècle. Paris: Gallimard, 1999.

SCOBELTZINE, André. *L'Art féodal et son enjeu social*. Paris: Gallimard, 1973.

VON DEN STEINEN, Wolfram. *Homo caelestis* – Das Wort der Kunst im Mittelalter. 2 vol. Berne/Munique, 1965.

Artur

BARBER, Richard. *King Arthur*: Hero and Legend. Woodbridge: The Boydell Press, 1986.

BERTHELOT, Anne. *Arthur et la Table Ronde* – La force d'une légende. Paris: Gallimard, "Découverte", 1996.

BOUTET, Dominique. *Charlemagne et Arthur ou le roi imaginaire*. Paris: Champion, 1992.

LOOMIS, R.S. *Arthurian Literature in the Middle Ages*. Oxford, 1959.

Bíblia

DAHAN, Gilbert. *L'Exégèse chrétienne de la Bible en Occident médiéval, XIIᵉ-XIVᵉ siècles*. Paris: Cerf, 1999.

LOBRICHON, Guy. *La Bible au Moyen Âge*. Paris: Picard, 2003.

RICHÉ, Pierre & LOBRICHON, Guy (orgs.). *Le Moyen Âge et la Bible*. Paris: Beauchesne, 1984.

SMALLEY, Béryl. *The Study of the Bible in the Middle Ages*. Oxford: Clarendon Press, 1983[3].

Bruxaria

BECHTEL, Guy. *La Sorcière et l'Occident*. Paris: Plon, 1997, "Pocket", 2000.

CARDINI, Franco. *Magia, stregoneria, superstizioni nell'Occidente medievale*. Florença: La Nuova Italia Editrice, 1979.

CARO BAROJA, Julio. *Les Sorcières et leur monde*. Paris: Gallimard, 1985 [Trad. do espanhol].

COHN, Norman. *Europe's Inner Demons* [1975]. Paris: Payot, 1982 [Trad. Francesa: *Démonolâtrie et Sorcellerie au Moyen Âge*].

GINSBURG, Carlo. *Le Sabbat des sorcières*. Paris: Gallimard, 1992 [Trad. do italiano].

Marteau des sorcières (le) [traduzido e apresentado por Arnaud Danet, 1973]. Nova ed. Grenobble: Jérôme Million, 1990.

MICHELET, Jules. *La Sorcière*. Paris: Julliard, 1964 [Apresentação de Robert Mandrou].

MUCHEMBLED, Robert (dir.). *Magie et Sorcellerie en Europe* – Du Moyen Âge à nos jours. Paris: Armand Colin, 1994.

NORBERT, Nathalie (org.). *Le mal e le diable* – Leurs figures à la fin du Moyen Âge. Paris: Beauchesne, 1996.

SCHMITT, Jean-Claude. Artigo "Sorcellerie". In: Le Goff-Schmitt, p. 1084-1096.

Castelo

ALBRECHT, U. *Der Adelsitz im Mittelalter*. Munique/Berlin: Deutscher Kunstverlag, 1995.

BROWN, A.R. *English Castles*. Londres: Batsford, 1976³.

Châteaux et Peuplements en Europe occidentale du Xᵉ au XVIIIᵉ siècle. Auch: Centro Cultural da Abadia de Floran, 1980.

COMBA, Rinaldo & SETTIA, Aldo. *Castelli, storia e archeologia*. Turim: Turingraf, 1984.

DEBORD, André. *Aristocratie et Pouvoir* – Le rôle du château dans la France médiévale. Paris: Picard, 2000.

FOURNIER, Gabriel. *Le Château dans la France médiévale*. Paris: Aubier/Montaigne, 1978.

GARDELLES, Jacques. *Le Château féodal dans l'histoire médiévale*. Estrasburgo: Publitotal, 1988.

MESQUI, Jean. *Châteaux et Enceintes de la France médiévale* – De la défense à la résidence. 2 vol. Paris: Picard, 1991-1993.

PESEZ, Jean-Marie. Artigo "Château". In: Le Goff-Schmitt, p. 179-198.

POISSON, Jean-Michel (dir.). *Le Château médiéval, forteresse habitée (XIᵉ-XVIᵉ siècle)*. Paris: Éd. de la Maison des Sciences de l'Homme, 1992.

Catedral

ERLANDE-BRANDENBURG, Alain. *La Cathédrale*. Paris: Fayard, 1989. *20 siècles en cathédrales* (Catálogo da exposição de Reims). Paris: Monum, 2001.

Cavaleiro

BUMKE, Joachim. *Studien zum Ritterbegriff im 12. und 13. Jahrhundert.* Heidelberg, 1964.

CARDINI, Franco. "Le guerrier et le chevalier". In: LE GOFF & JACQUES. (dir.). *L'Homme médiéval.* [Ed. italiana, Bari: Laterza, 1987; versão francesa, Paris: Seuil, 1989, p. 87-128].

DUBY, Georges. *Guillaume le Maréchal ou le Meilleur Chevalier du monde.* Paris: Fayard, 1984.

FLECKENSTEIN, Joseph. *Das ritterliche Turnier im Mittelalter.* Göttingen: Vandenhoeck & Ruprecht, 1985.

FLORI, Jean. *Chevalier et Chevalerie au Moyen Âge.* Paris: Hachette, 1998.

_____. *L'Idéologie du glaive* – Préhistoire de la chevalerie. Genebra: Droz, 1981.

GIES, Frances. *The Knight in History.* Nova York: Harper and Row, 1984.

KEEN, Maurice. *Chivalry.* New Haven: Yale University Press, 1984.

KÖHLER, Eric. *L'Aventure chevaleresque* – Idéal et réalité dans le roman courtois. Paris: Gallimard, 1974 [Trad. do alemão].

REUTER, Hans Georg. *Die Lehre vom Ritterstandzum Ritterbegriff in Historiographie und Dichtung vom 11. bis zum 13. Jahrhundert.* Colônia/Viena: Böhlau, 1971.

Cidade

BAREL, Yves. *La Ville médiévale, système social, système urbain.* [s.l.]: Presses Universitaires de Grenoble, 1975.

BENEVOLO, Leonardo. *La Ville dans l'histoire européenne.* Paris: Seuil, 1993.

BULST, Neithard & GENET, Jean-Philippe (orgs.). *Ville, État, Bourgeoisie dans la genèse de l'État moderne.* Paris: CNRS, 1988.

CHEVALIER, Bernard. *Les Bonnes Villes de France du XIVᵉ au XVIᵉ siècle.* Paris: Aubier, 1982.

DUTOUR, Thierry. *La ville médiévale.* Paris: Odile Jacob, 2003.

Élites urbaines au Moyen Âge (Les). Roma/Paris: Publications de la Sorbonne/École Française de Rome, 1997 [XXVII congresso da SHMES, Roma, maio/1996].

ENNEN, Edith. *Die europäische Stadt des Mittelalters*. Göttingen: Vandenhoeck & Ruprecht, 1972.

FRANCASTEL, Pierre (org.). *Les origines des villes polonaises*. Paris/Haia: Mouton, 1960.

GONTHIER, Nicole. *Cris de haine et Rites d'unité* – La violence dans les villes, XIIᵉ-XIVᵉ siècles. Turnhout: Brepols, 1992.

GUIDONI, Enrico. *La Ville européenne*: formation et signification du IVᵉ au XIᵉ siècle. Bruxelas: Mardaga, 1981.

HEERS, Jacques. *La Ville au Moyen Âge en Occident* – Paysages, pouvoirs et conflits. Paris: Fayard, 1990.

HILTON, Rodney H. *English and French Towns in Feudal Society, a Comparative Study*. Cambridge: Cambridge University Press, 1992.

LAVEDAN, Pierre & HUGUENEY, Jeanne. *L'Urbanisme au Moyen Âge*. Paris: Arts et Métiers Graphiques, 1974.

LE GOFF, Jacques; CHÉDEVILLE, André & ROSSSIAUD, Jacques. In: DUBY, Georges (org.). *Histoire de la France urbaine* – II: La ville médiévale. Paris: Seuil, 1980, 2000.

LE GOFF, Jaques. Artigo "Ville". In: Le Goff-Schmitt, p. 1183-1200.

LE GOFF, Jacques & DE SETA, Cesare (orgs.). *La Città e le mura*. Roma/Bari: Laterza, 1959.

LOPEZ, Roberto S. *Intervista sulla città medievale* (*a cura di Mario Berengo*). Bari: Laterza, 1984.

MAIRE-VIGUEUR, Jean-Claude (orgs.). *D'Une ville à l'autre* – Structures matérielles et organisation de l'espace dans les villes européennes, XIIIᵉ-XVIᵉ siècle. École Française de Rome, 1989.

MONNET, Pierre & OEXLE, Otto Gerhard (orgs.). *Stadt und Recht im Mittelalter (La ville et le droit au Moyen Âge)*. Vol. 174. Göttingen: Vandenhoeck & Ruprecht/Veröffentlichungen des Max-Plank-Instituts für Geschichte, 2003.

PIRENNE, Henri. *Les villes et les institutions urbaines*. 2 vol. Paris, 1969.

POIRON, Daniel (org.). *Milieux universitaires et mentalité urbaine au Moyen Âge*. Paris: Presses de l'Université Paris/Sorbonne, 1987.

ROMAGNOLI, Daniela (dir.). *La ville et la cour* – Des bonnes et des mauvaises manières [1991]. Paris: Fayard, 1995 [Trad. do italiano].

ROMERO, José Luis. *La revolución burguesa en el mundo feudal*. Buenos Aires: [s.e.], 1969.

RÖRIG, Fritz. *Die europäische Stadt und die Kultur des Burgertums im Mittelalter*. Göttingen: [s.e.], 1955.

ROSSI, Pietro. *Modelli di città* – Strutture e funzioni politiche. Turim: Einaudi, 1987.

ROUX, Simone. *Le Monde des Villes au Moyen Âge, XIe-XVe siècle*. Paris: Hachette, 1994.

Cidades-zona rural

DUTOUR, Thierry. *La ville médiévale*. Paris: Odile Jacob, 2003.

DUVOSQUEL, Jean-Marie & THOEN, Erik (orgs.). *Peasants and Townsmen in Medieval Europe* – Studia in honorem Adrian Verhulst. Gand: Snoeck-Ducaju, 1995.

Villes et campagnes au Moyen Âge, Mélanges Georges Despy. Liège: Ed. du Perron, 1991.

Ciência, espírito científico

BEAUJOUAN, Guy. *Par raison de nombres* – L'art du calcul et les savoirs scientifiques médiévaux. Aldershot-Brookfield: Variorum Reprints, 1991.

_____. "La science dans l'Occident médiéval chrétien". In: TATON, René (dir.). *La Science antique et médiévale des origines à 1450*. Paris: PUF, 1966[1], 1994[2].

CROMBIE, Alister C. "The Relevance of the Middle Ages to the Scientific Movement". In: *Science, Optics and Music in Medieval and Early Modern Thought*. Londres/Roncevere: The Hambledon Press, 1990, p. 41-71.

_____. *Scientific Change: Historical Studies in the Intellectual, Social and Technical Conditions for Scientific Discovery and Technical Inven-*

tion from *Antiquity to the Present*. Londres/Nova York: Heinemann Educational Books/Basic Books, 1963 [Simpósio sobre a história da ciência, Oxford, 1961].

_____. *Robert Grosseteste and the Origins of Experimental Science, 1100-1700*. Oxford: Clarendon Press, 1953[1], 1971[3].

_____. *Augustine to Galileo: Medieval and Early Modern Science*, 1952[1], 1953[2], 1959[3] [ed. revista e aumentada, 2 vol.], 1971[4], 1979[5] [Trad. francesa: *Histoire des sciences de Saint Augustin à Galilée*. Paris, 1952].

GRANT, Edward. *Physical Science in the Middle Ages*. Nova York/Londres: Wiley, 1971.

LINDBERG, D.C. (ed.). *Science in the Middle Ages*. Chicago/Londres: Chicago University Press, 1978.

MINOIS, Georges. *L'Église et la science* – De Saint Augustin à Galilée. Paris: Fayard, 1990.

MURRAY, Alexander. Artigo "Raison". In: Le Goff-Schmitt, p. 934-949.

_____. *Reason and Society in the Middle Ages*. Oxford: Clarendon Press, 1978.

STOCK, Brian. *Myth and Science in the XIIth Century* – A Study of Bernard Silvester. Princeton: Princeton University Press, 1972.

Corpo, medicina, sexualidade

AGRIMI, Jole & CRISCIANI, Chiara. *Malato, medico e medicina nel Medioevo*. Turim: Loescher, 1980.

_____. *Medicina del corpo e medicina dell'anima*. Milão: Episteme, 1978.

BROWN, Peter [1988]. *Le renoncement à la chair* – Virginité, célibat et continence dans le christianisme primitif. Paris: Gallimard, 1995 [trad. do inglês].

BRUNDAGE, J.A. *Law, Sex and Christian Society in Medieval Europe*. Chicago/Londres: The University of Chicago Press, 1987.

BULLOUGH, Vern L. & BRUNDAGE, James (orgs.). *Handbook of Medieval Sexuality*. Garland Publishing, 2000.

BYNUM, Caroline W. *The Resurrection of the Body in Western Christianity. 200-1336*. Nova York: Columbia University Press, 1995.

CASAGRANDE, Caria & VECCHIO, Silvana. *Anima e corpo nella cultura medievale*. Florença: Sismel, 1999.

I discorsi dei corpi. In: *Micrologus* I, 1993.

FLANDRIN, Jean-Louis. *Un temps pour embrasser* – Aux origines de la morale sexuelle occidentale, VI-XI siècle. Paris: Seuil, 1983.

JACQUART, Danielle; THOMASSET, Claude. *Sexualité et savoir médical au Moyen Âge*. Paris: PUF, 1985.

LE GOFF, Jacques & TRUONG, Nicolas. *Une histoire du corps au Moyen Âge*. Paris: Liana Levi, 2003.

POLY, Jean-Pierre. *Le chemin des amours barbares* – Genèse médiévale de la sexualité européenne. Paris: Perrin, 2003.

ROSSIAUD, Jacques. *La prostitution médiévale*. Paris: Flammarion, 1968.

Cortesia, civilidade

BUMKE, Joachim. *Höfische Kultur, Literatur und Gesellschaft im hohen Mittelalters*. Munique: Deutscher Taschenbuchverlag, 1986.

ELIAS, Norbert. *La civilisation des moeurs*. Paris: Calmann-Lévy, 1973.

PARAVICINI, Werner. *Die ritterlich-höfische Kultur des Mittelalters*. Munique: Oldenburg, 1994.

ROMAGHOLI, Daniela (org.). *La Ville et la Cour* – Des bonnes et des mauvaises manières [1991]. Paris: Fayard, 1995 [trad. do italiano].

SCHMITT, Jean-Claude. *La raison des gestes dans l'Occident médiéval*. Paris: Gallimard, 1990.

Crianças (filhos)

ALEXANDRE-BIDON, Danièle & LETT, Didier. *Les enfants au Moyen Âge. V[e]-XVe siècle*. Paris: Hachette, 1997.

ARIÈS, Philippe. *L'Enfant et la vie familiale sous l'Ancien Régime*. Paris: Seuil, 1960[1].

BOSWELL, John. *Au bon coeur des inconnus*: les enfants abandonnés de l'Antiquité à la Renaissance [1988]. Paris: Gallimard, 1993 [trad. do inglês].

Enfant et Société. Número especial dos *Annales de Démographie Historique*, 1973.

LETT, Didier. *L'Enfant des miracles* – Enfance et société au Moyen Âge (XIIᵉ-XIIIᵉ siècle). Paris: Aubier, 1997.

RICHÉ, Pierre & ALEXANDRE-BIDON, Danièle. *L'Enfance au Moyen Âge*. Paris: Seuil/BNF, 1994.

SHAHAR, Shulamith. *Childhood in the Middle Ages*. Londres: Routledge, 1990.

Cruzadas

ALPHANDÉRY, Pierre & DUPRONT, Alphonse. *La chrétienté et l'Idée de croisade*. 2 vol. Paris: Albin Michel, 1954 [reed. 1995, 1 vol].

BALARD, Michel. *Les Croisades*. Paris: [s.e.], 1968.

Chroniques arabes des Croisades (textos recolhidos e apresentados por Francisco Gabrieli [1963]). Paris: Sindbad, 1977 [trad. do italiano].

FLORI, Jean. *Guerre sainte, Jihad, Croisade* – Violence et religion dans le christianisme e l'islam. Paris: Seuil, 2002.

_____. *Les Croisades*: origines, réalisation, institutions, déviations. Paris: Jean-Paul Gisserot, 2001.

HILLENBRAND, Carole. *The Crusades* – Islamic *Perspective*. Edinburgh: Edinburgh University Press, 1999.

KEDAR, Benjamin Z. *Crusade and Mission* – European approaches toward the Muslims. Princeton: Princeton University Press, s.d.

LOBRICHON, Guy. *1099, Jérusalem conquise*. Paris: Cerf, 1998.

RILEY-SMITH, Jonathan. *Les Croisades*. Paris: Pygmalion, 1990 [trad. do inglês].

SIBERRY, Elizabeth. *Criticism of Crusading, 1095-1274*. Oxford: Clarendon Press, 1985.

SIVAN, Emmanuel. *L'Islam et la Croisade*. Paris: [s.e.], 1968.

TYERMAN, Christopher. "What the Crusades Meant to Europe". In: Linehan-Nelson, p. 131-145.

Cultura popular

BOGLIONI, Pierre (dir.). *La Culture populaire au Moyen Âge*. Montreal: L'Aurore, 1979 [Colóquio de Montreal, 1977].

CARDINI, Franco. *Magia, stregoneria, superstizioni nell'Occidente medievale*. Florença: La Nuova Italia, 1979.

COHN, Norman. *Démonolâtrie et Sorcellerie au Moyen Âge*. Paris: Payot, 1982 [Trad. do inglês].

GURJEWITSCH, Aaron J. *Mittelalterliche Volkskultur* – Problem der Forschung. Dresden: UEB Verlag der Kunst, 1986.

KAPLAN, Steven L. (org.). *Understanding Popular Culture*. Berlim/Nova York: Mouton-de Gruyter Press, 1984.

KIECKHEFER, Richard. *Magic in the Middle Ages*. Cambridge: Cambridge University Press, 1989.

LECOUTEUX, Claude. *Fées, Sorcières et Loups-garous au Moyen Âge* – Histoire du double. Paris: Imago, 1992.

MANSELLI, Raoul. *La religion populaire au Moyen Âge*. Paris/Montreal: Vrin, 1975.

Dança

HOROWITZ, Jeannine. "Les danses cléricales dans les églises au Moyen Âge". *Le Moyen Âge*, XCV, 1989, p. 279-292.

SAHLIN, Margit. *Étude sur la carole médiévale*. Uppsala: [s.e.], 1940.

Descoberta do mundo

CHAUNU, Pierre. *L'Expansion européenne du XIIIᵉ au XVᵉ siècle*. Paris: PUF, "Nouvelle Clio", 1969.

DUTEIL, Jean-Pierre. *L'Europe à la découverte du monde du XIIIᵉ au XVIIᵉ siècle*. Paris: Armand Colin, 2003.

HEERS, Jacques. *Marco Polo*. Paris: Fayard, 1983.

MAGALHÃES GODINHO, Vitório. *Les découvertes: XVᵉ-XVIᵉ siècle* – Une révolution des mentalités. Paris: Autrement, 1990.

MOLLAT DU JOURDIN, Michel. *Les explorateurs du XIIIᵉ au XVIᵉ siècle* – Premiers regards sur des mondes nouveaux. Paris: J.-C. Lattès, 1984.

PHILIPS, J.R.S. *The medieval expansion of Europe*. [s.e.]: Oxford University Press, 1988.

ROUX, Jean-Paul. *Les explorateurs au Moyen Âge*. Paris: Seuil, 1961.

Deus

BOESPFLUG, Froaçois. *Dieu dans l'art*. Paris: Cerf, 1984.

BOYER, Régis. *Le Christ des barbares* – Le monde nordique (IXe-XIIIe siècle). Paris: Cerf, 1987.

LE GOFF, Jacques & POUTHIER, Jean-Luc. *Dieu au Moyen Âge*. Paris: Bayard, 2003.

PELLEGRIN, Marie-Frédérique. *Dieu* (textos escolhidos e apresentados por). Paris: Flammarion, 2003.

RUBIN, Miri. *Corpus Christi in Late Medieval Culture*. Cambridge: Cambridge University Press, 1991.

ASHMITT, Jean-Claude. Artigo "Dieu". In: Le Goff-Schmitt, p. 273-289.

Diabo

Diable au Moyen Âge (Le). *Senefiance*, n. 6. Aix-en-Provence, 1979.

GRAF, Arturo. *Il diavolo*. Roma: Salerno, 1980 [nova edição].

MUCHEMBLED, Robert. *Diable!* Paris: Seuil/Arte, 2002.

_____. *Une histoire du diable, XIIe-XXe siècle*. Paris: Seuil, 2000[1], 2002[2].

Direito

BELLOMO, Manlio. *L'Europa del diritto comune*. Roma: Il Cigno Galileo Galilei, 1988[1], 1996[7].

CALASSO, Francesco. *Medioevo del diritto*. I. *Le fonti*, 1954.

CHIFFOLEAU, Jacques. Artigo "Droit". In: Le Goff-Schmitt, p. 290-308.

GAUDEMET, Jean. *La formation du droit canonique médiéval*. Londres: Variorum Reprints, 1980.

GROSSI, Paolo. *L'ordine giuridico medievale*. Roma/Bari: Laterza, 1995.

LEGENDRE, Pierre. *Écrits juridiques du Moyen Âge occidental*. Londres: Variorum Reprints, 1988.

_____. *La penetration du doit romain dans le Droit Canonique classique de Gratien à Innocent IV (1140-1254)*. Paris: [s.e.], 1964.

POST, Gaines. *Studies in Medieval Legal Thought* – Public Law and the State, 1100-1322. Princeton: [s.e.], 1964.

RADDING, Charles M. *The Origin of Medieval Jurisprudence* – Pavia and Bologna, 850-1150. New Haven: Yale University Press, 1988.

REYNOLD, Susan. "Medieval Law". In: Linehan-Nelson, p. 485-502.

Economia

ABEL, Wilhelm. *Crises agraires en Europe (XIIe-XXe siècle)* [1966]. Paris: Flammarion, 1973 [Traduzido do alemão].

BLOCH, Marc. *Esquisse d'une histoire monétaire de l'Europe*. Paris: [s.e.], 1954.

The Cambridge Economic History of Europe. I. *The Agrarian Life of the Middle Ages*, 1966. II. *Trade and Industry in the Middle Ages*, 1952. *Economic Organization and Politics in the Middle Ages*. Cambridge: Cambridge University Press, 1963.

CIPOLLA, Carlo M. *Before the Industrial Revolution* – European Society and Economy, 1000-1700. Nova York: W.W. Norton and Co., 1976.

_____. *Storia economica dell'Europa pre-industriale*. Bolonha: Il Mulino, 1974.

CONTAMINE, Philippe et al. *L'Économie médiévale*. Paris: Armand Colin, 1993.

DAY, John. *The Medieval Market Economy*. Oxford: Blackwell, 1987.

DUBY, Georges. *L'Économie rurale et la vie des campagnes dans l'Occident médiéval (France, Angleterre, Empire, IXe-XVe siècle)*. 2. vol. Paris: [s.e.], 1962.

FOURNIAL, Étienne. *Histoire monétaire de l'Occident médiéval*. Paris: Nathan, 1970.

LATOUCHE, Robert. *Les origines de l'économie occidentale*. Paris: Albin Michel, 1970.

LOPEZ, Roberto S. *La révolution commerciale dans l'Europe Médiévale*. Paris: Aubier/Montaigne, 1974.

POUNDS, N.J.G. *An Economic History of Medieval Europe*. Nova York: Longman, 1974.

Economia e religião

IBANÈS, Jean. *La doctrine de l'Église et les réalites économiques au XIIIᵉ siècle*. Paris: [s.e.], 1967.

LANGHOLM, Odd. *Economics in the Medieval Schools* – Wealth, Exchange, Money and Usury According to the Paris Theological Tradition, 1200-1350. Leyde: Brill, 1992.

LE GOFF, Jacques. *La bourse et la vie* – Économie et religion au Moyen Âge. Paris: Hachette, 1986[1]; "Pluriel", 1997.

LITTLE, Lester K. *Religious Poverty and the Profit Economy in Medieval Europe*. Londres: Cornell University Press, 1978.

TODESCHINI, Giacomo. *I Mercanti e il Tempio* – La società cristiana e il circolo virtuoso della richezza fra Medioevo ed età moderna. Bolonha: Il Mulino, 2002.

_____. Il prezzo della salvezza. *Lessici medievali del pensiero economico*. Roma: La Nuova Italia Scientifica, 1994.

Enciclopedismo

Bartolomeu o Inglês (Barthélemy l'Anglais). *Le livre des propriétés des choses, une encyclopédie du XIVᵉ siècle*. Paris: Stock, 1999 [Passado para o francês moderno e com notas por Bernard Ribémont].

BEONIO-BROCCHIERI FUMAGALLI, Maria Teresa. *Le Enciclopedie dell'Occidente medievale*. Turim: Loescher, 1981.

BOÜARD, Michel de. "Réflexions sur l'encyclopédisme médiéval". In: BECQ, Annie (dir.). *L'Encyclopédisme*. Paris: Klincksieck, 1991 [Atas do Colóquio de Caen, 1987].

_____. "Encyclopédies médiévales". *Revue des Questions Historiques*, 3ª s., n. 16, 1930, p. 258-304.

MEIER, Christel. "Grundzüge der Mittelalterlichen Enzyklopädie. Zu Inhalten, Formen und Funktionen einer problematischen Gattung". In: *Literatur und Laienbildung im Spätmittelalter*. Stuttgart: Metzler, 1984, p. 467-500 [Simpósio de Wolfenbüttel, 1981].

PICONE, Michelangelo (org.). *L'enciclopedismo medievale*. Ravena: Longo, 1994 [Atas do Colóquio de San Gimignano, 1992].

RIBÉMONT, Bernard. "L'encyclopédisme médiéval et la question de la organisação du savoir". In: *L'Écriture du savoir*. Le Menil-Brout: Association Diderot, 1991, p. 95-107 [Atas do Colóquio de Bagnoles-de-l'Orne, 1990].

Escolástica (ver Universidades)

ALESSIO, Franco. Artigo "Scolastique". In: Le Goff-Schmitt, p. 1039-1055.

BALDWIN, John W. *The Scholastic Culture of the Middle Ages, 1000-1300*. Lexington, D.C.: Heath, 1971.

LE GOFF, Jacques. *Les intellectuels au Moyen Âge*. Paris: Seuil, 1957 [Nova ed. 1985].

LIBERA, Alain de. *Penser au Moyen Âge*. Paris: Seuil, 1991.

SOLÈRE, Jean-Luc. Artigo "Scolastique". In: Gauvard-de Libera-Zink, p. 1299-1310.

SOUTHERN, R.W. *Scholastic Humanism and the Unification of Europe* – I: Foundations. Oxford: Blackwell, 1995.

VIGNAUX, Paul. *Philosophie au Moyen Âge*. Paris: Vrin, 2002 [Nova ed.].

Escrita, livro

ALEXANDRE-BIDON, Danièle. "La lettre volée: apprendre à lire à l'enfant au Moyen Âge". *Annales ESC*, 44, 1989, p. 953-992.

AVRIN, Leila. *Scribes, Script and Books* – The Book Arts from Antiquity to the Renaissance. Chicago/Londres: American Library Association and the British Library, 1991.

BATAILLON, Louis J. *La production du livre universitaire au Moyen Âge. Exemplar et pecia*. Paris: CNRS, 1988.

BATANY, Jean. Artigo "Écrit/Oral". In: Le Goff-Schmitt, p. 309-321.

BAUMGARTNER, Emmanuelle & MARCHELLO-NIZIA, Christiane. *Théories et Pratiques de l'écriture au Moyen Âge*. Paris: Paris X/Nanterre/Centro de Pesquisas do Departamento de Francês, 1998 [Col. "Littérales", 1998].

BOURLET, Caroline & DUFOUR, Annie (orgs.). *L'Écrit dans la société médiévale* – Divers aspects de sa pratique du XIe au XVe siècle: Textes en hommage à Lucie Fossier. Paris: CNRS, 1991.

CAVALLO, Guglielmo; Chartier, Roger (dir.). *Histoire de la lecture dans le monde occidental* [1995]. Paris: Seuil, 1997 [Trad. do italiano].

CAVALLO, Gugleilmo. *Libri e lettori nel Medioevo* – Guida storica e critica. Roma/Bari: Laterza, 1989.

CHARTIER, Roger; Martin, Henri-Jean (dir.). *Histoire de l'édition française – I: Le livre conquérant* – Du Moyen Âge au milieu du XVIIe siècle. Paris: Fayard/Le Cercle de la Librairie, 1989.

Civiltà comunale: Libro, scrittura, documento. Gênova: Atti della Società ligure di Storia Pátria, n.s., vol. XXIX (CIII), fasc. II, 1989 [Atas do Congresso de Gênova, 1988].

CLANCHY, Michael T. *From Memory to Written Record, England, 1066- 1307.* Cambridge, Mass.: Harvard University Press, 1979[1]. Oxford: Blackwell, 1993.

GANZ, P.F. *The Role of the Book in Medieval Culture.* 2 vol. Turnhout: Brepols, 1986.

GLÉNISSON, Jean (org.). *Le livre au Moyen Âge.* Paris: CNRS, 1988.

HAMMAN, Adalbert-Gauthier. *L'Épopée du livre* – Du scribe à l'imprimerie. Paris: Perrin, 1985.

MARTIN, Henri-Jean & VEZIN, Jean (orgs.). *Mise en page et mis en texte du livre manuscrit.* Paris: Ed du Cercle de la Librairie/Promodis, 1990.

ORNATO, Ezio. *La face cachée du livre médiéval.* Roma: Viella, 1993.

PARKES, M.B. *Pause and Effect* – An Introduction to the History of Punctuation in the West. Aldershot: Scholar Press, 1992.

_____. *Scribes, Scripts and Readers: Studies in the Communication, Presentation and Discrimination of Medieval Texts.* Londres/Rio Grande (Ohio): The Hambladon Press, 1991.

PETRUCCI, Armando. *La scrittura* – Ideologia e rappresentazione. Turim: Einaudi, 1986.

_____. "Lire au Moyen Âge". *Mélanges de l'École Française de Rome*, 96, 1984, p. 604-616.

Recht uns Schrift im Mittelalter (Vorträge und Forschungen 23). Sigmaringen, 1977.

ROBERTS, C.H. & SKEAT, T.C. *The Birth of the Codex.* Londres: Oxford University Press, 1983.

SAENGER, Paul. "Silent Reading: Its Impact on Late Medieval Script and Society". *Viator* 13, 1982, p. 367-414.

_____. The Separation of Words and the Order of Words – The Genesis of Medieval Reading". *Scrittura e Civiltà*, 144, 1940, p. 49-74.

STOCK, Brian. *The Implications of Literacy* – Written Language and Models of Interpretation in the XIth and XIIth Centuries. Princeton: Princeton University Press, 1983.

Vocabulaire du livre et de l'écriture au Moyen Âge. Turnhout: Brepols, 1989 [Civicima, Estudos sobre o vocabulário intelectual da Idade Média, II].

ZERDOUN BAT-YEHOUDA, Monique (org.). *Le papier au Moyen Âge*: histoire et techniques. Turnhout: Brepols, 1986.

Família, parentesco e casamento

AURELL, Martin. *Les noces du Comte* – Mariage et pouvoir en Catalogne (785-1213). Paris: Publications de la Sorbonne, 1995.

BURGUIÈRE, André (dir.). *Histoire de la famille*. Paris: Armand Colin, 1986.

DUBY, Georges & LE GOFF, Jacques (dir.). *Famille et parenté dans l'Occident médiéval*. École Française de Rome, 1997.

DUBY, Georges. *Le chevalier, la femme et le prêtre* – Le mariage dans la France féodale. Paris: Hachette, 1961.

FLANDRIN, Jean-Louis. *Familles, parenté, maison et sexualité dans l'Ancienne Société*. Paris: Hachette, 1976; Seuil, 1984.

GAUDEMET, Jean. *Le mariage en Occident*. Paris: Cerf, 1987.

GOODY, Jack. *The european family* – An Historic-anthropological Essay. Oxford: Blackwell, 2001 [Trad. francesa: *La famille en Europe*. Paris: Seuil, 2001].

GUERREAU-JALABERT, Anita. Artigo "Parenté". In: Le Goff-Schmitt, p. 961-876.

_____. "Sur les structures de parenté dans l'Europe Médiévale". *Annales ESC*, 1891, p. 1028-1049.

HERLIHY, David. *Medieval Households*. Cambridge, Mass.: Harvard University Press, 1985.

Il matrimonio nella società altomedievale. Semana de estudos sobre a Alta Idade Média, Spoleto, XXIV, 1997.

LE JAN, Régine. *Famille et pouvoir dans le monde franc (VIIe-Xe siècle)*. Paris: Publications de la Sorbonne, 1995.

LETT, Didier. *Famille et parenté dans l'Occident médiéval, V^e-XVe siècle*. Paris: Hachette, 2000.

Feudalidade

BARTHÉLEMY, Dominique. Artigo "Seigneurie". In: Le Goff-Schmitt, p. 1056-1066.

_____. *L'Ordre seigneurial, XIe-XIIe siècle*. Paris: Seuil, 1990.

BLOCH, Marc. *La société féodale*. Paris: Albin Michel, 1939-1940[1], 1968[2].

DUBY, Georges. *Les Trois Ordres ou l'imaginaire du féodalisme*. Paris: Gallimard, 1978.

GUERREAU, Alain. Artigo "Féodalité". In: Le Goff-Schmitt, p. 387-406.

_____. *Le Féodalisme, un horizon théorique*. Paris: Le Sycomore, 1980.

LE GOFF, Jacques. "Les trois fonctions indo-européennes, l'historien et l'Europe féodale". *Annales ESC*, nov.-dez./1979, p. 1187-1215.

POLY, Jean-Pierre & BOURNAZEL, Éric. *La mutation féodale, X^e-XIIe siècle*. Paris: PUF, 1980.

REYNOLDS, Susan. *Fiefs and Vassals*. Nova York/Oxford: Oxford University Press, 1994.

TOUBERT, Pierre (org.). *Structures féodales et feodalisme dans l'Occident méditerranéen (Xe-XIIIe)*. École Française de Rome, 1980 [Colóquio de 1978].

_____. *Les structures du Latium medieval* – Le Latium méridional et la Sabine du IXe à la fin du XIIIe siècle. École Française de Rome, 1973.

Fronteira(s)

ABULAFIA, David & BEREND, Nora (orgs.). *Medieval Frontiers*: Concepts and Practices. Aldershot: Ashgate, 2002.

BARNAVI, Elie & GOOSSENS, Paul (orgs.). *Les frontieres de l'Europe*. Bruxelas: De Boeck, 2001.

BEREND, Nora. *At the Gate of Christendom*: Jews, Muslims and "Pagans" in Medieval Hungary, c. 1000-c. 1300. Cambridge: Cambridge University Press, 2001.

BURESI, Pascal. "Nommer, penser les frontières en Espagne aux XIe--XIIIe siècles". In: MARTÍNEZ, Carlos de Ayala; BURESI, Pascal; JOSSERAND, Philippe (orgs.). *Identidad y presentación de la frontera en la España medieval (siglos XI-XIV)*. Madrid: Casa de Velázquez, 2001.

Frontières et l'Espace national en Europe du Centre-Est (Les). Lublin: Instituto da Europa do Centro-Leste, 2000.

GUENÉE, Bernard. "Des limites féodales aux frontières politiques". In: NORA, Pierre (org.). *Les lieux de mémoire*. Vol. 2: *La Nation*. Paris: Gallimard, 1986, p. 10-33.

LINEHAN, Peter. "At the Spanish Frontier". In: Linehan-Nelson, p. 37-59.

MARCHAL, Guy P. (org.). *Grenzen und Raumvorstellungen/Frontières et Conceptions de l'espace (XIe-XXe siècle)*. Lucerna: Chronos, Historisches Seminar, Hochschule, s.d.

MITRE FERNÁNDEZ, Emilio. "La cristianidad medieval y las formulaciones fronterizas". In: FERNÁNDEZ, E. Mitre et al. *Fronteras y fronterizos en la historia*. Valladolid: Universidad de Valladolid, 1997.

POWER, Daniel & STANDEM, Naomi. *Frontiers in question*: Eurasian Borderlands, 700-1700. Londres: Macmillan, 1999.

RUIZ, Teófilo F. "Fronteras de la comunidad a la nación en la Castilla bajomedieval". *Annuario de Estúdios Medievales*, 27, n. 1, 1997, p. 23-41.

SÉNAC, Philippe. *La frontiere et les hommes (VIIe-XIIe siècle)* – Le peuplement musulman au nord de l'Èbre et les débuts de la reconquête aranonaise. Paris: Maisonneuve/Larose, 2000.

Sociedades de frontera en la España medieval (Las). Saragoça: Universidad de Zaragoza, 1993.

SULLIVAN, R.E. "The Medieval Monk as Frontiersman". In: SULLIVAN, R.E. *Christian Missionary Activity in the Early Middle Ages*. Londres: Variorum, 1994.

TAZBIR, Janusz. *Poland as the Rampart of Christian Europe. Myths and Historical Reality*. Varsóvia: Interpress Publishers, 1983.

TOUBERT, Pierre. "Frontière et frontiers. Un objet historique". *Castrum*, 4. *Frontière et peuplement dans le monde méditerranéen au Moyen*

Âge. Roma/Madrid: École Française de Rome/Casa de Velázquez, 1992, p. 9-27 [Colóquio de Évian, setembro/1988].

Guerra

CARDINI, Franco. *La culture de la guerre, Xe-XVIIIe siècle*. Paris: Gallimard, 1982 [Trad. do italiano].

CONTAMINE, Philippe. *La guerre au Moyen Âge*. Paris: PUF, 1980[1], 1992[3].

DUBY, Georges. *Le dimanche de bouvines*. Paris: Gallimard, 1973.

FLORI, Jean. *La Guerre Sainte* – La formation de l'idée de croisade dans l'Occident chrétien. Paris: Aubier, 2001.

ROUSSELL, F.H. *The Just War in the Middle Ages*. Cambridge: Cambridge University Press.

Heráldica

PASTOUREAU, Michel. *Traité d'héraldique*. Paris: Picard, 1993.

Hereges

BIGET, Jean-Louis. "Réflexions sur 'l'Hérésie' dans le Midi de la France au Moyen Âge". *Hérésis*, n. 36-37, 2002, p. 29-74.

BORST, Arno. *Les Cathares* [1953]. Paris: Payot, 1974 [Trad. do alemão].

Effacement du catharisme. *Cahiers de Fanjeaux*, 20, 1985.

LE GOFF, Jacques (org.). *Hérésies et sociétés dans l'Europe pré-industrielle, XIe-XVIIIe siècle*. Paris/Haia: Mouton, 1968.

MOORE, Robert I. "À la naissance de la société persécutrice: les clercs, les cathares et la formation de l'Europe". In: *La persécution du catharisme*. Carcassone: Centre d'Études Cathares, 1996, p. 11-37 [Atas da sexta sessão de história medieval organizada pelo Centro de Estudos Cátaros].

_____. *The Origins of European Dissent*. Londres: Allen Lane, 1977. Oxford: Blackwell, 1985.

OBERSTE, Jörg. *Der Kreuzzug gegen die Albigenser* – Ketzerei und Macht- politik im Mittelalter. Darmstadt: Primus Verlag, 2003.

SCHMITT, Jean-Claude. *Mort d'une hérésie* – L'Église et les clercs face aux Béguines et aux Beghards du Rhin supérieur du XIVe au XVe siècle. Paris/Haia: Mouton, 1978.

VAUCHEZ, André. "Orthodoxie et hérésie dans l'Occident médiéval (X^e- XIIIe siècle)". In: ELM, Susanna; REBILLARD, Éric & ROMANO, Antonella (dir.). *Orthodoxie, christianisme, histotire*. École Française de Rome, 2000, p. 321-332.

ZELNER, Monique. Artigo "Hérésie". In: Le Goff-Schmitt, p. 464-482.

ZERNER, Monique (dir.). *Inventer l'hérésie?* Nice: Centre d'Études Médiévales, 1998 [Colóquio do CEM, vol. 2].

História

BORST, Arno. *Geschichte in mittelalterlichen Universitäten*. Constance, 1969.

GUENÉE, Bernard. Artigo "Histoire". In: Le Goff-Schmitt, p. 486-493.

_____. *Histoire et culture historique dans l'Occident médiéval*. Paris: Aubier, 1991.

_____. *Le metier d'historien au Moyen Âge*. Paris: Publications de la Sorbonne, 1977.

Igreja

ARNALDI, Girolamo. Artigo "Église, papauté". In: Le Goff-Schmitt, p. 322-345.

CONGAR, Yves. *L'Ecclésiologie du Haut Moyen Âge*. Paris: [s.e.], 1968.

GUERREAU, Alain. *Le Féodalisme, un horizon théorique*. Paris: Le Sycomore, 1988, p. 201-210.

LE BRAS, Gabriel. *Institutions ecclésiastiques de la chrétienté médié-vale*. 2 vol. Paris: [s.e.], 1962-1964. [Tomo 12 da *Histoire générale de l'Église* de Fliche e Martin].

LUBAC, Henri de. *Corpus mysticum* – L'Eucharistie et l'Église au Mo-yen Âge: étude historique. Paris, 1944.

SCHMIDT, Hans-Joachim. *Kirche, Staat, Nation:* Raumgliederung der Kirche im mittelalterlichen Europe. Weimar: H. Böhlaus Nachf, 1999.

SOUTHERN, Richard W. *Western Society and the Church in the Middle Ages*. Harmondsworth: Penguin, 1970.

Imagens

BASCHET, Jérôme & SCHMITT, Jean-Claude (dir.). "L'image. Fonctions et usages des images dans l'Occident médiéval". *Cahiers du Léopard d'Or*, n. 5. Paris, 1996.

BELTING, Hans. *Image et culte* – Une histoire de l'image avant l'époque de l'art [1990]. Paris: Cerf, 1998 [Trad. do alemão].

_____. Das Bild und sein Publikum im Mittelater [1981]. *L'Image et son public au Moyen Âge*. Paris: G. Monfort, 1998 [Trad. do alemão].

BOESPFLUG, François (org.). *Nicée II, 787-1987* – Douze siècles d'images religieuses. Paris: Cerf, 1987.

CAMILLE, Michael. *Images dans les marges* – Aux limites de l'art médiéval [1992]. Paris: Gallimard, 1997 [Trad. do inglês].

GARNIER, François. *Le language de l'image au Moyen Âge* – Signification et symbolique, t. I, 1982, t. II: *Grammaire du geste*. Paris: Le Léopard d'Or, 1989.

LADNER, Gerhart B. *Images and ideas in the Middle Ages*. Roma: Edizioni di Storia e Letteratura, 1983.

LE GOFF, Jacques. *Un Moyen Âge en images*. Paris: Hazan, 2000.

Pour l'image. Número especial de *Médiévales*, n. 22-23, 1992.

SCHMITT, Jean-Claude. Artigo "Image". In: Le Goff-Schmitt, p. 497-511.

SCHMITT, Jean-Claude; BONNE, Jean-Claude; BARBU, Daniel & BASCHET, Jérôme. "Images médiévales". *Annales HSS*, 1996.

WIRTH, Jean. *L'Image à l'époque romane*. Paris: Cerf, 1999.

_____. *L'Image médiévale*: naissance et développement (VIe-XVe siècle). Paris: Klincksieck, 1989.

Imobilismo e progresso (ver Técnicas e inovações)

BAUMGARTNER, Emmanuelle & HARF-LANCNER, Laurence (dir.). *Progrès, reaction, décadence dans l'Occident médiéval*. Paris/Genebra: Droz/Champion, 2003.

BULTOT, Robert. *Christianisme et valeurs humaines* – La doctrine du mépris du monde. 4 vol. Louvain/Paris, 1964.

LE GOFF, Jacques. Artigo "Antico-Moderno". In: *Enciclopedia* t. I. Turim: Einaudi, 1977 [Retomado em francês em *Histoire et mémoire*. Paris: Gallimard, "Folio", 1988. Artigo "Progresso-Reazione". In: *Enciclopédia*, t. XI. Turim: Einaudi, 1980].

SMALLEY, Beryl. "Ecclesiastical Attitudes to Novelty, c. 1100-c. 1150". In: Baker, Derek (org.). *Church, Society and Politics* – Studies on Church History, 12. Cambridge, 1975, p. 113-131.

Império

EHLERS, Joachim. *Die Entstehung des deutschen Reiches*. Munique: Oldenburg, 1994.

FOLZ, Robert. *L'Idée d'Empire en Occident du Ve au XIVe siècle*. Paris: Aubier, 1972.

PARISSE, Michel. *Allemagne et empire au Moyen Âge*. Paris: Hachette, 2002.

RAPP, Francis. *Le saint empire romain germanique, d'Otton le Grand à Charles Quint*. Paris: Tallandier, 2000.

Indivíduo

BENTON, J.E. *Self and Society in Medieval France*: The Memoir of Abbot Guibert de Nogent. Nova York: Harper and Row, 1970.

BOUREAU, Alain. "Un Royal individu". *Critique* 52, 1996, p. 845-857.

BYNUM, Caroline W. "Did the Twelfth Century Discover the Individual?" In: *Jesus as Mother* – Studies in the Spirituality of the High Middle Ages. Berkeley: University of California Press, 1982, p. 82-109.

COLEMAN, Janet (dir.). *L'Individu dans la théorie politique et dans la pratique*. Paris: PUF, 1996, p. 1-90.

DUBY, Georges & ARIÈS, Philippe. *Histoire de la vie privée*. T. 2. Paris: Seuil, 1985, "L'émergence de l'individu", p. 503-619.

GOUREVITCH, Aron J. *La naissance de l'individu dans l'Europe médiévale*. Paris: Seuil, 1997 [Trad. do russo].

LE GOFF, Jacques. *Saint Louis*. Paris: Gallimard, 1996.

MELVILLE, Gert & SCHÜRER, Markus (orgs.). *Das Eigende und das Ganze* – Zum Individuellen im mittelalterlichen Religiösentum. Münster: LIT, 2002.

MORRIS, Colin. *The Discovery of the Individual, 1040-1200*. Londres: SPCK, 1972.

SCHMITT, Jean-Claude. "La découverte de l'individu, une fiction historiographique?" In: MENGAL, Pierre & PAROT, Françoise (orgs.). *La fabrique, la figure et la feinte* – Fictions et statut de la fiction en psychologie. Paris: Vrin, 1989, p. 213-236.

ULLMANN, Walter. *The Individual and Society in the Middle Ages*. Baltimore: John Hopkins Press, 1966.

ZINK, Michel. *La subjetivité littéraire* – Autour du siècle de Saint Louis. Paris: PUF, 1985.

Islã, árabes e cristandade medieval

AGIUS, D.A. & HITCHCOCK, Richard (orgs.). *The Arab Influence in Medieval Europe*. Reading: Ithaca Press, 1994.

BRESC, Henri & BRESC-BAUTIER, Geneviève (dir.). *Palerme, 1070-1492*. Paris: Autrement, 1993.

CARDINI, Franco. *Europe et Islam* Paris: Seuil, 1994 [Versão francesa].

CLÉMENT, François & TOLAN, John (org.). *Réflexions sur l'apport de la culture arabe à la construction de la culture européenne*. Paris: [s.e.], 2003.

SÉNAC, Philippe. *L'Occident médiéval face à l'Islam* – L'image de l'autre. Paris: Flammarion, 2000².

TOLAN, John. *Saracens: Islam in the Medieval European Imagination*. Nova York: Columbia University Press, 2002 [Trad. francesa: *Les Sarazins*. Paris: Aubier, 2003].

TOLAN, John & JOSSERAND, Philippe. *Les Relations entre le monde arabo-musulman et le monde latin (milieu du Xe-milieu du XIIe siècle)*. Paris: Bréal, 2000.

Jovens

DUBY, Georges. "Les 'jeunes' dans la société aristocratique dans la France du Nort-Ouest au XIIe siècle". *Anales ESC*, XIX, 1984, p. 835-

846 [Republicado em *Hommes et structures du Moyen Âge*. Paris/Haia: Mouton, p. 213-225].

GAUVARD, Claude. "Les jeunes à la fin du Moyen Âge – Une classe d'âge". *Annales de l'Est*, 1-2, 1982, p. 224-244.

LEVI, Giovanni & SCHMITT, Jean-Claude (dir.). *Histoire des jeunes en Occident* – I: De l'Antiquité à l'époque moderne [1994]. Paris: Seuil, 1996 [Trad. do italiano].

Judeus

BARROS, Carlos (org.). *Xudeus y conversos na historia*. Santiago de Compostela: Editorial de la Historia, 1994, 2 vol [Congresso de Ribadavia, 1991].

BLUMENKRANZ, Bernhard. *Juden und Judentum in der mittelalterlichen Kunst*. Stuttgart: Kohlhammer, 1965.

_____. *Juifs et chrétiens dans le monde occidental, 430-1096*. Paris/ Haia: Mouton, 1960.

DAHAN, Gilbert. *Les intellectuels chrétiens et les juifs au Moyen Âge*. Paris: Cerf, 1990.

Famille juive au Moyen Âge, Provence-Languedoc (La). Número especial de *Provence Historique*, XXXVII, 150, 1987.

Gil Ebrei e le Scienze (*The Jews and the Sciences*). Número especial de *Micrologus*, IX, 2001.

GRAYZEL, Solomon. *The Church and the Jews in the XIIIth Century*. 2 vol. Nova York/Detroit: Hermon Press, 1989.

JORDAN, William Chester. *The French Monarchy and the Jews from Philip Augustus to the Last Capetian*. Philadelphia: University of Pennsylvania Press, 1989.

KATZ, Jacob. *Exclusiveness and Tolerance* – Studies in Jewish-Gentile Relations in Medieval and Modern Times. Oxford: [s.e.], 1961.

KRIEGEL, Maurice. *Les juifs à la fin du Moyen Âge dans l'Europe méditerranéenne*. Paris: Hachette, 1979.

SCHMITT, Jean-Claude. *La conversion d'Hermann le Juif* – Autobiographie, histoire et fiction. Paris: Seuil, 2003.

TRAFF, Ariel. *Le Marchand de Pérouse*: une communauté juive du Moyen Âge [1988]. Paris: Balland, 1993 [Trad. do italiano].

TODESCHINI, Giacomo. *La richezza degli Ebrei* – Merci e denaro nella riflessione ebraica e nella definizione cristiana dell'usura alla fine del Medioevo. Spoleto: Centro Italiano di Studi Sull'alto Medioevo, 1989.

TRACTENBERG, Joshua. *The Devil and the Jews*: The Medieval Conception of the Jew and its Relations to Modern Antisemitism. New Haven: [s.e.], 1943.

Justiça

BARTLETT, Robert. *Trial by Fire and Water* – The Medieval Judicial Ordeal. Oxford: Oxford University Press, 1986.

CHIFFOLEAU, Jacques. *Les justices du pape* – Délinquance et criminalité dans la région d'Avignon aux XIVe et XVe siècles. Paris: Publications de la Sorbonne, 1984.

GAUVARD, Claude & JACOB, Robert (dir.). *Les rites de la justice* – Gestes et rituels judiciaires au Moyen Âge. Paris: Cahiers du Léopard d'Or, 2000.

GAUVARD, Claude. Artigo "Justice et paix". In: Le Goff-Schmitt, p. 587-594.

_____. *"De grace especial"* – Crime, État et société en France à la fin du Moyen Âge. 2 vol. Paris: Publications de la Sorbonne, 1991.

GONTHIER, Nicole. *Le chatiment du crime au Moyen Âge, XIIe-XVIe siècle*. [s.l.]: Presses Universitaires de Rennes, 1998.

GUENÉE, Bernard. *Tribunaux et gens de justice dans le Bailliage de Senlis à la fin du Moyen Âge (vers 1380-vers 1500)*. Paris: [s.e.], 1963.

JACOB, Robert. *Images de la justice* – Essai sur l'iconographie judiciaire du Moyen Âge à l'âge classique. Paris: Le Léopard d'Or, 1994.

_____. "Le jugement de Dieu et la formation de la fonction de juger dans l'histoire européenne". *Archives de Philosophie et de Droit*, 1994.

Justice au Moyen Âge (sanction ou impunité?) (La). *Senefiance*, n. 16, 1986.

Preuve. Recueils de la Société Jean-Bodin (La). T. XVII. Bruxelas, 1965.

Leigos

LOBRICHON, Guy. *La religion des laïcs en Occident, XIe-XIVe siècle*. Paris: Hachette, 1994.

MEERSSEMAN, G.G. *Ordo fraternitatis* – Confraternite e pietà dei laici nel Medioevo. Roma: Herder, 1977.

VAUCHEZ, André. *Les laïcs au Moyen Âge* – Pratiques et expériences religieuses. Paris: Cerf, 1987.

Língua(s) e literatura(s)

BANNIARD, Michel. *Du latin aux langues romanes*. Paris: Nathan, 1997.

_____. *Viva voce*. Paris: Institut des Études Augustiniennes, 1992.

BORST, Arno. *Der Turmbau von Babel* – Geschichte der Meinungen über Ursprung und Vielfalt der Sprachen und Völker. 2 vol. Stuttgart: [s.e.], 1957- 1963.

CAVALLO, Guglielmo; LEONARDI, Claudio & MENESTÒ, Enrico. *Lo spazio letterario del Medioevo* – I: Il Medioevo latino. 5 vol. Roma: Salerno, 1992- 1998.

CHAURAND, Jacques (e, para os séculos XIII-XV, Serge Lusignan). *Nouvelle histoire de la langue française*. Paris: Seuil, 1999.

CURTIUS, E.R. *La litterature européenne et le Moyen Âge latin*. Paris: [s.e.], 1956 [Trad. do alemão].

GALLY, Michèle & MARCHELLO-NIZIA, Christiane. *Littératures de l'Europe médiévale*. Paris: Magnard, 1985.

JONIN, Pierre. *L'Europe en vers au Moyen Âge*. Paris: Honoré Champion, 1996.

REDON, Odile et al. *Les langues de l'Italie médiévale*. Turnhout: Brepols/L'Atelier du Médiéviste 8, 2002.

WALTER, Henriette. *L'Aventure des langues en Occident*: leur origine, leur histoire, leur géographie. Paris: Laffont, 1994[1], 1996[2].

WOLFF, Philippe. *Les origines linguistiques de l'Europe Occidentale*. Toulouse: Publications de l'Université de Toulouse/Le Mirail, 1982.

ZUMTHOR, Paul. *La lettre et la voix* – De la "littérature" médiévale. Paris: Seuil, 1987.

Memória

CAROZZI, Claude & TAVIANI-CAROZZI, Huguette (dir). *Faire mémoire* – Souvenir et commémoration au Moyen Âge. Aix-en-Provence: Publications de l'Université de Provence, 1994.

CARRUTHERS, Mary. *The Book of Memory*. Cambridge University Press, 1940. • *Le livre de la mémoire*. Paris: Macula, 2002 [Trad. do inglês].

_____. *The Craft of Thought* – Meditatio, Thinking and the Making of Images, 400-1200. Cambridge Universitiy Press, 1998 [Trad. francesa: *Machina memorialis* – Méditation, rhétorique et fabrication des images au Moyen Âge. Paris: Gallimard, 2002].

CLANCHY, Michel. *From Memory to Written Record: England, 1066-1907*. Londres: Edward Arnold, 1996[2].

GEARY, Patrick J. [1996]. *La memoire et l'oubli à la fin du premier millénaire*. Paris: Aubier, 1996 [Trad. do inglês].

_____. *Phantoms of Remembrance*. Princeton: Princeton University Press, 1994.

LAUWERS, Michel. *La mémoire des ancêtres, le souci des morts* – Morts, rites et société au Moyen Âge. Paris: Beauchesne, 1997.

LE GOFF, Jacques. *Histoire et mémoire*. Paris: Gallimard, "Folio", 1988 [Versão italiana, 1981].

OEXLE, Otto Gerhard (dir.). *Memoria als Kultur*. Göttingen: Vandenhoeck & Ruprecht, 1995.

RESTAINO, Rosangela. Ricordare e dimenticare nella cultura del Medioevo [Relatório do colóquio de Trento – 4 a 6 de abril de 2002]. Memoria, ricordare e dimenticare nella cultura del Medioevo. In: *Quaderni Medievali* 54, dez./2002, p. 221-238.

YATES, Frances A. *The Art of Memory*, 1966 [Trad. francesa: *L'Art de la mémoire*. Paris: Gallimard, 1975].

ZINN JR., Grover A. "Hugh of Saint Victor and the Art of Memory". *Viator*, 5, 1974, p. 211-234.

Mercadores

Argent au Moyen Âge (L') Paris: Publications de la Sorbonne, 1998 [Congresso da SHMES, Clermont-Ferrand, 1997].

DOLLINGER, Philippe. *La Hanse, XIIe-XVIIe siècle*. Paris: [s.e.], 1964.

JORDA, Henri. *Le Moyen Âge des marchands* – L'utile et le nécessaire. Paris: L'Harmattan, 2002.

LEBECQ, Stéphane. *Marchands et navigateurs frisons du Haut Moyen Âge*. 2 vol. Lille: Presses Universitaires de Lille, 1983.

LE GOFF, Jacques. *Marchands et banquiers du Moyen Âge*. Paris: PUF, "Que sais-je?", 2000 [Nova ed.].

Marchand du Moyen Âge (Le) Paris: SHMES, 1992 [Congresso da SHMES. Reims, 1988].

MONNET, Pierre. Artigo "Marchads". In: Le Goff-Schmitt, p. 624-638.

RENOUARD, Yves. *Les Hommes d'affaires italiens au Moyen Âge*. Paris: [s.e.], 1968.

SAPORI, Armando. *Le marchand italian au Moyen Âge*. Paris: [s.e.], 1952.

TANGHERONI, Marco. *Commercio e navigazione nel Medioevo*. Roma/Bari: Laterza, 1996.

Milagres, monstros e maravilhas

Démons et Merveilles au Moyen Âge. Nice: Faculté des Lettres et Sciences Humaines, 1990 [Colóquio de Nice, 1987].

DUBOST, Francis. Artigo "Merveilleux". In: Gauvard-de Libera-Zink, p. 905-910.

FRIEDMAN, J.B. *The Monstrous Races in Medieval Art and Thought*. Cambridge, Mass.: Harvard University Press, 1981.

KAPPLER, Claude. *Monstres, démons et merveilles à la fin du Moyen Âge*. Paris: Payot, 1980.

LECOUTEUX, Claude. *Les monstres dans la pensée médiévale européenne*. Paris: Presses de l'Université Paris/Sorbonne, 1993.

Miracles, prodiges et merveilles au Moyen Âge. Paris: Publications de la Sorbonne, 1995 [XXV Congresso da SHMESP. Orléans, 1994].

POIRION, Daniel. *Le merveilleux dans la littérature française du Moyen Âge*. Paris: PUF, "Que sais-je?", 1982.

SIGAL, Pierre-André, *L'Homme et le miracle dans la France médiévale (XIᵉ-XIIᵉ siècle)*. Paris: Cerf, 1985.

VAUCHEZ, André. Artigo "Miracle". In: Le Goff-Schmitt, p. 725-740.

Milenarismo e apocalipse

BOUREAU, Alain; Piron, Sylvain (org.). *Pierre de Jean Olivi (1248-1298)* – Pensée scolastique, dissidence spirituelle et société. Paris: Vrin, 1999.

BYNUM, Caroline W. & FREEDMAN, Paul. *Last Things* – Death and the Apocalypse in the Middle Ages. Philadelphia: University of Pennsylvania Press, 2000.

CAPITANI, Ovidio & MIETHKE, Jürgen (dir.). *L'attesa della fine dei tempi nel Medioevo*. Bolonha: Il Mulino, 1990.

CAROZZI, Claude. *Apocalypse et salut dans le christianisme ancien et médiéval*. Paris: Aubier, 1996.

COHN, Norman. *Les fanatiques de l'Apocalypse*. Paris: Payot, 1983 [Trad. do inglês].

HEAD, Thomas & LANDES, Richard. *The Peace of God* – Social Violence and Religious Response in France around the Year 1000. Londres: Cornell University Press, 1992.

MANSELLI, Raoul. *La "Lectura super apocalipsim" di Pietro di Giovanni Olivi*. Roma: [s.e.], 1955.

MENDEL, Arthur P. *Vision and Violence (on the Millennium)*. Ann Arbor: The University of Michigan Press, 1992[1], 1999[2].

REEVES, Marjorie. *Joachim of Fiore and the Prophetic Future*. Londres, Sutton, 1976.

Textes prophétiques et la prophétie en Occident, XIIᵉ-XVIᵉ siècles (Les). École Française de Rome, 1990 [Mesa-redonda em Chantilly, 1988].

TÖPFER, Bernhard. *Das kommende Reich des Friedens*. Berlin: [s.e.], 1964.

VERBEKE, Werner; VERHELST, Daniel & WELKENHUYSEN, Andries. *The Use and Abuse of Eschatology in the Middle Ages*. Louvain: Leuven University Press, 1988.

Morte e além

ALEXANDRE-BIDON, Danièle & TREFFORT, C. (dir.). *La mort au quotidien dans l'Occident médiéval*. Lyon: Presses Universitaires de Lyon, 1993.

ARIÈS, Philippe. *L'Homme devant la mort*. Paris: Seuil, 1977.

BASCHET, Jérôme. *Les justices de l'au-delà* – Les représentations de l'enfer en France et en Italie (XIIᵉ-XVᵉ siècle). École Française de Rome, 1993.

BERNSTEIN, Alan. *The Formation of Hell*. Ithaca/Londres: Cornell University Press, 1993.

BORST, Arno (org.). *Tod im Mittelalter*. Constance: Konstanz Universität-Verlag, 1993.

CAROZZI, Claude. *Le voyage de l'âme dans l'au-delà d'près la littérature latine (Ve-XIIIe s.)*. École Française de Rome, 1994.

CHIFFOLEAU, Jacques. *La comptabilité de l'au-delà, les Hommes, la mort et la religion dans la région d'Avignon à la fin du Moyen Âge*. École Française de Rome, 1980.

Death in the Middle Ages. Lovaina: Presses Universitaires de Louvain, 1983.

DELUMEAU, Jean. *Une histoire du Paradis*. 2 vol. Paris: Fayard, 1992.

Dies illa – Death in the Middle Ages. Liverpool: Cairns, 1984 [Colóquio de Manchester, 1983].

ERLANDE-BRANDENBURG, Alain. *Le roi est mort* – Étude sur les funérailles, les sépultures et les tombeaux des rois de France jusqu'à la fin du XIIIe siècle. Genebra: Droz, 1975.

GOODY, Jack. *Death, Property and the Ancestors*. Stanford: Stanford University Press, 1962.

LAUWERS, Michel. Artigo "Mort". In: Le Goff-Schmitt, p. 771-789.

_____. *La mémoire, les ancêtres, le souci des morts* – Morts, rites et société au Moyen Âge (Diocèse de Liège, XIe-XIIIe siècle). Paris: Beauchesne, 1997.

LE GOFF, Jacques. Artigo "Au-delà". In: Le Goff-Schmitt, p. 89-102.

_____. *La naissance du purgatoire*. Paris: Gallimard, 1981.

MITRE FERNÁNDEZ, Emilio. *La muerte vencida* – Imágines e historia en el Occidente Medieval (1200-1348). Madrid: Encuentro, 1988.

MORGAN, Alison. *Dante and the Medieval Other World*. Cambridge: Cambridge University Press, 1990.

OHLER, Norbert. *Sterben und Tod im Mittelalter*. Munique: Artemis Verlag, 1990.

SCHMITT, Jean-Claude. *Les revenants, les vivants e les morts dans la société médiévale*. Paris: Gallimard, 1994.

TREFFORT, Cécile. *L'Église carolingienne et la mort* – Christianisme, rites funéraires et pratiques commémoratives. Lyon: Presses Universitaires de Lyon, 1996.

Mulheres

BORRESEN, K.E. *Subordination et equivalence* – Nature et rôle de la femme d'après Augustin et Thomas d'Aquin. Oslo/Paris: [s.e.], 1968.

DINZELBACHER, Peter & BAUER, Dieter (orgs.). *Religiöse Frauenbewegung und mystische Frömmigkeit*. Colônia: Böhlau Verlag, 1988.

_____. *Frauenmystic im Mittelalter*. Ostfildern: Schwabenverlag, 1985.

DRONKE, Peter. *Women Writers of the Middle Ages*. Cambridge: Cambridge University Press.

DUBY, Georges & PERROT, Michelle. *Histoire des femmes* – 1: Le Moyen Âge. Christiane Klapisch-Zuber (dir.). Paris: Plon, 1991.

DUBY, Georges. 3 vol. *Dames du XIIᵉ siècle*. Paris: Gallimard, 1995-1996.

DUGGAN, Anne (dir.). *Queens and Queenship in Medieval Europe*. Woodbridge: The Boydell Press, 1997.

Femme dans la civilization des Xᵉ-XIIIᵉ siècles (La) *Cahiers de Civilisation Médiévale* 20 (1977) [Colóquio de Poitiers, set./1976].

IOGNA-PRAT, Dominique; PALAZZO, Éric; RUSSO, Daniel. *Marie*. Le culte de la Vierge dans la société occidentale. Paris: Beauchesne, 1996.

KLAPISCH-ZUBER, Christiane. Artigo "Maculin, féminin". In: Le Goff- Schmitt, p. 655-668.

LE JAN, Régine. *Femmes, pouvoir et société dans le Haut Moyen Âge*. Paris: Picard, 2001.

LINHEHAN, Peter. *Les dames de Zamora* [1995]. Paris: Les Belles Lettres, 1998 [Trad. do inglês].

PANCER, Nina. *Sans peur et sans vergogne* – De l'honneur et des femmes aux premiers temps mérovingiens. Paris: Albin Michel, 2001.

PARISSE, Michel (org.). *Veuves et veuvages dans le Haut Moyen Âge*. Paris: Picard, 1993.

PARISSE, Michel. *Les nonnes au Moyen Âge*. Le Puy: C. Bonneton, 1983.

POWER, Eileen. *Medieval Women*. Cambridge: Cambridge University Press, 1975.

ROUCHE, Michel & HEUCLIN, Jean (orgs.). *La femme au Moyen Âge*. Maubeuge: Publication de la Ville de Maubeuge, 1990.

SCHMITT, Jean-Claude (dir.). *Ève et Pandora* – La création de la première femme. Paris: Gallimard, "Le temps des images", 2002.

ZAPPERI, Roberto. *L'Homme enceint* – L'homme, la femme et le pouvoir. Paris: PUF, 1983 [Trad. do italiano].

Música

CULLIN, Olivier. *Brève histoire de la musique au Moyen Âge*. Paris: Fayard, 2002.

GAGNEPAIN, Bernard. *Histoire de la musique au Moyen Âge – II: XIIe- XIVe siècle*. Paris: Seuil, "Solfèges", 1996.

HOPPIN, Richard. *Medieval music in the Middle Ages*. Nova York: Norton, 1978 [Trad. francesa: *La musique au Moyen Âge*. Liège: Mardaga, 1991].

Nações

BEAUNE, Colette. *La naissance de la nation France*. Paris: Gallimard, 1985.

GEARY, Patrick J. *The Myths of Nations* – The Medieval Origins of Europe. Princeton: Princeton University Press, 2002.

GIEYSZTOR, Alexander. "Gens Poloniae: aux origins d'une conscience nationale". *Mélanges E.R. Labande*. Poitiers: Centre d'Études Supérieures de Civilisation Médiévale, 1974, p. 351-362.

MOEGLIN, Jean-Marie. "De la 'nation allemande' au Moyen Âge". *Revue Française d'Histoire des Idées Politiques*. Número especial, *Identités et specificités allemandes*, n. 14, 2001, p. 227-260.

ZIENTARA, Benedykt. *Swit narodow europajskich* (A aurora das nações europeias – A ascensão de uma consciência nacional no território da Europa pós-carolíngia). Varsóvia: PIW, 1985 [Trad. em alemão, 1997].

Natureza

ALEXANDRE, Pierre. *Le climat en Europe au Moyen Âge* – Contribution à l'histoire des variations climatiques de 1000 à 1425 d'après les sources narratives de l'Europe Occidentale. Paris: Éhéss, 1987.

Comprendre et maitriser la nature au Moyen Âge – Mélanges d'histoire des sciences offertes à Guy Beaujouan. Genebra: Droz, 1994.

FUMAGALLI, Vito. *Paesaggi della paura* – Vita e natura nel Medioevo. Bolonha: Il Mulino, 1994.

_____. *L'uomo e l'ambiente nel Medioevo*. Bari: Laterza, 1992.

GREGORY, Tullio. Artigo "Nature". In: Le Goff-Schmitt, p. 806-820.

Milieux naturels, espaces sociaux – Études offertes à Robert Delort. Paris: Publications de la Sorbonne, 1997.

SOLÈRE, Jean-Luc. Artigo "Nature". In: Gauvar-de Libera-Zink, p. 967-976.

Il teatro della natura. Número especial de *Micrologus*, IV, 1996.

Nobreza

Adel und Kirche. Festschrift für Gert Tallenbach. Friburgo/Basileia/ Viena: Herder, 1968.

AURELL, Martin. *La noblesse en Occident (V^e-XVe siècle)*. Paris: Armand Colin, 1996.

CONTAMINE, Philippe (dir.). *La noblesse au Moyen Âge*. Paris: PUF, 1976.

GÉNICOT, Léopold. Artigo "Noblesse". In: Le Goff-Schmitt, p. 821-833.

_____. *La noblesse dans l'Occident médiéval*. Londres: Variorum Reprints, 1982.

WERNER, Ernest F. *Naissance de la noblesse* – L'essor des élites politiques en Europe. Paris: Fayard, 1998 [Trad. do alemão].

Papado

ARNALDI, Girolamo. Artigo "Église et papauté". In: Le Goff Schmitt, p. 322-345.

BARRACLOUGH, Geoffrey. *The Medieval Papacy*. Londres: [s.e.], 1968.

DE ROSA, Gabriele & CRACCO, Giorgio. *Il papato e l'Europa*. Suveria Mannelli: Rubbetino, 2001.

GUILLEMAIN, Bernard. *Les papes d'Avignon, 1309-1376*. Paris: Cerf, 1998.

MICCOLI, Giovanni. *Chiesa gregoriana*. Roma: Herder, 1999.

PACAUT, Marcel. *Histoire de la papauté*. Paris: Fayard, 1976.

PARAVICINI BAGLIANI, Agostino. *Il trono di Pietro* – L'universalità del papato da Alessandro III a Bonifazio VIII. Roma: La Nuova Italia Scientífica, 1996.

_____. *La cour des papes au XIIIᵉ siècle*. Paris: Hachette, 1995.

Pecado(s)

BLOOMFIELD, M.W. *The Seven Deadly Sins. An Introduction to the History of a Religious Concept, with Special References to Medieval English Literature*. East Lansing: Michigan State College Press, 1952.

CASAGRANDE, Carla & VECCHIO, Silvana. *Histoire des péchés capitaux au Moyen Âge* [2000]. Paris: Aubier, 2003 [Trad. do italiano].

Les peéchés de la langue [1987]. Paris: Cerf, 1991 [Trad. do italiano].

DELUMEAU, Jean. *Le peché de la peur* – La culpabilisation en Occident (XIIIᵉ-XVIIIᵉ siècle). Paris: Fayard, 1983.

LEVELLEUX, Corinne. *La parole interdite* – Le blasphème dans la France médiévale (XIIᵉ-XVIIᵉ s.): du péché au crime. Paris: De Boccard, 2001.

SCHIMMEL, Solomon. *The Seven Deadly Sins* – Jewish, Christian and Classical Reflections on Human Nature. Nova York/Toronto/Oxford/Singapore/Sidney: Maxwell Macmillan International, 1992.

TENTLER, Th. N. *Sin and Confession on the Eve of Reformation*. Princeton: Princeton University Press, 1977.

VOGEL, Cyrille. *Le pecheur et la penitence au Moyen Âge*. Paris: Cerf, 1969.

Peregrinações

BARREIRO RIVAS, José Luís. *The Construction of Political Space*: Symbolic and Cosmological Elements (Jerusalem and Santiago in Western History). Jerusalém/Santiago: Al-Quds University/The Araguaney Foundation, 1999.

_____. *La función política de los caminos de peregrinación en la Europa medieval* – Estudio del camino de Santiago. Madrid: Tecnos, 1997.

BENNASSAR, Bartolomé. *Saint-Jacques-de-Compostelle*. Paris: Julliard, 1970.

DUPRONT, Alphonse. *Saint-Jacques-de-Compostelle* – Puissance du pèlerinage. Turnhout: Brepols, 1985.

GICQUEL, Bernard. *La legende de Compostelle* – Le livre de Saint Jacques. Paris: Tallandier, 2003.

OURSEL, Raymond. *Les pélérins du Moyen Âge*: les hommes, les chemins, les sanctuaires. Paris: [s.e.], 1957.

VÁSQUEZ DE PARGA. Luis; LACARRA, José Maria & URÍA RÍU, Juan. *Las peregrinaciones a Santiago de Compostela*. 3 vol. Madrid: [s.e.], 1948-1950.

VEILLIARD, Jeanne. *Le guide du pèlerin de Saint-Jacques-de-Compostelle*. Mâcon/Paris, 1938[1], Protat, 1981[5].

Perseguição, marginalização, exclusão

ALBARET, Laurent. *L'Inquisition, rempart de la foi?* Paris: Gallimard, "Découvertes", 1998.

BENNASSAR, Bartolomé (dir.). *L'Inquisition espagnole*. Paris: Hachette, 1979.

Étranger au Moyen Âge (L'). Paris: Publications de la Sorbonne, 2000 [Colóquio da SHMES, Göttingen, 1999].

GAUVARD, Claude. Artigo "Torture". In: Gauvard-de Libera-Zink, p. 1.397.

GEREMEK, Bronislaw. *Les marginaux parisiens aux XIVᵉ et XVᵉ siècles*. Paris: Flammarion, 1976.

IOGNA-PRAT, Dominique. *Ordonner et exclure* – Cluny et la société chrétienne face à l'hérésie, au judaïsme et à l'Islam. Paris: Aubier, 1998.

MITRE FERNÁNDEZ, Emilio. *Fronterizos de Clio (Marginados, oisidentes y desplazados en la Edad Media)*. [s.l.]: Universidad de Granada, 2003.

MOORE, Robert I. [1987]. *La persecution*: sa formation en Europe. Paris: Les Belles Lettres, 1991 [Trad. do inglês].

SCHMIEDER, Felicitas. *Europa und die Fremden* – Die Mongolen im Urteil des Abendlandes vom 13. bis in das 15. Jahrhundert. Sigmaringen: [s.e.], 1994.

VINCENT, Bernard (org.). "Les marginaux et les exclus dans l'histoire". *Cahiers Jussieu*, n. 5, Paris, 1979.

VODOLA, Elisabeth. *Excommunication in the Middle Ages*. Berkeley: California University Press, 1986.

WEIDENFELD, Katia. Artigo "Police". In: Gauvard-de Libera-Zink, p. 1.128-1.129.

ZAREMSKA, Hanna. Artigo "Marginaux". In: Le Goff-Schmitt, p. 639-654.

_____. *Les bannis du Moyen Âge*. Paris: Aubier, 1996.

Pobreza

BROWN, Peter; CAPITANI, Ovídio; CARDINI, Franco & Rosa, Mário. *Povertà e carità della Roma tardo-antica al'700 italiano*. Abano Terme: Franisci, 1983.

CAPITANI, Ovídio (org.). *La concezione della povertà nello medioevo*. Bolonha: Padron, 1983.

GEREMEK, Bronislaw. *La potence ou la pitié* – L'Europe et les pauvres du Moyen Âge à nos jours. Paris: Gallimard, 1987.

La povertà del secolo XII, Francesco d'assisi. Assise: Società Internazionale di Studi Francescani, 1975.

LITTLE, Lester K. *Religious Poverty and the Profit Economy in Medieval Europe*. Londres: Paul Elek, 1978.

MOLLAT, Michel. *Les pauvres au Moyen Âge*: étude sociale. Paris: Hachette, 1978.

MOLLAT, Michel (dir.). *Études sur l'histoire de la pauvreté (Moyen Âge XIIᵉ siècle)*. 2 vol. Paris: Publications de la Sorbonne, 1974.

População

BAIROCH, Paul; BATOU, Jean & CHÈVRE, Pierre. *La population des villes européennes* – Banque de données et analyse sommaire des résultats, 800-1850. Genebra: Droz, 1988.

BARDET, Jean-Pierre & DUPÂQUIER, Jacques (dir.). *Histoire des populations de l'Europe – I*: Des origines aux prémices de la révolution démographique. Paris: Fayard, 1997.

BILLER, Peter. *The Measure of Multitude* – Population in Medieval Thought. Oxford: Oxford University Press, 2000.

Rei e reino

BAK, János (org.). *Coronations* – Medieval and Early Modern Monarchic Rituals. Berkeley: University of California Press, 1990.

BLOCH, Marc. *Les rois thaumaturges* – Étude sur le caractère surnaturel attribué à la puissance royale, particulièrement en France et en Angleterre. [s.l.]: 1924 [s.e.] [Nova ed. Paris: Gallimard, 1983].

BOUREAU, Alain & INGERFLOM, Cláudio-Sérgio (orgs.). *La royauté sacrée dans le monde chrétien*. Paris: Ehess, 1992.

BOURREAU, Alain. *Le simple corps du roi* – L'impossible sacralité des souverains français, XVᵉ-XVIIIᵉ siècles. Paris: Éd. de Paris, 1988.

FOLZ, Robert. *Les saints rois du Moyen Âge en Occident (VIᵉ-XIIIᵉ)*. Bruxelas: Société des Bollandistes, 1989.

KANTOROWICZ, Ernest. *The King's Two Bodies* – A Study in Medieval Political Theory [1957] [Trad. francesa: *Les deux corps du roi*. Paris: Gallimard, 1989].

KLANICZAY, Gabor. *The Uses of Supernatural Power*. Cambridge: Polity Press, 1990.

LE GOFF, Jacques. Artigo "Roi". In: Le Goff-Schmitt, p. 985-1004.

_____. "Le roi dans l'Occident médiéval: caracteres originaux". In: Anne J. Duggan. *King and Kingship in Medieval Europe*. Londres: King's College, 1993 [Colóquio de 1992].

Santos

BOESCH-GAJANO, Sofia. *La santità*. Roma/Bari: Laterza, 1999.

BROWN, Peter. *Le culte des saints*: son essor et sa fonction dans l'Antiquité tardive [1981]. Paris: Cerf, 1984 [Trad. do inglês].

Fonctions des saints dans le monde occidental (IIIᵉ-XIIᵉ s.) (Les). École Française de Rome, 1991.

GEARY, Patrick J. *Le vol des reliques au Moyen Âge*. Paris: Aubier, 1992 [Trad. do inglês].

KLEINBERG, A.M. *Prophets in their Own Country* – Living Saints and the Making of Sainthood in the Later Middle Ages. Chicago/Londres: University of Chicago Press, 1992.

MITTERAUER, Michael. *Ahnen un Heilige* – Namensgebung in der europäischen Geschichte. Munique: Beck, 1993.

SCHMITT, Jean-Claude. *Le Saint Lévrier* – Guinefort guérisseur d'enfants depuis le XIIIe siècle. Paris: Flammarion, 1979.

VAUCHEZ, André. *Saints, prophetes et visionnaires* – Le pouvoir surnaturel au Moyen Âge. Paris: Albin Michel, 1999.

_____. "Le Saint". In: Jacques Le Goff (org.). L'Homme médiéval [Ed. italiana, Bari: Laterza, 1987]. Versão francesa, Paris: Seuil, 1989, p. 345-380.

VAUCHEZ, André. (dir.). *Histoire des saints et de la sainteté chrétienne*. Vol. I-XI. Paris: Hachette, 1986-1988.

Sonhos

DINZELBACHER, Peter. *Mittelalterliche Visionsliteratur*. Darmstadt: Wiss, 1985.

GREGORY, Tullio (org.). *I sogni nel Medioevo*. Roma: Dell'Ateneo, 1985.

LE GOFF, Jacques. Artigo "Rêves". In: Le Goff-Schmitt, p. 950-958.

PARAVICINI BAGLIANI, Agostino & STABILE, Giorgio. *Träume im Mittelalter: Chronologische Studien*. Stuttgart/Zurich: Belser Verlag, 1989.

Técnicas e inovações

AMOURETTI, Marie-Claire & COMET, Georges. *Hommes et techniques de l'Antiquité à la Renaissance*. Paris: Armand Colin, 1993.

Antiqui und Moderni – Traditionsbewusstsein und Fortschrittsbewusstsein im späten Mittelalter. *Miscellanea Mediavalia*, 9. Berlim, 1974.

BECK, Patrice (dir.). *L'Innovation technique au Moyen Âge*. Paris: Errance, 1998.

BLOCH, Marc. "Avènement et conquêtes du moulin à eau". *Annales HES*, 1935, p. 538-563.

_____. "Les 'inventions' médiévales". *Annales HES*, 1935, p. 634-643.

Europäische Technik im Mittelalter, 800 bis 1400 – Tradition und Innovation – Ein Hanbuch. U. Lindgren (ed.). Berlim: Gebr. Mann Verlag, 1997.

GILLE, Bertrand. *Histoire des techniques*. Paris: Gallimard/Encyclopédie de la Pléiade, 1978.

LARDIN, Philippe & BÜHRER-THIERRY, Geneviève (orgs.). Techniques – Les paris de l'innovation. *Médiévales*, 39, outono/2000.

LONG, Pamela D. (org.). *Science and Technology in Medieval Society* – Annals of the New York Academy of Sciences. Vol. 441, 1985 [s.n.t.].

WHITE, Lynn Jr. *Technologie médiévale et transformations sociales*. Paris, 1969 [Trad. do inglês].

Tempo

CIPOLLA, Carlo M. *Clock and Culture, 1300-1700*. Nova York: [s.e.], 1967.

LANDES, David. *L'heure qu'il est – Les horloges* – La mesure du temps et la formation du monde moderne [1983]. Paris: Gallimard, 1987 [Trad. do inglês].

LE GOFF, Jacques. Artigo "Temps". In: Le Goff-Schmitt, p. 1.113-1.122.

_____. "Au Moyen Âge: temps de l'Église et temps du marchand". *Annales ESC*, 1960 [Republicado em *Pour un autre Moyen Âge* – Temps, travail et culture en Occident. Paris: Gallimard, 1977, p. 46-65].

MANE, Perrine. *Calendriers et techniques agricoles* – France-Italie, XIIe-XIIIe siècle. Paris: Le Sycomore, 1983.

PIETRI, Charles & DAGRON, Gilbert; Le Goff, Jacques (orgs.). *Le temps chrétien de la fin de l'Antiquité au Moyen Âge, IIIe-XIIIe siècle*. Paris: CNRS, 1984.

POMIAN, Krzysztof. *L'Ordre du temps*. Paris: Gallimard, 1984.

RIBERMONT, Bernard (org.). *Le temps* – Sa mesure et sa perception au Moyen Âge. Caen: Paradigme, 1992 [Colóquio de Orléans, 1991].

Tiempo y memoria en la edad media. Número especial de *Temas Medievales*, 2. Buenos Aires, 1992.

Teologia e filosofia

AERTSEN, J.A. & SPEER, Andreas (orgs.). *Was ist Philosophie im Mittelalter?* Berlim/Nova York: W. de Gruyter, 1998.

BOULBACH, Libère. Artigo "Philosophie". In: Gauvard-de Libera-Zink, p. 1081-1094.

CHENU, Marie-Dominique. *La théologie au XIIe siècle*. Paris, 1957.

_____. *La théologie comme science au XIIIe siècle*. Paris, 1957³.

DE RIJK, L.M. *La philosophie au Moyen Âge*. Leyde: Brill, 1985.

GHISALBERTI, Alessandro. *Medioevo teologico*. Roma/Bari: Laterza, 1990.

GILSON, Étienne. *L'Esprit de la philosophie médiévale*. Paris: Vrin, 1978².

JEAUNEAU, Édouard. *La philosophie au Moyen Âge*. Paris: PUF, "Que sais-je?", 1976³.

LIBERA, Alain de. *La philosophie médiévale*. Paris: PUF, 1993.

SOLÈRE, Jean-Luc; Kaluza, Zénon (org.). *La servante et la consolatrice* – La philosophie au Moyen Âge et ses rapports avec la théologie. Paris: Vrin, 2002.

VIGNAUX, Paul. *Philosophie au Moyen Âge*. [Paris: Vrin, 2002].

Trabalho

ALLARD, Guy H. & LUSIGNAN, Serge (orgs.). *Les arts mécaniques au Moyen Âge*. Paris/Montréal: Vrin-Bellarmin, 1982.

FOSSIER, Robert. *Le travail au Moyen Âge*. Paris: Hachette, 2000.

HAMESSE, Jacqueline & MURAILLE, Colette (orgs.). *Le travail au Moyen Âge, une approche interdisciplinaire*. Louvain-la-Neuve: Publications de l'Institut d'Études Médiévales, 1990.

HEERS, Jacques. *Le travail au Moyen Âge*. Paris: PUF, "Que sais-je?", 1965.

Lavorare nel medioevo. Perugia, 1983 [Colóquio de Todi, 1980].

LE GOFF, Jacques. Artigo "Travail". In: Le Goff-Schmitt, p. 1137-1149.

WOLFF, Philippe & MAURO, Federico (dir.). *Histoire générale du Travail* – II: L'Âge de l'artisanat (Ve-XVIIIe siècle). Paris: [s.e.], 1960.

Trovadores

BEC, Philippe. *Anthologie des troubadours*. Paris: Hachette, "10/18", 1979.

BEC, Pierre. *Burlesque et obscenité chez les troubadours* – Le contre-texte au Moyen Âge. Paris: Stock, "Moyen Age", 1984.

BRUNEL-LOBRICHON, Geneviève & DUHAMEL-AMADO, Claudie. *Au temps des troubadours, XIIe-XIIIe siècle.* Paris: Hachette, 1947.

GOUIRAN, Gérard. *L'Amour et la guerre* – L'oeuvre de Bertran de Born. Aix-en-Provence: Publications de l'Université de Provence, 1985.

HUCHET, Jean-Charles. *L'Amour discourtois* – La "fin'amor" chez les premiers troubadours. Toulouse: Privat, 1987.

NELLI, René. *L'Érotique des troubadours.* Toulouse: Privat, 1963[1], 1984[2].

PAYEN, Jean-Charles. *Le Prince d'Aquitaine* – Essai sur Guillaume IX, son oeuvre et son érotique. Paris: Honoré Champion, 1980.

ROUBAUD, Jacques. *La fleur inverse* – L'art des troubadours. Paris: Les Belles Lettres, 1994.

ZUCHETTO, Gérard. *Terre des troubadours, XIIe-XIIIe siècles.* Paris: Éditions de Paris, 1996.

Universidade(s), escolas

ARNALDI, Girolamo (org.). *Le origine dell'università.* Bolonha: Il Mulino, 1974.

BRIZZI, Gian Paolo & VERGER, Jacques (dir.). *Le università d'Europa.* Milão: Amilcare Pizzi, 1990-1994, 5 vol.

CLASSEN, Peter. *Studium und Gesellschaft im Mittelalter.* Stuttgart: A. Hiersemann, 1983.

_____. "Zur Bedeutung der mittelalterlichen Universitäten". In: *Mittelalterforschung.* Berlim: Colloquium Verlag, 1981.

_____. "Die hohen Schulen und die Gesellschaft im 12. Jahrhundert". *Archiv für Kulturgeschichte*, 1966.

COBBAN, Alan B. *The Medieval Universities*: Their Development and Organization. Londres: Methuen, 1975.

FRIED, Johannes (dir.). *Schulen und Studium im sozialen Wandel des hohen und späten Mittelalters.* Sigmaringen: Thorbecke, 1986.

HAMESSE, Jacqueline (dir.). *Manuels, programmes de cours et techniques d'enseignement dans les universités médiévales.* Louvain-la-Neuve: Publications de l'Institut d'Études Médiévales, 1994.

LE GOFF, Jacques. *Les intellectuels au Moyen Âge.* Paris: Seuil, 1957[1], 1985[2].

LUSIGNAN, Serge. *"Vérité garde le Roy"* – La construction d'une identité universitaire en France (XIIIᵉ-XVᵉ siècle). Paris: Publications de la Sorbonne, 1999.

RASHDALL, Hastings. *The Universities of Europe in the Middle Ages.* 3 vol. Powicke-Emden: Oxford University Press, 1936 [Nova ed.].

RICHÉ, Pierre. *Écoles et enseignement dans le Haut Moyen Âge.* Paris: Aubier, 1979.

RUEGG, Walter (dir.). *A History of the University in Europe*, t. I. Hilde de Ridder-Symoens (dir.). *Universities in the Middle Ages.* Cambridge: Cambridge University Press, 1992.

VERGER, Jacques. Artigo "Université". In: Le Goff-Schmitt, p. 1.166-1.182.

_____. *Les universites au Moyen Âge.* Paris: PUF, 1973[1], 1999[2].

WEIJERS, Olga. *Terminologie des universités au XIIIᵉ siècle.* Roma: Dell'Ateneo, 1987.

Violência

CONTAMINE, Philippe & Guyotjeannin, Olivier (dir.). *La guerre, la violence et les gens au Moyen Âge.* Paris: Comité des Travaux Historiques et Scientifiques, 1996 [2 tomos].

GAUVARD, Claude. *"De grace especial"* – Crime, État et société en France à la fin du Moyen Âge. 2 vol. Paris: Publications de la Sorbonne, 1991.

GONTHIER, Nicole. *Cris de haine et rites d'unité* – La violence dans les villes, XIIᵉ-XIVᵉ siècles. Turnhout: Brepols, 1992.

NIRENBERG, David. *Violence et minorités au Moyen Âge.* Paris: PUF, 2001 [Trad. do inglês].

RAYNAUD, Christiane. *La violence au Moyen Âge, XIIIᵉ-XVᵉ siècle.* Paris: Le Léopard d'Or, 1990.

Índice dos nomes de pessoas

Abelardo, Pedro 28, 71s., 149, 171

Absalão, bispo de Lund 172

Adalardo, familiar de Carlos Magno 50

Adalberto, santo, bispo de Praga 54, 57s.

Adolfo II de Schauenburgo, conde de Holstein 135

Aécio, general romano 32

Afonso de Poitiers 81

Afonso IX, rei de Castela 140

Afonso V, rei de Portugal 214

Afonso VI de Castela e de Leão, rei 88, 106

Afonso VIII, rei de Castela 81

Afonso X o Sábio, rei de Castela 92, 140

Afonso, Diogo, explorador português 214

Agenor, rei da Fenícia 19

Agobardo, arcebispo de Lyon 100

Agostinho, santo 22, 26s., 30, 34, 50, 94, 96, 100, 109, 116, 151, 157

Ailly, Pierre d' 216

Alarico II, rei dos visigodos 26, 31, 40

Alberto Magno, dominicano 116, 141, 146, 148s.

Albornoz, Gil Alvarez Carrillo de, cardeal 191

Alcuíno, abade familiar de Carlos Magno 26, 49s.

Alexandre de Hales, franciscano 148

Alexandre III, papa 140

Alexandre o Grande 47, 68

Alexandre V, papa 192

Alexandre VI Bórgia, papa 216

Alfarabi, filósofo árabe 148

Alfredo, rei da Inglaterra 29, 85

Al-Mansur, chefe muçulmano da Espanha (Almanzor) 60

Ana da Bretanha 207

Ana de Kiev 61

André o Capelão 71

Andrônico II Paleólogo, imperador bizantino 176

Anselmo de Cantuária, santo 94, 146s.

Arcádio, imperador do Oriente 26

Aristóteles 28, 94, 115, 138, 145, 149, 204

Armanhaques 188

Artur, rei valente 68, 126, 154s., 196

Átila, rei dos hunos 32

Averróis, médico e filósofo árabe 138, 148

Avicena, médico árabe 148

Bacon, Roger, franciscano 146, 149

Ball, John, padre 189

Bartolomeu o Inglês, enciclopedista 145

Batu, clã 212

Beato, monge 51

Beaumanoir, Filipe de, jurista 131, 187

Beda o Venerável, monge 29

Bela II, rei da Hungria 106

Bela IV, rei da Hungria 168

Bento de Núrsia, santo 46, 58

Bento XIII, papa 192

Benvoglienti, Leonardo 209

Bernardo de Chartres 169

Bernardo, duque de Septimânia 49

Bernardo, santo 73, 95, 111, 124

Béthencourt, João de, explorador normando 214

Boaventura, franciscano 141, 160

Boécio, filósofo 28, 32

Boleslau I o Valoroso, rei da Polônia 58

Boleslau III Boca Torta, rei da Polônia 107

Bonifácio (Winfried), arcebispo de Mogúncia 43

Bonifácio VIII, papa 79, 171

Bonifácio IX, papa 192

Bonvesin de La Riva, pedagogo milanês 118

Borguinhões 188

Bovet, Honorato 176, 179

Branca de Castela, rainha 81, 141

Bruegel o Velho 76

Brunelleschi, Filipe 203

Brut, rei lendário da Grã-Bretanha 155, 196

Bruys, Pedro de, pároco 98

Burcardo de Estrasburgo, canonista 132

Burcardo, bispo de Worms 75

Caboche, Simão, açougueiro 187s.

Cabos, João 187

Calvino, João 217

Canuto, *ver* Knut

Capella, Marciano, retórico latino 22

Carlomano, irmão de Carlos Magno 42

Carlos de Anjou, rei de Nápoles 81, 89

Carlos II o Calvo, imperador 50

Carlos IV o Belo, rei da França 81

Carlos IV, imperador 205

Carlos Magno, imperador 14s., 26, 29, 36s., 41, 43-51, 53, 68, 77s., 100s., 109, 130

Carlos o Mau, conde de Évreux e rei de Navarra 188

Carlos o Temerário, duque de Borgonha 176, 206s.

Carlos Quinto, Carlos V, dito 41

Carlos V, rei da França 41, 145, 176, 188

Carlos VI, rei da França 176, 188

Carlos VII, rei da França 207

Carlos VIII, rei da França 207, 211

Cassiodoro, Magno Aurélio 28

Celestino III, papa 140

César 22, 27, 49, 68, 73, 219, 223

Cesário de Heisterbach, cisterciense 133

Chrétien de Troyes 154

Christine de Pisan, poetisa 176

Cícero, Marcos Túlio 115

Cid, o (el), *ver* Rodrigo Diaz de Vivar, chefe cristão espanhol

Cirilo, monge bizantino 58

Clemente IV, papa 149

Clemente V, papa 190

Clemente VII, papa 191s.

Clóvis 32s., 39-42, 87

Coincy, Gautier de, hagiógrafo 92

Colombano, santo irlandês 33

Colombo, Cristóvão 198, 208, 215s.

Commynes, Philippe de, historiador 211

Conrado III, imperador da Alemanha 111

Constança, imperatriz da Alemanha 89

Copérnico, Nicolau, astrônomo 204

Cotquin, Honorato 187

Courson, Roberto de, legado pontifício 140

Crescenzi, Pietro de, agrônomo 170

Crespin, família de banqueiros 131

Dante Alighieri 153

Davi, valente bíblico 19, 23, 50, 68

Deconinck, Pedro 187

Descartes, René 150

Dhuoda, aristocrata da Aquitânia 49

Dias, Bartolomeu, explorador português 214

Dias, Dinis, explorador português 214

Dídio, rei dos lombardos 43

Dinant, Henrique de 187

Dionísio o Pequeno, monge 36

Domingos, santo 157, 169

Donatello, artista italiano 203

Eanes, Gil, explorador português 214

Eckhart, Mestre, dominicano 139

Eduardo I, rei da Inglaterra 152

Eduardo II, rei da Inglaterra 104

Eduardo III o Confessor, rei dos anglo-saxões 85

Eleonora da Aquitânia, rainha da Inglaterra 68

Elias, frei, franciscano 69, 160, 165

Engilberto, familiar de Carlos Magno 49

Erasmo, Desidério 165

Escobar, Pero, explorador português 214

Estêvão, santo, protomártir 57, 92

Eugênio IV, papa 192, 204

Eurico, rei dos visigodos 40

Europa, ninfa 18s.

Eusébio de Cesareia, historiador 155

Eymeric, Nicolau, canonista catalão 185

Fernando de Aragão 198, 207s.

Fernando, rei de Castela e de Leão 87

Ferrer, Jaime, explorador espanhol 214

Ferry, Jules 49

Fibonnacci, Leonardo, matemático 133

Ficino, Marsílio, humanista 202s.

Filipe Augusto, rei de França 78, 80, 82, 111, 140, 171

Filipe III, rei de França 156

Filipe IV o Belo, rei de França 81, 142

Filipe VI o Ousado, duque de Borgonha 81

Foulque o Rixoso, conde de Anjou 65

Fra Angélico, *ver* Giovanni de Fiesole 203

Francisco de Assis, santo 104, 158, 160, 172

Frederico I Barba Ruiva (ou Barba Roxa), imperador 89, 111, 121, 140, 172

Frederico II, imperador 89, 106, 111, 140

Frederico III, imperador 206

Froissart, João, cronista 14

Gall, santo 33

Gama, Vasco da, explorador português 214

Garlande, João de, universitário 140

Gellert, bispo de Csanàd 57

Gerbert d'Aurillac, arcebispo, *ver* Silvestre II, papa 54

Gertrudes de Nivelles, santa 32

Giotto, Angiolotto di Bondone, dito, artista 133

Giovanni de Fiesole 203

Gisele, abadessa, irmã de Carlos Magno 49

Gisele, esposa do húngaro Estêvão 57

Glaber, Raul, monge clunisiano 55

Godofredo de Bouillon 68

Graciano de Bolonha, monge, jurista 85

Gregório I Magno, papa 29, 33, 94

Gregório IX, papa 99, 140

Gregório VII, papa 73, 82

Gregório XI, papa 191

Gregório XII, papa 192

Groote, Geraldo, mercador de panos 195

Gui, Bernard, dominicano, inquisidor 185

Guilherme de Conches, filósofo 95, 145

Guilherme de Malmesbury, cronista 83, 155

Guilherme de Ockham, teólogo 139

Guilherme de Saint-Amour, universitário parisiense 159

Guilherme II o Ruivo, rei da Inglaterra 104

Guilherme II, rei da Sicília 89

Guilherme IX, duque de Aquitânia 71

Guilherme o Conquistador ou o Bastardo, duque da Normandia e rei da Inglaterra 56, 71

Guinefort, santo, cão 76

Gutenberg, João Gensfleisch, dito impressor 199

Harvengt, Filipe de, abade 124

Heitor, chefe troiano 68

Heloísa 71s.

Henley, Walter de 170

Henrique de Leão, duque da Saxônia 135

Henrique Istitores 186

Henrique I, rei da Inglaterra 53, 61, 86, 120

Henrique II Plantageneta, rei da Inglaterra 81, 86, 134

Henrique II, imperador 57, 59, 61, 120

Henrique III, rei da Inglaterra 84, 136

Henrique o Navegador, infante 214

Henrique V 176

Henrique VI, imperador 89

Henrique VI, rei da Inglaterra 106

Henrique VII, rei da Inglaterra 207

Heródoto 9, 23

Hipócrates 19, 221

Hitler, Adolf 41

Hohenzollern, dinastia germânica 206

Honório III, papa 158

Honório, imperador do Ocidente 26

Hugo Capeto, rei da França 61

Hugo de São Vítor, teólogo 143, 145

Huss, João, heresiarca 193s.

Imre, filho de Santo Estêvão 57

Inocêncio III, papa 82, 99, 157

Inocêncio IV, papa 212

Inocêncio VII, papa 192

Inocêncio VIII, papa 211

Isabel, rainha de Castela 208

Isidoro de Sevilha, enciclopedista 29, 32, 38, 116, 145

Isolda 70s., 105

Ivã III, czar 220

Jacopo Taccola, Mariano di, engenheiro 176

Jerônimo, santo 26

Joana d'Arc 197

João de Salisbury, bispo de Chartres 83, 95

João I, rei de Portugal 214

João II o Bom, rei da França 188

João Paulo II, papa 58

João sem Terra, rei da Inglaterra 86

João X, papa 56

João XII, papa 53

João XXIII, papa 192

Joaquim de Fiore, monge milenarista 222

Joinville, senhor de, familiar de São Luís 141

Josué, valente bíblico 68

Judas Macabeu, valente bíblico 68

Justiniano, imperador de Bizâncio 28, 179

Kempis, Tomás de, místico alemão 195

Knut o Grande 56, 88

La Halle, Adão de, autor de teatro 127

Ladislau I, santo, rei da Hungria 57

Lagrange, cardeal de 182

Landino, Cristoforo, humanista 203

Lando, Miguel de 187

Leão III, papa 44

Leão IV, papa 118

Legnano, João de, jurista 176

Leibniz, Gottfried Wilhelm 204

Leonardo da Vinci 149

Leovigildo, rei dos visigodos da Espanha 40

Lolardos, hereges 193s.

Lorenzetti, Ambrogio, pintor 91

Lotário, imperador 51

Loyola, Inácio de 195

Lúcio III, papa 99

Ludovico o Mouro, duque de Milão 211

Luís IX, ver São Luís

Luís o Germânico, imperador 51

Luís o Piedoso, imperador 46, 50s., 53, 150

Luís VII, rei da França 107, 111

Luís XI, rei da França 81

Luís XII, rei da França 207

Lulo, Raimundo, escritor 146

Lutero, Martinho 217

Mansur, ver al-Mansur

Manucce, Aldo, ver Aldo Manunzio, impressor 199

Manunzio, Aldo, ver Aldo Manucce, impressor

Maomé 47, 98, 108

Maquiavel, Nicolau 210

Marcel, Estêvão, burguês de Paris 188

Marcelo, santo, bispo de Paris 76, 157

Maria de Borgonha, filha de Carlos o Temerário 207

Maria de Luxemburgo, rainha de França 81

Maria, condessa de Champagne 68

Martel, Carlos, chefe merovíngio 42

Martinho V, papa 192

Martinho, santo 37, 40, 49, 57s., 80

Mártir, Pedro, santo (Pedro Vermigli, dito) 159

Mata-mouros, ver São Tiago

Mathias Corvin, rei da Hungria 206

Matilde, mulher do conde de Anjou 86

Matilde, santa 53

Maudoin, poeta, familiar de Carlos Magno 49

Maximiliano de Áustria, imperador 207

Maximiliano de Habsburgo, ver Maximiliano de Áustria

Médicis, Cosme de 202

Médicis, família dominante florentina 189

Médicis, Lourenço o Magnífico 202s.

Metódio, monge bizantino 57s.

Michelozzo, arquiteto florentino 203

Mieszko, príncipe polonês 58

Miguel, santo 80

Minos, rei lendário de Creta 19

Molay, Jacques de, templário 104

Monmouth, Godofredo de, cronista 155, 196

Napoleão 41

Neckam, Alexandre, universitário 145

Newton, Isaac 204

Nicolau de Cusa, filósofo 203s., 209

Nicolau, santo 78, 88

Olavo Skötkonung, rei da Suécia 56

Olavo Tryggvason, rei da Noruega 56

Olavo, santo 56

Oliveiros, valente 68

Oller, Berenguer 187

Oto de Freising, bispo 96, 172

Oto I, imperador 53s., 57, 61

Oto II, imperador 54, 61

Oto III, imperador 54s., 58, 61

Paleólogo, Teodoro, teórico da guerra 176

Paulino de Aquileia, familiar de Carlos Magno 49

Paulo Diácono, *ver* Warnefried, historiador lombardo 49

Paulo, santo, apóstolo 26, 37, 79, 129

Pedro Lombardo, bispo de Paris 147

Pedro o Eremita, condutor da cruzada 102

Pedro o Venerável, abade de Cluny 98

Pedro, apóstolo 37, 79

Pegolotti, mercador escrivão 212

Pelágio II, papa 30

Pepino de Herstal, ancestral dos merovíngios 42

Pepino da Itália, rei 49

Pepino o Breve, rei 42-44

Piasts, dinastia polonesa 58, 107

Plan Carpin, João de, franciscano 212

Plantagenetas, dinastia franco-inglesa 65

Podiebrad, Jorge, rei da Boêmia 179, 195, 209

Polo, irmãos, mercadores venezianos 212; Marco –

Porquier, Bernardo 187

Preste João, rei mítico da Índia 20, 216

Przemyslides, duques boêmios 107

Ptolomeu, Cláudio, astrônomo e geógrafo antigo 204

Rabano Mauro, abade da abadia de Fulda 50

Recesvinto, 28º rei dos visigodos 40

Reis Católicos, os reis da Espanha 103, 208

Renato de Anjou, conde de Provença e rei de Nápoles 210

Ricardo I Coração de Leão, rei da Inglaterra 80, 86, 104, 111

Ricardo II da Inglaterra, rei 176, 197

Rienzo, Cola di, reformador romano 191

Roberto d'Artois, irmão de São Luís 81

Roberto Guiscardo, chefe militar normando 88

Roberto II o Piedoso, rei 23, 59, 87

Rodrigo Diaz de Vivar, ver o Cid 88

Rogério I, rei da Sicília 88

Rogério II, rei das Duas Sicílias 88s.

Rolando, valente 43, 68, 164, 173

Rollon, duque da Normandia 56

Roque, santo 181

Rutebeuf, trovador 159, 167

Saladino, sultão curdo 111

Salimbene de Parma, franciscano 153

Samo, franco, mercador de escravos, chefe de eslavos 44

Sancho II, rei de Castela 88

Santarém, João de, explorador português 214

São Luís (Luís IX) 60, 78, 80s., 89, 99, 101-104, 111, 122, 141, 163, 173, 212

Scoto, João Duns, franciscano 139

Sebastião, santo 181

Severino, santo 31

Sforza, Francesco, duque de Milão 211

Shakespeare, William 196

Sigismundo, imperador 195, 206, 208

Silvestre II, papa, ver Gerbert d'Aurillac 54

Silva Cândida, Humberto de, cardeal 74

Sorbon, Roberto de, cônego, familiar de São Luís 141

Sprenger, Jacó, dominicano 186

Sturluson, Snoori, autor islandês de sagas 155

Sturmi, monge saxão 43

Suger, abade de Saint-Denis 163

Svatopluk, príncipe da Grande Morávia 58

Tannhäuser, poeta 165

Tempier, Estêvão, bispo de Paris 138s., 161

Teodorico o Grande, rei dos ostrogodos 40

Teodósio I, imperador 25

Teodulfo, bispo de Orléans 59

Tertuliano, teólogo norte-africano antigo 34

Thomasin de Zerklaere, poeta 165

Tiago, santo 60

Tomás Becket, santo, arcebispo de Cantuária 87

Tomás de Aquino, santo, teólogo e filósofo 138s., 141, 148, 160

Tomás de Cantimpré, enciclopedista 145

Tomás de Chobham, universitário 132

Tomislav, rei dos croatas 56

Tristão 70s.

Tristão, Nunes, explorador 214

Tyler, Wat, revoltado inglês 189

Urbano II, papa 101, 110, 112

Urbano V, papa 191

Urbano VI, papa 191s.

Varazze, Jacopo da (Tiago de Voragine), dominicano, arcebispo de Gênova 155

Vegécio, teórico militar antigo 21

Vicente de Beauvais, dominicano 146

Virgílio 156

Visconti, Filipe Maria, duque de Milão 216

Vitrúvio, teórico antigo da arquitetura 21

Vivaldi, Ugolino, mercador 214

Vivaldi, Vanino, mercador 214

Voitech, arcebispo de Praga 57

Voragine, *ver* Jacopo da Varazze

Witz, Konrad, pintor 183

Wlodkowic, Pawel, reitor da universidade da Cracóvia 205

Wyclif (ou Wicliffe), João, heresiarca inglês 193s.

Índice dos nomes de lugares

Açores, ilhas 214s.

Acre 111, 213

Adriático 55, 57, 209

África 9, 155, 211-214, 217, 221
- do Norte 33s., 38, 96, 111, 133
- ocidental 213
chifre oriental da - 179

Aix-la-Chapelle 45s., 51-53, 56, 80

Alemanha 50-52, 65, 80, 85, 103,
108, 128, 152, 185, 187, 189,
196, 206s., 210, 217
- do Norte
- média 189
anglo - 197

Alexandria 213

Algarve 214

Aljubarrota (Portugal) 176

Almeria 208

Alpes 33, 53s., 197
altos - 98

Alsácia 186

América 208, 212, 215, 217

Amiens 163, 187, 189

Amsterdã 206

Aniane 46

Anjou 65, 86, 207, 210

Antuérpia 199s.

Apúlia 88

Aquitânia 49, 51, 68, 71, 86

Aragão 13, 121, 184, 191, 207, 211

Ariège 100

Arles 120

Arras 97, 127, 131, 207

Artois 207

Ásia 9, 14, 19s., 155, 211, 221
- central 179
- Menor 208

Assis 158, 180

Atenas 14, 50

Atlântico 9, 20, 137, 213, 215s.

Augsburgo 116

Áustria 80, 190, 206

Avignon 144, 177, 190s.

Azov
mar de - 20

Babilônia 124

Bálcãs 32, 177

Báltico, mar 32, 77, 134s., 137, 220

Bamberg 61, 65

Barcelona 9, 60, 117, 121, 187

Bari 88

Bar-sur-Aube 129

Basileia 183, 189, 204, 209

Baviera 43

Bayonne 137, 207

Baza 208

Beauvais 163

Beauvaisis 131, 186

Beirute 213

Bélgica 80, 125

Benevento 43

Beram (Ístria) 183

Bérgamo 210

Bergen 136

Besançon 51

Béziers 99, 187, 189

Bielorrússia 20

Bizâncio 33, 37, 55, 61, 73, 112, 165

Boa Esperança, cabo de, *ver* Cabo das Tormentas 214, 216

Bobbio 33

Boêmia 32, 44, 58, 77, 107, 179, 193-195, 205s., 209, 212

Boêmia, montes da 32

Bojador, cabo 214

Bolonha 22, 117, 139s., 144, 153, 158, 189, 197, 207

Bordéus 79, 190

Borgonha 202, 206s. ducado de - 202, 206

Bósnia 208

Boston 136

Bougie 133

Boulonnais 207

Bourges 163

Braga 40

Bréscia 210

Bretanha 68, 72, 106, 177, 183, 207, 225

Brie 186

Britânicas, ilhas 44, 134

Bruges 130, 134, 136, 187, 189

Bruxelas 32, 177

Budapeste (Aquincum) 156

Burgos 81, 88, 163

Cabo Verde 214

Caen 189

Caffa 179, 208

Cahors 80, 131

Calábria 28, 88

Caleruega 157

Calimala 123

Cambridge 140

Campo da Estrela, *ver* Compostela

Canárias, ilhas 214, 216

Canterbury, *ver* Cantuária

Cantuária 33, 87

Carcassonne 157

Careggi 203

Cárpatos 168

Cartago 111

Cassino, Monte 37

Castela 65, 81, 85, 87s., 92, 140, 157, 191, 202, 208, 214

Catalunha 43, 54, 186, 208

Catalúnicos, Campos 32

Ceilão 212

Ceuta 214

Chaise-Dieu, La 183

Champagne 72, 128s., 137, 189

Chartres 80, 83, 163

Chelles 49

China 18, 177, 212s., 216, 221

Clermont 101

Cluny 15, 55, 65, 80, 97s.

Collioure 13

Colônia 51, 98, 134, 136, 148, 189, 204s.

Como 159

Compostela, Campo da Estrela 60

Constança 121, 192, 194, 198, 205

Constantinopla 20, 30, 45, 111s., 134, 168, 192, 203, 208s., 220

Córdoba 117

Córsega 33

Cracóvia 58

Cracóvia
universidade de 205

Creta 19, 33

Crimeia 179, 208

Croácia 106

Cusa 203

Dantzig (Gdansk) 136

Danúbio 55, 168, 190
- médio 31, 77

Dinamarca 56, 107, 134s., 177, 183, 190

Don 20

Dortmund 135

Douai 189

Dublin 121

Ducado de Milão (Milanês) 210

Egito 33, 111, 133

Elba 32, 186

Elbing (na Prússia) (tornou-se Elblong, na Polônia) 136

Equador 214

Escandinávia 44, 88, 107, 154, 212

Escaut 14

Escócia 191

Eslovênia 183

Espanha 31s., 38, 43, 58, 60, 80, 103, 106, 112, 128, 163, 177, 184, 198, 208, 210, 215s.
- muçulmana 60
- visigoda 100
norte da - 60

Esquilino 79

Estíria 208

Estocolmo 136

Estrasburgo 51, 132

Étaples 207

Eure-et-Loir 183

Europa, *passim*
particularmente:
- balcânica 208
- central 57s., 85, 102, 107, 156, 183
- cristã 14, 33, 38, 57, 61, 89, 103, 106, 110, 112, 150, 162, 167, 182s., 192, 221
- do leste 14, 48, 73, 167, 192
- do oeste 14, 48
- do centro 106
- do norte 33, 53, 106, 123, 175, 190, 200
- do noroeste 128
- feudal 24, 62, 73, 178
- escandinava 190
- grega 112
- latina 112
- medieval 14, 17, 20s., 46, 105, 117, 119, 126, 128, 155, 179, 221, 223
- meridional 123, 125, 156, 181, 185
- nórdica 136
- ocidental 31, 37, 58, 64, 112, 156, 181, 185
- oriental 36, 38, 85, 112s., 135

- setentrional 63, 125, 137
centro-leste da - 11
noroeste da - 164

Fanjeaux 157
Far West 13
Fiesole 203
Figeac 187
Finlândia 76
Flandre (ou Flandres) 63, 65, 98,
124, 128, 134, 136s., 171, 186,
189, 200
Fleury-sur-Loire 37, 49
Florença 104, 117, 119, 123, 127,
130, 176s., 187-189, 192,
202s., 210s.
Convento de San Marco 203
Por Santa Maria 123
Igreja São Lourenço 203
Museu Stibbert 177
Fontevrault 65
Formigny 207
Fougères 177
França 14, 42, 51s., 59, 65, 76, 78,
80-82, 84-87, 97s., 101s.,
106s., 111, 113, 118s., 125,
130, 140s., 156, 162, 167, 170,
172s., 176s., 182, 184-186,
188, 191s., 196-198, 202, 207,
209-211, 218
- do sul 98s.
- do norte 62, 99, 152, 162
- meridional 152
- setentrional 152
centro da - 76
- do leste 207
- do sudeste 97
- do sudoeste 97
Franche-Comté 207

Frância
- ocidental 14, 51
- oriental 51
Francônia 195
Frankfurt 151, 189
Fréteval 78
Frísia 125
Friuli 208
Fulda, abadia de 43, 50s.

Galícia 60, 80
Galípoli 208
Gand 117, 133, 176, 187
Gargano, monte 80
Gasconha 43
Gênova 102, 117, 119, 130, 155,
177, 200, 208, 210, 212
Germânia 44, 52-54, 58
norte da - 43
sul da - 43
Gibraltar, estreito de 214
Goslar 135
Gotland 135s., 177
Grã-Bretanha 32, 56, 106, 155
Granada 103, 177, 208
Gregório XII 192
Groenlândia 56
Grunwald (Tannenberg) 205
Guyenne 86

Hamburgo 136
Hastings 57
Hattin 111
Heidelberg 204
Hesse 43

Hildesheim 108

Hipona 34

Hrastovlje (Eslovênia) 183

Hull 136

Hungria 57s., 77, 106, 168, 206, 212

Ibérica, península 33, 38, 44, 73,
85, 87, 92, 100, 103, 106, 109,
152, 185, 208

Índia 213s., 216

Índico, oceano 217

Inglaterra 29s., 42, 62, 65, 68, 78,
80s., 84-88, 102, 104, 107,
111, 113, 119s., 134, 136, 144,
152, 155, 163, 165, 171s.,
176-178, 180, 185, 192s., 196,
202, 207, 218
- do sul 62
- do sudeste 128

Irlanda 106

Islã 37s., 73, 108, 110, 112, 167,
204, 219, 221
terra do - 154

Islândia 56, 107, 125

Ístria 183

Itália 21, 28-33, 38, 43, 51-53, 55,
76, 85, 104, 119-121, 123,
128, 131, 137, 153, 157, 164,
175, 177s., 182, 185, 187, 191,
198, 202, 209-211, 217s.
- do centro 124, 128
- do norte 18, 34, 97, 106, 124,
128, 157-159, 178, 189, 193
- do sul 28, 37, 44, 80, 85, 88s.,
106
nordeste da - 32

Japão 42

Jerusalém 60, 73, 79, 101, 108,
110-113, 124, 198, 203
cúpula do rochedo 108

Kalmar 136, 190

Karlsteyn 177

Kermaria (Bretanha) 183

Kernescleden (Bretanha) 183

Kosovo 208

Kutna Hora 194

La Rochelle 137

Lagny 129

Languedoc 13, 43, 157, 185, 187,
189

Laon 23, 120, 163

Leão 65, 87, 163

Lechfeld 53, 57

Leipzig 194

Leste 14, 20, 32, 43, 57, 61, 107,
136, 167, 215, 220

Líbano 19

Liébana, mosteiro de 51

Liège 42, 133, 187-189

Lille 202

Lincoln 102

Lisboa 140, 215

Lituânia 109, 220

Livorno 210

Lodi 211

Lombardia 97

Londres 102, 117s., 120, 134, 136,
177, 183, 186, 188s., 193
Cemitério de São Paulo 183

Lorris (Loiret) 120

Lotaríngia 52, 97
Lübeck 135s., 183
  Marienkirche de - 183
Lubusz 107
Lund 107
Lusácia 195, 206
Luxeuil 33
Lynn 136
Lyon 99s., 157, 168, 190, 211s.

Madeira 214
Madri, Real Armería 177
Magdeburgo 53, 135
Maine 207
Maiorca 146
Málaga 208
Mântua 208
Maratona 19
Mariazell 80
Marrocos 33, 214
Marselha 102, 180
Mediterrâneo 33, 53, 128, 146,
  161, 215, 219
  - francês 13
  - oriental 212
Meio-dia 137, 141, 152
Meslay-le-Grenet (Eure-et-Loir) 183
Meuse, rio 14, 59, 129
Milão 39, 97, 117-119, 159, 178,
  203, 210s.
Minden 51
Mogúncia 39, 43, 134, 199, 205
Montaillou 100
Montbrison 127
Montpellier 46, 140, 144

Morávia 57s., 107, 168
  grande - 58
Moscóvia 190, 220
Mosela, rio 203

Nápoles 88, 140, 144, 148, 210s.
Navarra 87, 142, 188, 207
Negro, mar 220
Niceia 37
Nicópolis 208
Nidaros (Trondheim) 107
Nördlingen 177
Normandia 56, 59, 80, 85s., 88, 128,
  152, 163, 174, 189, 197, 207
  - francesa 88
Norre Alslev (Dinamarca) 183
Norte 20, 31-33, 52s., 106, 123, 136
  mar do - 31, 53, 56, 77, 128
  planícies do - 63
  noroeste 56
Noruega 56, 88, 107s., 136, 190
Norwich 102
Notre-Dame de Boulogne, *ver*
Nossa Senhora de Bolonha 80
  - de Hal 80
  - de Liesse 80
  - de Montserrat 80
  - de Walsingham 80
Novgorod 135, 190, 220
Noyon 163
Nuremberg 189

Ocidente 14, 19, 26, 34, 36, 38, 40,
  45, 48, 50s., 56, 64, 66, 90, 92,
  94, 96, 100, 104s., 108s., 112s.,
  117, 130, 136, 167, 171, 179s., 208
  - medieval 50, 111, 114, 222

Oder 136

Oeste 14, 20, 31s., 38, 57, 107, 136, 215

Oriente 14, 18-20, 26, 34, 100, 113, 167, 179, 202, 213, 216, 221
  muçulmano 20, 117
  bizantino 117
  Extremo - 213
  - Médio 33
  - Próximo 102, 112s., 212

Orleans 97
  Igreja de Saint-Aignan 37

Orvieto 148

Osma 157

Óstia 79

Otranto 208

Oxford 9, 108, 140, 142, 149, 193
  colégio de Merton 142

Pádua 144, 204s.

Países Baixos 125, 134, 195, 206s.

Países Bálticos 81

Palermo 89, 106, 117

Palestina 80, 108, 110-112, 212

Pamplona 60

Pannonhalma, mosteiro de 57

Paris 9, 14, 33, 69, 76, 87, 92, 108, 117-119, 122, 124, 131, 137-140, 142-144, 147s., 157, 160s., 177, 183, 188s., 197, 199, 203, 207
  Capela de São Nicolau 78
  Cemitério dos Santos Inocentes 183
  colégio de Harcourt 142
  colégio de Navarra 142
  colégio dos italianos 203
  Convento Saint-Victor 143
  Sorbonne 142
  Mosteiro de Saint-Victor 69
  Montanha de Santa Genoveva 124
  Museu do Exército 177
  Notre-Dame de Paris 76, 92
  Sagrada Capela 78
  - Universidade de 26, 140, 148, 153, 157, 159

Parma 153

Passau 43

Pavia 43

Picardia 197, 207

Pireneus
  - norte dos 38, 43

Pisa 164, 182, 210
  - Campo Santo de 182

Pisogne, Santa Maria in Silvis de 183

Pó, rio 128

Poitiers 38, 42, 188

Poitou 86

Polônia 58, 107, 125, 135, 168, 185, 205, 212

Pomerânia 107

Pontifícios, Estados 103

Por Santa Maria 123

Portugal 40, 176, 208, 214s.

Praga 44, 57, 194, 197
  Capela de Belém 194
  Universidade de - 194

Presburgo 206

Prouille 157

Provença 38, 128

Provins 129

Prússia 109, 136, 220

Ratisbona 43, 189

Ravena 32, 39

Reims 39, 54, 87, 114, 189

Renânia, região baixa 128

Reno 31s., 44, 77, 134, 186, 194,
205
delta do - 134
vale do - 186, 189

Rocamadour 81

Ródano 14, 190

Roma 9, 12, 14, 26, 30s., 33, 37,
43-45, 52-56, 60s., 76, 79,
115s., 118s., 148, 157, 177,
190-192, 198
Castelo Santo Ângelo 177
Latrão 70, 95, 99, 157
São Salvador do Latrão 79
São Paulo Fora dos Muros 79
Santa Maria Maior 79

Rostock 136

Rothenburg 177

Roussillon 13

Royaumont, abadia de 146

Rússia 20, 190, 220

Sagres 214

Saint-Bavon-de-Gand 65

Saint-Denis 42, 51, 65, 72, 87,
118s., 156, 163
abadia 51, 87, 118, 156, 197

Saint-Gildas-de-Rhuys 72

Saint-Maurice-d'Angaune (Suíça) 51

Saint-Omer 189

Saint-Riquier, abadia de 51

Salamanca 140

Salônica 208

Salses 177

Salzburgo 43

Santa Inês 79

Santander 51

Santiago de Compostela, santuário
60, 80

Santo Sepulcro 79, 108, 112

São Gotardo 54

São Lourenço 79, 203

São Miguel do Perigo do Mar, *ver*
São Miguel, monte

São Miguel, monte 80

Saône 14

Saragoça 43

Sardenha 33, 211

Saxônia 135, 195, 206

Saxônia-Wittenberg 205s.

Schwyz 54

Senegal 214

Sens 163

Septimânia 43, 49

Sevilha 29, 39, 215

Sicília 30, 33, 44, 85, 88s., 106,
109, 133, 211, 220

Siena 91, 133, 189, 209

Sijilmassa 214

Silésia 167

Siracusa 88

Síria 133

Sodoma 104

Soissonnais 186

Soissons 42

Split 56

Spoleto 43

Stettin (sobre o Oder) 136

Sudão 214

Suécia 56, 107s., 136, 190

Suíça 33, 57

Sul, da cristandade 53

Sussex 186

Talinn 183

Tâmisa 134

Tanaís 20

Tanger 214

Tibre 30

Tiel 134

Tiro 111

Tirol 177, 206

Toledo 32, 88, 106, 163

Tolosa 39, 98, 120, 140, 157, 189

Tormentas, cabo das, *ver* Cabo da Boa Esperança 214, 216

Toscana 97, 189, 210

Toulouse, *ver* Tolosa

Tournai 189

Tours 39, 80, 151

Trácia do Sul 208

Tréveris 205

Trieste 206

Trípoli 111

Troia 156

Trondheim, *ver* Nidaros

Troyes 129

Turim, Armeria Reale 177

Tver 220

Ucrânia 20

Unterwalden 54

Uppsala 108

Ural 168

Uri 54

Valência 154

Valladolid 208

Valois 186

Vaticano 79, 118
São Pedro 79

Veneza 117, 119, 130, 133, 165, 177s., 199s., 209-212
Mosteiro de San Giorgio Maggiore 57

Verdun 51

Verona 99

Viena 189s., 206

Vienne 190

Vincennes 177

Visby 136, 177

Vístula 136

Viterbo 189

Vivarium, mosteiro 28

Volínia 220

Westminster 65
Wettin 206
Wloclawek 107
Wolin 107
Worms 75

Yarmouth 136
York 177
Ypres 189

Zwin 137

Índice geral

Sumário, 7

Prefácio, 9

Introdução, 11

Prelúdios – Antes da Idade Média, 17
    A geografia, 17
    A herança antiga, 18
    O cenário da gênese medieval da Europa, 24

I – A concepção da Europa, séculos IV-VIII, 25
    A cristianização – Santo Agostinho, 26
    Os fundadores culturais da Idade Média, 27
    Gregório Magno, 29
    Invasões e aculturação, 31
    O governo dos bispos e os monges, 34
    Novos heróis, os santos, 35
    Uma nova medida do tempo, 35
    A remodelagem do espaço, 37
    Dois polos repulsivos: Bizâncio e o islã – A escolha de imagens, 37
    A ruralização da Europa, 39
    Realezas e leis bárbaras, 39

II – Uma Europa abortada: o mundo carolíngio, séculos VIII-X, 41
    O ascenso dos carolíngios, 41
    Carlos Magno, o primeiro europeu?, 43
    A aliança entre os francos e o papado – Carlos Magno imperador, 44
    Herança europeia de Carlos Magno, 45
    Uma Europa de guerreiros..., 46
    ...e de camponeses, 47

A civilização carolíngia, um estrato europeu, 48

França, Alemanha, Itália: um coração da Europa?, 51

III – A Europa sonhada e a Europa potencial do ano 1000, 53

A Europa imperial otoniana, 53

A "nova Europa" no ano 1000, 54

Os "recém-chegados": escandinavos, húngaros, eslavos, 55

Um movimento europeu de "paz", 58

Um novo santuário europeu na Espanha: Santiago de Compostela, 60

A afirmação da Europa, 61

IV – A Europa Feudal, séculos XI-XII, 62

Progressos agrários, 62

O encelulamento, 63

Aldeia e cemitério, 64

A paróquia, 65

Uma camada superior: a nobreza, 66

Cavalaria e cortesia, 67

Evolução do matrimônio, 69

O amor cortês, 70

Abelardo e Heloísa: intelectuais e amores modernos, 71

O beijo na boca, 72

As ordens militares: o militantismo, 73

A reforma gregoriana: a separação entre clérigos e leigos, 73

O combate das virtudes e dos vícios – O diabo se agita, 74

A cultura popular, 75

As moedas e as cartas, 77

As peregrinações, 78

Fragmentação feudal e centralização monárquica, 81

Prestígio e fraqueza do imperador, 82

O rei medieval, 83

As monarquias feudais, 85

A Renascença europeia do século XII, 89

O crescimento do culto mariano, 90

Dolorização da devoção a Cristo, 93

O homem à imagem de Deus – O humanismo cristão, 94

Nascimento de uma Europa da perseguição, 96

Os hereges, 96

A perseguição dos judeus, 100

A sodomia, 103

A ambiguidade da lepra, 104

Desencadeamento do diabo, 105

As periferias da Europa Feudal, 106

A Europa na Cruzada, 108

A Cruzada, primeira manifestação da colonização europeia?, 113

V – A "bela" Europa das cidades e das universidades, século XIII, 114

Os êxitos da Europa do século XIII, 114

1 O êxito urbano: a Europa dos cidadãos, 115

A personalidade da cidade europeia, 120

A hierarquia dos ofícios urbanos, 123

A cidade europeia, Jerusalém ou Babilônia?, 124

Cidade e democracia?, 125

Definição da cidade e do cidadão na Europa Medieval, 126

2 O êxito comercial: a Europa dos mercadores, 127

Problemas monetários, 130

A Europa dos mercadores, 130

Justificação do dinheiro, 132

Italianos e hanseáticos, 134

3 O êxito escolar e universitário, 137

A civilização do livro, 142

A produção enciclopédica, 145

A escolástica, 146

A Europa linguística: latim e línguas vernáculas, 150

Grandes literaturas e obras-primas, 154

Difusão da prosa, 154

4 O sucesso dos frades mendicantes, 156

Uma Europa da caridade, 161

As ordens terceiras: entre clérigos e leigos, 161

A Europa gótica, 162

A Europa cortês, 164

A promoção ambígua do trabalho, 166

A Europa, os mongóis e o Leste, 167

A descida dos valores do Céu à Terra, 169

VI – Outono da Idade Média ou primavera de tempos novos?, 174

A fome e a guerra, 174

A Peste Negra, 179

A morte, o cadáver, a dança macabra, 181

A Europa da violência, 183

A ruptura da unidade da Igreja: o Grande Cisma, 190

Os novos hereges: wyclifitas e hussitas, 192

A *devotio moderna*, 195

Nascimento de sentimentos nacionais, 196

A profecia política, 198

A imprensa, 199

A economia-mundo, 200

Uma Europa que se abre e desabrocha, 201

Florença, a flor da Europa?, 202

Dois espíritos abertos: Nicolau de Cusa, 203

...Pawel Wlodkowic, 205

Desaparecimento do Império?, 205

Simplificação do mapa europeu, 207

A ameaça turca, 208

O projeto europeu de Georges Podiebrad, 209

A Itália, farol e presa da Europa, 210

O europeu Commynes, 211

A Europa de encontro ao mundo exterior, 212

Rumo ao Atlântico e à África, 213

Progresso e arcaísmo dos navios e da navegação, 215

Conclusão, 217

Mapas, 225

As invasões bárbaras, séculos V e VI, 225

A Europa no mundo entre a Idade Média e os Tempos Modernos, 226

Cronologia, 229

Acontecimentos europeus, 229

Acontecimentos extraeuropeus, 238

Seleção bibliográfica temática, 243

Índice dos nomes de pessoas, 295

Índice dos nomes de lugares, 305

CULTURAL

Administração
Antropologia
Biografias
Comunicação
Dinâmicas e Jogos
Ecologia e Meio Ambiente
Educação e Pedagogia
Filosofia
História
Letras e Literatura
Obras de referência
Política
Psicologia
Saúde e Nutrição
Serviço Social e Trabalho
Sociologia

CATEQUÉTICO PASTORAL

Catequese
  Geral
  Crisma
  Primeira Eucaristia

Pastoral
  Geral
  Sacramental
  Familiar
  Social
  Ensino Religioso Escolar

TEOLÓGICO ESPIRITUAL

Biografias
Devocionários
Espiritualidade e Mística
Espiritualidade Mariana
Franciscanismo
Autoconhecimento
Liturgia
Obras de referência
Sagrada Escritura e Livros Apócrifos

Teologia
  Bíblica
  Histórica
  Prática
  Sistemática

REVISTAS

Concilium
Estudos Bíblicos
Grande Sinal
REB (Revista Eclesiástica Brasileira)
SEDOC (Serviço de Documentação)

VOZES NOBILIS

Uma linha editorial especial, com importantes autores, alto valor agregado e qualidade superior.

VOZES DE BOLSO

Obras clássicas de Ciências Humanas em formato de bolso.

PRODUTOS SAZONAIS

Folhinha do Sagrado Coração de Jesus
Calendário de mesa do Sagrado Coração de Jesus
Agenda do Sagrado Coração de Jesus
Almanaque Santo Antônio
Agendinha
Diário Vozes
Meditações para o dia a dia
Encontro diário com Deus
Guia Litúrgico

CADASTRE-SE
www.vozes.com.br

EDITORA VOZES LTDA.
Rua Frei Luís, 100 – Centro – Cep 25689-900 – Petrópolis, RJ
Tel.: (24) 2233-9000 – Fax: (24) 2231-4676 – E-mail: vendas@vozes.com.br

UNIDADES NO BRASIL: Belo Horizonte, MG – Brasília, DF – Campinas, SP – Cuiabá, MT
Curitiba, PR – Fortaleza, CE – Goiânia, GO – Juiz de Fora, MG
Manaus, AM – Petrópolis, RJ – Porto Alegre, RS – Recife, PE – Rio de Janeiro, RJ
Salvador, BA – São Paulo, SP